版权声明

State, Trust and Corporation

政治与法律哲学经典译丛
Classic Works of Political and Legal Philosophy
邓正来 主编

国家、信托与法人

[英] F.W. 梅特兰 著

[英] 大卫·朗西曼　马格纳斯·瑞安 编

樊安 译

北京大学出版社
PEKING UNIVERSITY PRESS

北京市版权局著作权合同登记 图字:01-2007-2822

图书在版编目(CIP)数据

国家、信托与法人/(英)F.W.梅特兰著;(英)大卫·朗西曼,马格纳斯·瑞安编;樊安译.—北京:北京大学出版社,2008.11
(政治与法律哲学经典译丛)
ISBN 978-7-301-14441-1

Ⅰ.国… Ⅱ.①梅… ②朗… ③瑞… ④樊… Ⅲ.国家理论-研究 Ⅳ.D03

中国版本图书馆 CIP 数据核字(2008)第 171004 号

书　　　名:国家、信托与法人
著作责任者:〔英〕F.W.梅特兰　著
　　　　　　〔英〕大卫·朗西曼　马格纳斯·瑞安　编
　　　　　　樊　安　译
策 划 编 辑:白丽丽
责 任 编 辑:白丽丽
标 准 书 号:ISBN 978-7-301-14441-1/D·2188
出 版 发 行:北京大学出版社
地　　　址:北京市海淀区成府路 205 号　　100871
网　　　址:http://www.pup.cn　电子邮箱:law@ pup.pku.edu.cn
电　　　话:邮购部 62752015　发行部 62750672　编辑部 62752027
　　　　　　出版部 62754962
印 刷 者:三河市新世纪印务有限公司
经 销 者:新华书店
　　　　　　650 毫米×980 毫米　16 开本　16.25 印张　197 千字
　　　　　　2008 年 11 月第 1 版　2008 年 11 月第 1 次印刷
定　　　价:28.00 元

"研究性翻译"与中国社会科学的发展

——"政治与法律哲学经典译丛"总序

邓正来 *

众所周知,由于中国社会科学是伴随着近代中国的"知识引进运动"而发展起来的,所以"西学东译运动"也自然而然地成为这种"知识引进运动"的一大表征。如果从 1862 年即同治元年清政府设立京师同文馆时算起,中国的"西学东译运动"迄今已有一百四十余年的历史,其间或涨或落,从未中断,高潮约有四次:第一次是解放前,商务印书馆及国立编译馆等的工作;第二次是解放后至"文化大革命"前,国家于 20 世纪 50 年代中期拟定的编译出版世界名著 12 年规划;第三次是"文化大革命"后至 1989 年以前,商务印书馆"汉译世界学术名著丛书"、三联书店"现代西方学术文库"、上海人民出版社"西方学术译丛"及华夏出版社"二十世纪文库"等

* 复旦大学特聘教授、社会科学高等研究院院长、国际关系与公共事务学院教授、法学与政治学博士生导师。

丛书的出版;第四次是晚近以来,特别是进入 21 世纪以来,各种各样的国别性、学科性、主题性译丛更是大量涌现,我们又再次迎来了西学东译的高峰。

在这样的背景下,我们组织策划这套"政治与法律哲学经典译丛"有何特色呢?在此,我想强调一个背景性因素:中国社会科学学术传统的缺失。在我看来,中国社会科学学术传统的缺失既使我们非常有必要从事学术翻译的事业,事实上也赋予了我们一项神圣的学术使命,即要在译介西方社会科学理论的基础上建构我们自己的学术传统。

一如上述,作为一种知识类型,社会科学在中国的发展不仅是相当晚近的事情,而且还在发展的过程中蒙遭了各种阻碍或打击,而最为重要的则是这种知识类型的发展在中国缺少传统上的知识资源据以支撑。相较而言,社会科学在西方社会的发展却已然有了数百年的历史。在我看来,知识本身是不存在国界的,而中国社会科学欲取得真正的发展,就必须对西方社会发展起来的社会科学这类知识进行翻译,因为这样的努力可以使我们了解到社会科学这类知识在人类社会的发展过程中所存在的各种问题以及相应的理论脉络。如果我们不做这样的努力,那么我们就有可能重复前人的知识劳动而不自知,而这实际是从根本上无视前辈先哲为人类作出的知识贡献。因此,我们应当将翻译西学作为中国社会科学发展的一项事业予以推进。再者,在具体的研究实践中,在中国尚缺乏名师指导的情况下,翻译不失为一种极其有效的阅读方式,一种独特的精读原典的方式。因为在翻译中,我们可以切实地认识到问题、问题赖以为凭的假设、问题提出的方式、解决问题的路径、达致结论的过程以及对结论的证成问题等,从而也是一个学术规训和学术历练的过程。由此可见,由于中国社会科学自身学术传统的缺失,所以无论是中国社会科学本身的理论积淀还是中国学者自身的学术规训,都离不开学术翻译这项事业。

但是,中国社会科学在发生学意义上所产生的这种"移植"品格对中国社会科学的发展其实是把双刃剑,因为它极容易引发西方学术对中国学术生产的"文化霸权"问题。首先,如果中国知识分子毫无反思和批判地接受西方的概念或理论框架,实际上会给西方对中国知识分子的"理论示范"注入了某种合法的"暴力"意义。也正是在这种暴力性的示范下,中国知识分子毫无批判地向西方舶取经验和引进理论的做法,便被视为合理的甚或正当的。再者,这种实践的展开,还会迫使中国知识分子所做的有关中国发展的研究及其成果,都必须经过西方知识框架的过滤,亦即依着西方的既有概念或理论对这些研究做"语境化"或"路径化"的"裁剪"或"切割",进而使得这些研究成果都不得不带上西方知识示范的烙印。更糟糕的是,上述情势还导致了一种在中国学术界颇为盛行的、我所谓的中国知识分子对西方知识的"消费主义"倾向。显而易见,这种唯西方马首是瞻的学术倾向只会使得中国社会科学在国际向度的自主性成为不可能。

因此,就学术翻译而言,我一直强调要进行"研究性翻译"。这种"研究性翻译"意味着:第一,它是我们学术研究的一部分,是建立在扎实研究基础上的。在我看来,学术翻译不同于文学翻译之处即在于:只有建立在较为系统和扎实的研究基础上,才能确保翻译的质量。而学术著作的翻译质量问题,在很大程度上又关涉到我们是否有可能读懂或是否有可能进行批判的问题;因为我们只有在译著达到一个令人满意的学术水准的基础上,才可能展开有效的阅读和批判。第二,更为重要的是,"研究性翻译"还关涉到我关于如何阅读西学原典的主张,亦即我所谓的知识生产和再生产过程中的一种"个殊化"取向。依凭每个西方论者的文本,关注其知识生产的特定时空,尤其是严格遵循其知识增量的具体的内在理路或理论脉络,乃是这种"个殊化"阅读取向的关键所在。我愿意把这种取向称为中国学术研究向纵深发展的一种转向,而这种转向是与中国学术在后冷战时代之世界结构中所担负的历史使命紧密相关的,因为它旨在实现这样一种根本性的转换,亦即从"思想中国"向"对思想中国这个根据本身进行思想"这个层面进行转换。作为这个时代的中国学术人,我们必须根据我们对这种世界结构中的中国本身的分析和解释,对中国的"身份"和未来命运予以智识性的关注和思考,而这需要我们以一种认真且开放的态度去面对包括西方理论资源在内的任何有关这个问题的理论资源。在这个意义上讲,进行"研究性翻译"实是建构中国社会科学学术传统之努力的一部分,亦即我们要在认真译介、研读西学著作的基础上对其观点、方法等进行反思和学术批判。

多年来,我本人一直秉承上述学术理念推进自己的学术翻译和学术研究工作。但是,面对中国社会科学学术传统的建构任务,个人学术翻译和研究再重要,也不能构成中国社会科学的学术传统——尽管这种学术传统是由无数个人的研究汇合而成的。如果我们试图建构起中国社会科学的学术传统,那么我们就不仅需要每个个体的学术努力,而且更需要有一个庞大的学术梯队。正是出于这一考虑,北京大学出版社推出了这套"政治与法律哲学经典译丛"。一大批有着专门性研究的青年译者的加入,使我们有理由期待,这套译丛会成为我们为提升中国政治哲学与法律哲学研究水平、建构中国社会科学学术传统所作出的又一项努力。

是为序。

邓正来

2008 年 10 月 31 日

于上海北郊三一斋

目　录

附录

致　谢

作为本书编者,我们要感谢下列诸位的大力帮助,他们是保罗·布兰德(Paul Brand),乔治·加尼特(George Garnett),比尔克·黑克尔(Birke Häcker),约翰·赫德森(John Hudson),肯特·莱尔希(Kent Lerch),斯科特·曼德尔布鲁特(Scott Mandel-brote),理查德·诺兰(Richard Nolan),本杰明·汤普森(Benjamin Thompson),安妮·托马森(Anne Thomason)以及约翰·瓦茨(John Watts)。我们还想感谢雷蒙德·居斯(Raymond Guess)和昆廷·斯金纳(Quentin Skinner)的支持和编辑方面的建议。剑桥大学出版社的苏珊·比尔(Susan Beer)承担了文本校对工作,其同事理查德·费希尔(Richard Fisher)则全程监督了本次出版项目,我们在此一并谢过。

编 者 导 读

生平及工作

F. W. 梅特兰(1850—1906)是一位法律史学家。他的整个学术生涯都在探讨一些现代政治思想中的永恒主题——何谓自由？何谓平等？何谓国家？1875 年,他自费出版自己的第一部作品——《作为英国政治哲学之理想的自由和平等的简史——从霍布斯时代到柯尔律治时代》(*A Historical Sketch of Liberty and Equality as Ideals of English Political Philosophy from the Time of Hobbes to the Time of Coleridge*)。这部改写自一篇论文的简史从"政府应该做些什么"这一基本问题出发,最后得出结论,即此类问题"无法通过单纯地诉诸一些基本原理来回答,而需要对经济和历史进行大量论述"。[①] 本书所收集的这一系列较为短小的论文大约撰写于该书出版三十年之后,属于其绝笔的一部分。在这些论文中,他从侧

---

① F. W. Maitland, *Collected Paper*, H. A. L. Fisher (Cambridge: Cambridge University Press, 1911), vol. 1, p.161.

面再次深入地探讨了这一问题,即国家,进一步而言国家的政府,到底是什么? 在他没有致力于政治理论的那一段时期,梅特兰曾经完成了使他声名大噪的研究工作,那就是对英国法以及英国人生活的基本原理和运行方式的历史性调查,这项研究使他被公认为可能是现代英国最伟大的史学家。这项研究及其所赢得的声誉往往遮蔽了梅特兰在此前以及此后的成就。对于他早期的那部简史而言,这种情况或许是理所应当的。但是这些晚期作品却不应该受到这样的待遇,这是因为它们源自于在梅特兰的大半生中驱使其进行学术研究的对历史的旨趣,其中首要的便是他对于英国法的由来以及英国法律制度的运行机制的旨趣。因此,在这些论文中有着对法律问题或历史问题的细致而又相当技术性的讨论,并且本书的目的之一便是使此类讨论易于为以政治思想为首要旨趣的既非法律专业人士又非历史专业人士的人所理解。但是,在这些论文中也有一系列对于国家这一概念的历史和法律起源以及国家同其他种类的人类组织(human association)在历史上和法律上的关系的反思,正如梅特兰自己所承认的,这些反思使法律史深入政治思想的核心,也正是它们使我们注意到许多政治思想的渊源都存在于法律史之中。这五篇写于 1900 年至 1904 年之间的论文不仅讨论了"国家究竟是什么"这个问题,而且还充分地论证了为什么这个问题不仅仅是一个与国家有关的问题以及为什么不能仅仅依据英国政治哲学中的诸种理想来回答它。

梅特兰撰写前述简史的初衷是想将它作为申请剑桥大学三一学院(Trinity College)的道德和精神科学学会的研究员职位的论文,然而该学会却把这一职位授予了一位名为詹姆士·沃德(James Ward)的心理学家。后来,梅特兰便自费出版被拒的论文。在这次失败之后,梅特兰没有再追求他以前在大学时期所梦想的学术性职业并且从剑桥移居到伦敦,在那里他于 1876 年被获准成为一名律师。他在伦敦做了近十年的专门代理产权转让案件的出庭律师，没有取得多大的成功。直到 1884 年，他有了重新返回剑桥做一名英国法高级讲师的机会。此时，梅特兰的学术旨趣已经从思想史转到了有关法律诉讼的历史，而且在此之前他已经开始利用国家档案局（Public Record Office）所收藏的数量庞大而很少被利用过的资料，并于 1884 年出版了《王室为格洛斯特自治市的辩护，1221》（*The Pleas of the Crown for the County of Gloucester, 1221*）[就像他的朋友兼他的传记作者 H. A. L. 费希尔（H. A. L. Fisher）所写的那样，"一本看似微不足道的小册子"，"却开辟了史学历史上的新纪元"]②。从此之后，他持久的知识生产力便以英国史学界从未有过的巨大力度爆发出来，只要在早先的英国法律史资料中发现任何感兴趣的东西，他都会著书立说加以出版。正是由于他关注的领域甚为广泛，其涉猎范围从布雷克顿（Bracton）只出版过一次的不朽巨著和末日审判书（Domesday book）一直到时常出现于年鉴和议会案卷之中的有关中世纪英格兰的一系列记载。在 1888 年，梅特兰被任命为剑桥大学的英国法唐宁（Downing）教授。在 1895 年他同弗雷德里克·波洛克（Frederick Pollock）爵士 xi 合作出版了他最为知名的作品，《爱德华一世之前的英国法律史》（*The History of English Law up to the Time of Edward I*）。梅特兰一生的健康状况都很糟糕，在 1902 年阿克顿（Acton）勋爵去世之后，校方想要请他继任现代史雷戈斯（Reigus）教授一职，他便以这一理由予以谢绝。但是疾病并没有阻止他在英国法律的早期历史这一领域的写作、出版、执教和管理工作，这一直持续到他生命的尽头。1906 年梅特兰去世，享年 56 岁。

---

② H. A. L. Fisher, *Frederick William Maitland*：*A Biographical Sketch*（Cambridge：Cambridge University Press, 1910）, p.25.

吉尔克（Gierke）

晚期的梅特兰之所以将其一部分注意力从法律史转向了一些与法律密切相关的哲学和政治观念的历史乃是出于两方面的因素。首先是他对英国法中的一个异常独特观念愈来愈浓的兴趣。这便是独体法人观（the idea of the corporation sole）③，梅特兰认为该理念导致了英国人的国家观念中的一些异常之处。其次是他读到了德国法学家及法律史学家奥托·冯·吉尔克的作品并成为其英文版的编者和译者。吉尔克出版于 1868 年到 1913 年间的四卷本巨著《德国合作组织法》（*Das deutsche Genossenschaftsrecht*）试图描述并认识团体生命（group life）在德国的全部历史，然而这一历史又依次与对于人类组织形式的法律的、政治的和哲学的理解相关联。由于这部巨著的篇幅巨大，题材甚广，使得它不能全部被翻译成英文（另一重要的原因是直到梅特兰去世，它也没有被完全出版），1900 年梅特兰从该著作的第三卷中摘录出一小部分用英文出版，这一部分论述的是中世纪的有关代议制、团体人格（group personality）和国家的观念。于是便有了他为该英文版所撰写的简短导读④，在其中他力图证明吉尔克竭力试图弄清楚法律人、政治家和哲学家在力图理解团体身份（identity of groups）时所采取的分析方法的这种努力对英国读者而言也有实际的好处，尽管吉尔克是以德国人为典型的。

xii

---

③ "独体法人"这种观念之所以是不同寻常的是因为它允许赋予法律实体——否则它们会被视为一个个单独的（或独体的）个人，例如堂区主持牧师这个经典例证——以法人人格。这与更为人所熟悉的"集合法人"观形成截然的对照。它允许将法人人格赋予由多个个人组成的团体（或者"集体"）。梅特兰对这个差异的兴趣源于他对布雷克顿的研究，"早在 1891 年，他就敏锐地发觉了'这种有关集合法人和土地法人的新生的法律'"。参见，Fisher, *Frederick William Maitland*, p.75。

④ 这篇导读的一部分被收录在此作为这本论文集的序言。

梅特兰的第一步论证就是对吉尔克的书名的翻译。他将德文名 *Die publicistischen Lehren des Mittelalters* 翻译为英文名 *The Political Theories of the Middle Age*（《中世纪的政治理论》）。⑤ 英国读者需要知道公法学问题也就是政治理论问题。但是在将公法学称作政治理论时，他也是在向其读者指出，没有法律思考支持的政治思考是毫无意义的。在英格兰，这二者间的勾连已经被切断——就连思索法律问题的人都不够，"在这个国家，没有人或几乎没有人思考法律问题"⑥。因此在英国就没有"公法"学说，也就没有手段以用来勾连专注私法的法律人对实际事务的关心和英国众多道德哲学家的宏大理想。梅特兰对吉尔克的引介成为勾连两者的第一次尝试，而他所选择的工具是法人理论（Korporationslehre）。他的论点很简单，至少从大体上是这样。法人（corporation），就像国家一样，是由人组成的有组织的持续性团体，尽管组成国家和组成公司的方法可能不相同，然而其中一者的组织方式对另一者的组织方式产生了持续性影响。英国人过去未曾洞见到这一点，其原因就在于他们缺少认识团体法律行为（legal activities of groups）和政治哲学学说这二者间的联系的概念性框架。但是，吉尔克指明了这一点，并由此帮助英国人弄清楚他们所缺失的东西。

于是，正如梅特兰自己所认识到的，他的首要或许也是最困难的任务便是将在英语中没有对等词语的德文的语词、概念和论点翻译成英文。⑦ 但是，在试图使读者明了德国的实际情况的过程

---

⑤ "现在开始翻译吉尔克讨论'Publicistic Doctrine of M. A.'（中世纪的公法学说）的章节——吉尔克已经表示同意——将会做成讲座（如果我回去的话）并很有能成书——但是如何翻译'Publicistic'？"（Letter to Frederick Pollock, 4 Dec. 1899, *Letters of F. W. Maitland*, ed. C. H. S. Fifoot（London：Selden Society, 1965），p. 253）。

⑥ O. von Gierke, *Political Theories of the Middle Age*, ed. F. W. Maitland（Cambridge：Cambridge University Press, 1900），p. ix.

⑦ 这包括吉尔克整个理论大厦的基石性概念——Die Genossenschaft（合作组织）——在英语中有"fellowship（团体）"和"co-operative（合作社）"这两种不同的译法，但是只有在参照作为其渊源的德国"民间法"的那些分类和它所反对的罗马公私法的那些分类的前提下才能够理解它。

xiii 中,他也看到帮助英国人知道德国人眼里的英国的情形也是有益处的。就像他在文中反复指出的那样,"我们英国人从来不清算我们的旧账"⑧,也很少给出有利的观察点去判断人们在生活中所赖以为凭的法律是否体现了一套理念,而这部分是因为该套法律使人们的生活太过繁忙而又太过成功。但是,认为如果法律不是通过智识活动而具有一致性就不能使依靠它来生活的德国人,不能不被英国法中的一些支配性概念,尤其是那些涉及团体生命(甚至包括被我们称为国家的那种持续性团体生命)的概念,所迷惑并被吸引。同德国和其他欧洲国家一样,英格兰也接受了罗马人的人格拟制学说(doctrine of persona ficta)⑨,并将其作为一种技术性机制,通过它,团体被赋予一种持续性生命,即一种不受在某一特定时期作为其成员、官员或代表的个人之有限生命的影响的生命。但是,同德国以及其他欧洲国家不同的是,英国人曾经寻求绕过这种学说中那些较具有约束性的方面——最显而易见的是所有法律拟制(legal fiction)都必须建立于其上的这样一种预设,即团体的持续性生命取决于国家的认可——他们所采取的方法是在坚持该学说的同时还采纳了一些与之相争的旨在促进法人身份(corporate identity)的法律技术。在欧洲大陆人的眼中,一些这样的技术不仅仅令人费解而且荒谬绝伦。怎么会有"非法人团体(unincorporated body)"这种东西——只要人们认为即使一个团体(body)不必然是"有形的"但其团体属性是固有的,他们便会认为这一概念中的术语是相互矛盾的,然而它的的确确存在于英国信托法之中?⑩ 怎么会有"独体法人"这种自称为法人却完全等同于一位特定的个人的

---

⑧ 参见后文,"Moral personality and legal personality",p. 67。

⑨ 梅特兰也将其称为"fiction theory"。

⑩ "如果一个法国人看到它,他会作何感想呢?'Unincorporate body:inanimate soul!'"[body:corpus(Lat.);soul:*anima*(Lat.)]参见后文,"Moral personality and legal personality",p. 62。

东西,尽管它确确实实存在于教会法和被当作英国公法的法律之中?⑪ 在此处我们见到了不是法人的持续性团体和根本不是团体的法人。正如梅特兰由衷地承认的那样,除了对英国法的疑惑,还有着一些羡慕,因为有谁不会羡慕这样的一套法律体系呢? 当同时面临公民自由(civil freedom)和实际便利这两大更为紧迫的问题时,它似乎没有为有关一致性的问题(questions of consistency)所困。但是,它仍然要回答这一问题,即这些尽管不是无法理解但却令人费解的法律最终是否最佳地服务于自由或便利? 所以当梅特兰完成了对吉尔克的翻译,他就开始研究这些法律是否可以被理解,这意味着他的首要工作便是试图搞清楚它们的源头。

xiv

独 体 法 人

要想弄清楚独体法人这一理念就要处理两个尽管截然不同却又不可分割的问题。首先,必须要揭示这个概念的用途,这又首先需要去认识它的产生缘由;但是,其次必须要弄清该概念不能被运用于哪些种类的法律。因为在把一些东西纳入进来的同时,法律也总是在把一些东西排除出去(尽管它是借助英国人的天赋对这一命题中的术语做尽可能宽泛的解释)。即使英国法也构想不出来具有无限适应力的专门术语。但是,毋庸置疑的是,独体法人是一个旨在解决具体的实际问题才创设的而非从一套一般性法律律令(juristic precept)推演而来的专门术语。同样毋庸置疑的是,这一概念的使用受到了相当严格的限制。但是,令人感到惊讶的还是这个问题,即多少东西被纳入进来,多少东西又被排除了出去?

---

⑪　不要将这种实体(entity)与所谓的"一人法人"(one-man corporation)混同。"一人法人"是很久以后被设计出来旨在避免个人(individual)承担个人责任(personal liabli-ty)的机制,梅特兰也对其进行了讨论。参见后面序言的尾注。

梅特兰将独体法人的起源追溯至一个具体时代的具体问题
上。这一时代是 16 世纪,与之相伴随的是一种梅特兰所谓的"发
生在教会组织内部的……分裂过程"⑫,当时一些持续性法人实体
(corporate entity)(它们是一些"集合法人","集合"法人不仅仅是
法人的各部分的总和,然而这个术语却会使人误以为如此)在政
治、社会和法律的压力下摇摇欲坠。然而,这个具体问题并非涉及
团体,而是涉及个人;或者毋宁说,它是涉及一种个人,即堂区主持
牧师(parish parson),和一类事物,即堂区教堂。难道教堂这样一
种事物看上去既是财产权利的主体又是其客体? 第二个问题——
与客观性有关——是个更为紧迫的问题,由于它涉及必然会引起
法律纠纷的东西,即"大量可供利用和享受的财富"⑬。但是对此问
题的讨论不仅必然牵涉到上一个问题,还必须要考虑能否将这些
财产的所有权(ownership)归属于教堂本身而非归属于任何特定个
人。倘若财产所有权归属教堂,法律可能会妥善应对,但是与此相
关的特定个人,不仅包括该牧师还包括推荐他的人和任命他的主
教,却不一定能够做到这一点。将这些财产的所有权(ownership)
归属于教堂本身的这种做法使得利用和享受它们成为很麻烦的
事。与此相反,一种在 15 世纪逐渐为人们所接受的观念最终被暂
时征用,于是堂区主持牧师被当成所有人,但是堂区主持牧师并非
是依据自身的头衔而是作为一种被称作"独体法人"的法人而成为
所有人的。

在实践中,这意味着堂区主持牧师可以享受和利用却不能转
让归属于他的财富。在理论上,这却意味着教堂属于一个既高于
堂区主持牧师却又低于真正的法人的范畴。它高于堂区主持牧师
这一点可见之于这一事实,即完全所有权在任何特定时间都不是

xv

---

⑫　参见后文,"The corporation sole",p.9。
⑬　参见后文,"The corporation sole",p.9。

某一位堂区主持牧师可以随意利用的权利;它低于法人这一点可见之于这一事实,即当堂区主持牧师死后,所有权不归属于其他任何人或机构,而是进入待定状态。⑭ 实质上,独体法人是一个否定性观念。它不授予任何人完全所有权。它是一种"无主的权利,即一种虚无缥缈的非限嗣继承地产"。⑮ 总而言之,它是一种荒谬制度,通过充当一个尚未得到称心答案的问题的答案来实现其他众多荒谬制度的实际目的。梅特兰将这一制度所导致的后果描述为一种有机观念:独体法人,他写到,是"法律怪胎"⑯,它的产生只不过是致使所有既存制度的死亡,因为赋予它像所有真正的法人所必须被赋予的那种生命(a life of its own)并非易事。

可是,如果达到便利的目的,荒谬又有何妨? 堂区主持牧师,虽然为数众多,却并非宗教界最重要的阶层,而且堂区教堂,虽然颇有价值,在法律上或其他方面却并非极其贵重。然而,它之所以有伤大碍是因为,即使在人造的法律环境中,生命也是珍贵的,能源也是有限的,一种生命(life),即使是无生命(unlived)的,也不能随随便便就可以转变成另一种生命。说得再明白一些,独体法人这一观念"会有不利影响",尤其不利于法人拟制说(the idea of corporations as fictions)。梅特兰小心翼翼地使自己不要过深地卷入德国法学界的这场使得人格拟制说(the idea of *persona ficta*)与"实在论(realism)"处于永久对立状态的巨大争论中,并且主张更为宽泛

xvi

⑭ 就像梅特兰所坚持的那样,它是所有"真正的"法人所具有的特性之一,即,即使当它们的"首领",或"成员",或者这二者,都不复存在,它们还是作为法律实体持续存在着。这种团体还有一个特性就是,它们的首领和成员可以与它们进行交易。这两种特性都不符合独体法人。它一脱离自己唯一的成员便会消亡。由于在任何特定时间独体法人和其唯一的成员都是被等同的,所以他也不能与它进行交易。

⑮ 参见后文,"The corporation sole",p.9。

⑯ 参见后文,"The corporation sole",p.9。

的本体论上的团体人格⑰("至于哲学",梅特兰写到,"我并不关心"⑱)。但是他意识到独体法人观败坏了法律拟制的名声。如果法人是拟制的人,那么它们起码是我们应该认真对待的拟制,或者,就像梅特兰本人所言,"我们不能不虚构的拟制"。⑲ 但是,独体法人是一种无关紧要的观念,它意味着,不同于自然人,物的人格化在某种程度上是一种不那么重要的问题。独体法人所导致的后果并非是荒谬滋生了荒谬,而是荒谬使我们习惯于荒谬,并且这些后果必然会产生。然而,最终,独体法人观是重要的,因为它促进了不同于堂区主持牧师的另一种职位的细节问题。尽管独体法人这一阶层发展缓慢⑳("在我看来",梅特兰写到,"这证明这一观念毫无影响力"),然而无论如何当法律人在描述另一种人,或者另一种类型的人——王室——时却发现它大有用处。

梅特兰认为,把王室视为一种人格既不等同于实际充当国王的特定自然人也不能与其相分离的独体法人是"不妥的"。㉑ 但是,这种做法是在某些方面要优于将独体法人观适用于堂区主持牧师的那种做法。特定职位的担任者死亡时出现的[职位]"归属特定"这个关键性难题,不大可能出现在此种情形中,因为从一位堂区主持牧师死后到新的堂区主持牧师被任命,这中间可能会有一段时间的耽搁,但是当一位国王驾崩后巨大的压力促使人们在另立新君的问题上不能有半点延误,而不会在意法律上的细节[于是便有了:"国王驾崩;国王万岁"(改朝换代)的说法]。它也并不必然比其他更为著名的学说更为不妥,因为使一个主体具有两种人格的

---

⑰ 梅特兰指出,这套学说的"主要支持者……一直是柏林的奥托·冯·吉尔克"。参见后文,"The corporation sole",p.10,n.4。

⑱ 参见后文,"Moral personality and legal personality",p.62。

⑲ 参见后文,"Moral personality and legal personality",p.62。

⑳ 参见后文,"The Crown as corporation",p.32。

㉑ 参见后文,"The corporation sole",p.9。

做法（make two persons of one body）不比使一种人格具有两位主体的做法（make two bodies of one person）更为荒谬。[22] 但是梅特兰指出，只要它是不妥当的，它就非常不方便。它会把文官制观念（the idea of the civil service）搞得"一团糟"（使得文官制被误认为是为国王"私人"服务的部门）；它不能妥善处理好同国债观念的关系（国债安全并不是由"财富可能由国王所有"这种观念来保证的）；它甚至会给邮政部门招惹麻烦（通过怂恿这一观点，即邮政大臣在某种程度上是无数邮局的自由地产保有人）。它还使得一些制度不伦不类，因为就像它暗示个人是应为国家所拥有之物的所有人那样，它还指出国家事务应该包括个人消遣（除非王室将会举行游园会，否则这样来使用该词很难说是妥当的）。[23] 荒谬的法律推定（legal construction）所存在的问题并非仅仅是一些重要的问题可能会受到轻视，而且还在于一些不重要的问题可能会被过于重视，而这不过是在浪费时间。"只要国家没有被视为法律上的人，我们就必然会或者在无正当理由的情形下随意使用国王的名义，或者永远劳碌不堪地修补那些会被犯罪者悄然潜入的漏洞。"[24]

在梅特兰看来，把王室视为独体法人并不会造成灾难性后果，尽管这样的做法首次发生在亨利八世统治期间的一个灾难性年代。在最为重要的那些方面，比如在论及基本的政治问题时，英国国家（the British state）长期以来一直被认为是集合法人（corporation aggregate），截然不同于那些在某个特定时期作为其一份子的个人。英国国家曾发行过一种无损失风险的国债，有一段时间英国"公众"便是债权人，并且自从 17 世纪末英国公众便相对牢固地拥有从王室手中夺来的权利。此处的问题是关于便利而非关于自由的

---

[22] Ernst. H. Kantorowicz, *The King's Two Bodies: A Study in Medieval Political Theology* (Princeton: Princeton University Press, 1957).

[23] 参见后文，"The Crown as corporation"，p. 41，n. 31。

[24] 参见后文，"The Crown as corporation"，p. 32。

问题,它们本来如此。但是,恰好因为这种视王室为独体法人的观念在私法领域仍然没有被接受,所以它表明了英国人的国家观念在法律和政治这两方面上所存在的差异。对于法律人而言,诉诸王室是一种权宜之计,王室能够服务于这一目的,即杜绝任何对于有关所有权(ownership)的法律问题和有关权利的政治问题之间关系的较为宽泛的理解。由于国家保护其自身以及其人民的自由的能力,取决于人民有多大的能力以公众的身份去拥有对于国家的债权,故而这种关系的存在是显而易见的。然而,王室依旧被视为独体法人这一事实意味着有必要在基本的政治原则问题和纯粹的法律问题之间作出某种区分。这种做法是站不住脚的。这并非仅仅是由于不清楚作出这种区分的可靠依据,因为既然人们已经看到了独体法人是如此无用,那么就不可能仍然主张它在法律问题上是有用的。如何去做这个区分也同样还没有搞清楚。梅特兰花了相当大的精力去研究英国王室在 20 世纪初在认识它与其殖民地之间关系的过程中所遇到的那些问题。殖民地是英国王室的"所有之物",并且已经作为财产开始了它们自己的生命,这意味着有要求仍然把它们视为王室财产的法律主张,而王室自身仍然被视为女王陛下的法人人格。这不仅错综复杂、难以操作并与时代不合而且令人啼笑皆非。它意味着在一种显然属于政治性的关系中,被假定处于支配地位的一方仍然被认为在本质上是一个私人实体,并因此受到私法的规制;然而,那种已经以王室所创设的特许法人的名义开始了自己的生命的殖民地却能够用集合法人这一身份去为自己创设一种"在实际上和名义上都既是法人团体又是政治团体"(one body corporation and politic in fact and name)的独特的身份。㉕ 为了使法人人格和政治人格相勾连,被所有者被置于比

xviii

㉕　参见后文,"The Crown as corporation",p. 32。

假定的所有者更佳的位置。这真是令人困窘。

正如梅特兰所指出的那样，所有的这类问题都是因为英国法让"愚蠢的堂区主持牧师将它引入歧途"。㉖ 但是，如若不是有如此之多的公法学领域没有人去研究，英国法不会这么容易就被引入歧途。梅特兰指出了一些此类的公法学领域，并且还指出让王室摆脱荣耀的堂区主持牧师这一不适当地位的直截了当的解决方法，即效仿殖民地并且在所有问题上，无论公私，都让英国国家尽可能被视为凭其自身的头衔而存在的法人团体。这是个痛苦的抉择，但是不会有危险。"在这一观念中没有丝毫与世袭君主制相抵触的地方。'国王及其臣民一起组成了这个法人，他们混合为一体，国王是首领而臣民就是其成员。'"㉗ 这样做还可能具有解放性（liberating），至少减少了对律师的需求。㉘ 但是英国法不会使它变得那么简单。如果只是在法人身份（corporate bodiliness）和一种分裂的个人主义（a fragmentary individualism）这二者间作出非此即彼的选择，那么这种"真正的"集合法人在所有方面都胜过"这个纯粹拟制的幽灵"㉙，即独体法人。但是英国法还提供了另外一种选项，此选项有其优越之处：没有法人资格的组织，即"非法人团体"。为了搞清楚这一选项以及它有多大的可能性会成为统合国家的法律身份和政治身份的适当媒介，梅特兰发现有必要进入英国法的另一片领域，即信托法这一沼泽地带。

xix

㉖　参见后文，"The Crown as corporation"，p. 32。

㉗　参见后文，"The Crown as corporation"，p. 32。

㉘　"这些话既是政治性用语，也是制定法用语，还是日常生活语言。然后又为脑子里装着各种理论的律师采用……"参见后文，"The Crown as corporation"，p. 32。

㉙　参见后文，"The corporation sole"，p. 28。

非法人团体

英国法中所存在的另外一个重大异常之处涉及团体生命。关于这第二个异常之处的来龙去脉在某种程度上与第一个异常之处恰恰相反。独体法人是一个狭隘而又无用的观念，而且不知何故它涵盖所有政治制度中最为重要的制度，非法人团体是一种开放而又极其有益的观念，它能够涵盖除了国家之外的任何事物（证券交易所、天主教堂、赛马俱乐部、慈善活动、家庭生活、企业、工会、政府机构）。这两种观念都是在高度偶然性的情形下产生的，并且正如独体法人需要法律人将其杀死，非法人团体需要法律人用他们"惊人的魔法把戏"[30]，使之苏醒。[31] 但是，一旦复苏，这种有关团体生命的思考方式不久便"找到了阻力最小的路线"[32]并开始发展。并且它发展得越成功，也就越不需要去解释这种新观念与它所正在应对的错综复杂的现行法律之间的确切关系。这种有关"非法人团体"的观念例证了这一英国式假设，即凡是起作用的就必然有合理性，而非凡是即将起作用的就必须要是合理的。

在力图搞清楚这一观念实际上是如何发挥影响的同时，梅特兰在对吉尔克的介绍中也对有关独体法人的观念有所探讨。在讨论独体法人时，他试图用英国人容易理解的方式介绍德国有关群体的观念；在讨论非法人团体时，他试图用德国人容易理解的方式

---

[30]　Gierke, *Political Theories of the Middle Age*, p. xxvii.

[31]　尽管这是一种相互的救助："如果是衡平法院挽救了信托制度，那么也是信托制度挽救了衡平法院。"参见后文，"Trust and corporation", p. 84。梅特兰也非常清楚律师们之所以迫切需要利用这一机制的原因之一就是，他们所属的出庭律师公会可能会，也的确曾经这样做过，基于这种"非法人团体身份"的观念来组织自己，就是说，信托使他们不用依靠国王所授予的法人身份便能够得到一种持久的身份。

[32]　参见后文，"Trust and corporation", p. 75。

介绍英国法。㉝"我无法理解你们的信任",一位和梅特兰有一定交往的"优秀的德国学者"写到。㉞ 这里的问题就在于以信托法为法律根据的所有权似乎既不属于人也不属于物,而德国法律理论所承认的所有权仅有一种。然而,这恰恰是为何能够允许诸如"非法人团体"之类的非自然人成为信托关系中的受益人。所有权之所以不归属于人是因为信托关系把"严格的普通法"(strict law)上的所有权赋予一类人(受托人),又一概地把"衡平法"上的所有权赋予另一类团体(受益人)㉟;它之所以不归属于物是因为信托关系允许在无需变更所有权的情况下对所有物加以改变或者将其以不同的方式投资(信托"基金"由此而来)。实际上,信托法的思想基础是"良心"观(the idea of good conscience)。如果一个人能够受到信任而以普通法所有人的身份为那些对某物有衡平法请求权的人管理该物,并且如果那些与他们打交道的人能够被信任而以相同的方式来看待这个问题㊱,那么就有可能为各种各样不适合对人权(ius in personam)和对世权(ius in rem)这种分类方法的人和物提供

㉝ 在这里被译为"Trust and corporation"(信托与法人)的这篇论文最初是用德语发表的,*Grünhut's Zeitschrift für das Privat-und öffentliche Recht* Bd. xxxii。

㉞ 参见后文,"Trust and corporation",p. 75。

㉟ 这些受益人可以被称为人或个人——在最初本来如此——但是随着受益人这个概念被适用于一些作为这种人的替代物的"用途",信托法也被扩充,这种做法被证明是对在信托关系的保护之下设立慈善团体尤为有益的。

㊱ 尽管,在受托人与这样一些法人交易时这可能会产生一个问题。由于是"拟制之物",这些法人可能丝毫没有道德感,无论是好的还是坏的(在这种意思上,即许多团体选择将信托法作为自己的组织依据,将原因归咎为"无道德感状态"的这种做法的确需要绝对避免,以便这些团体不会被视为依赖国家给予它们道德生命(moral life))。最后,在19世纪下半叶,由于信托人与1862年《公司法》颁布之后的数量激增的法人交易愈来愈多,所以为了达到信托法的目的,同意这种法人有"道德感"。梅特兰在"The un-incorporated body"一文中讨论了这个奇特而又复杂的过程。在该文中,他间接指出这个故事实质上还在继续,它也证明了我们正在摆脱那种挂在我们嘴边的"有关法人的思辨性理论",例如,法人拟制说。参见后文,"The unincorporated body",p. xix。但是另外一种方法就是将它视为实质上是一种循环,即,这样一套法律,起初旨在允许某种规避这种有关拟制人的"思辨性"理论所设的那些限制的做法,最后由于其自身的不真实(on fictions of its own)而被撤销。

一种持久的法律身份。实际上,正如后来的结果所显示的那样,几乎任何人或物都可以成为信托的受益人,并且当法律人力求用信托法这一法律部门去保护和维续各种各样的包括各种不能够或不愿意被视为法人的组织在内的社会形态(social form)时[37],信托便成为梅特兰所称的"社会试验"的载体。"信托契据可能会很长;律师的账单可能会更长;时而不时会需要新的信托人;时而不时会出现必须巧妙规避的棘手难题;但是这种有组织的团体会存活下去并繁荣昌盛,并且因为没有被归入任何正式的法律类别更具自治性。"[38]

这种团体生命的组织方式的诸种优点甚为明显。它意味着团体可以以它们所选择的任何方式去安排自己的内部事务,只要它们的选择能够被同意并用信托行为确定下来,并且可以找到合适的人选去充当受托人。在对以非法人形式存在于英国的宗教的、政治的以及其他种类团体的支配性组织原则的一次考察中,的确发现了"从中央集权化的绝对君主制到非中央集权化的民主制的几乎所有可能想象得到的组织形式以及独立团体所具有的自治性"。[39]古典法人理论中的拟制人(persona ficta)的身份由国家赋予故而也取决于国家,与之不同的是,非法人团体在无需依据上级许可的情况下便可以选择自己的形式。事实上,非法人团体在成立之后还可以发展,"缓慢而悄然地多次改变形态直到它不得不在某个公共裁判机构面前解释自己的形成过程"[40]。这种经自我型构(self-fashioning)而成的自治机制有着这样一种不愿意把本团体的

---

[37] 正如梅特兰所描述的,其中就包括妇女在婚后拥有财产的能力。"一些受托人将会成为所有人。我们只是去谈论他们的义务。如果作出足够清晰的规定,我们约束他们将基金收益交与妻子本人并换回书面收据还有什么困难吗?而且这种约束一旦开始,它就会被进行到底。"参见后文,"Trust and corporation",p. 75。

[38] Gierke, *Political Theories of the Middle Age*, p. xxxi.

[39] 参见后文,"Trust and corporation",p. 75。

[40] 参见后文,"Trust and corporation",p. 75。

事务交由法庭处理的内在特性。[41] 在某种程度上,英国信托法绕过了这种难以摆脱的政治多元主义两难困境——如何在不侵犯国家的情形下保护社会实体免遭国家的侵犯,并且因此使它们成为彻彻底底的社会实体。它所采取的方法是以以下这种原则来组织团体生命,即该原则在任何情形下都只会用自己的术语而不会用更为宽泛的政治术语来表达自己的意思。国家之所以在其早期曾经以特许的方式来设立法人是因为它在法人那里发现了几分自己的特质,并随之有些担忧[42];但是它之所以曾经不加约束地任由信托 xxii 发展是因为每一起信托都是独一无二的,在此意义上而言不会对国家构成威胁——"尽管常见的信托可能就是那么一些种类,然而信托中的所有细节问题(必须要被严格遵守之处)仍旧要用冗长的文件加以记录;并且法律也勉强承认人们有着很大的不按照惯常方式设立信托的自由,且人们在实践中也是这样做的"[43]。非法人团体——它们有时是政治性的,有时是宗教性的,有时又具有其他完全不同的性质——的政治形态(political forms)的多元性证明了这一试验的成功。

但是,梅特兰认识到"所有这些都有其不足之处"[44]。尽管不同于那些特许设立的法人——其自治特权由国家直接授予,非法人

---

[41] "尽管会出现分歧,但是争论各方将非常不愿意引入警方。"参见后文,"Trust and corporation",p. 75。

[42] 参见霍布斯的经典表述:"国家(common-wealth)的另一种缺陷就在于······有大批的法人。因为在一个更大的联邦(common-wealths)内部有许多小一些的国家,它们就像自然人体内的许多寄生虫。"(T. Hobbes, *Leviathan*, ed. R. Tuck (Cambridge:Cambridge University Press,[1651]1996),p. 230)(在梅特兰这本论文集的中译本中,凡是霍布斯《利维坦》中的引文,译者都参考了黎思复和黎延弼两位前辈的译文(商务印书馆1985年版《利维坦》),个别地方有改动。特此致谢!)在对吉尔克的导读中,梅特兰通过一位假想的德国评论者对英国法人学说进行评论:"这个重要的'信托'观念在黑暗时期,例如,当你们的霍布斯正在拿法人和寄生虫做一种令人厌恶的对比时,对你们极为有用"。Gierke, Political theories of the Middle Age, p. xxxiii.

[43] 参见后文,"Trust and corporation",p. 75。

[44] 参见后文,"Trust and corporation",p. 75。

团体还是属于特权的产物。信托藏于"为了英国最富有最有权势的阶层的利益而建起的一道屏障"之后⑮，并且尽管在那些利益中既有着保守家产的欲求也有着从事慈善事业的愿望，但是无论是慈善性信托还是家族信托(family trust)，在作为财富再分配之手段的同时都是持续掌控财富的方法。同样地，信托法根据每一位非法人团体自己的相关规定来对待它们，故而没有对此类团体的设立目的进行分类。就此而言，除过具体信托契据有所不同之外，没有办法在天主教教堂和足球俱乐部这二者之间作出区分。梅特兰的言下之意包括两个方面。从一方面来讲，那种对其个体成员有着强制性要求的严肃而又具历史性的重要团体似乎没有受到重视并被"私有化"；相反而言在另一方面，上述情形又使得这些团体感到舒坦，或许用梅特兰的话来说"过于舒坦"⑯，对在信托这道屏障后面所发生的一切感到放心，对远离了国家的干预感到省心。非法人团体与法人团体之间的差异也体现在两个方面。梅特兰之所以论述英国信托法部分，原因在于他意图对当时一起与工会这一重要的非法人团体有关的著名案件的来龙去脉加以解释。⑰法人要对其代理人的行为负责，而非法人团体却不然，因为在法律规定上，非法人团体就是受托人的财产。1900年，在一场罢工之后，塔夫威尔铁路公司状告铁路员工联合会(the Amalgamated Society of Railway Servants)要求赔偿。因为铁路员工联合会属于非法人团体，因此包括上诉法院在内的审理该案的法院都认为参与罢工者应承担个人责任而工会的基金也就因此不能被用于赔偿。但是，1901年上议院推翻了这一判决并责令铁路员工联合会支付超过4.2万英镑的赔偿金。这个判决使工会处于极为不利的境地，而且

xxiii

---

⑮　参见后文，"Trust and corporation"，p. 75。

⑯　参见后文，"Trust and corporation"，p. 75。

⑰　"The unincorporated body"一文的目的就是"详尽地阐述塔夫威尔罢工案(Taff Vale case)这个案件"。参见后文，"The unincorporated body"，p. 52。

它与当时的放宽取得法人身份的要件这种做法完全不符。但是，它使我们认识到身份问题最终是与责任问题密切相关的，并且如果团体要有了自己的生命，必然会愿意为其成员的行为负责。

　　最后要讨论的是与国家自身有关的问题。从英国信托法的历史我们可以看到它规避这样一个问题，即能否依照完全不同于国家组织方式的一些原则来组成团体。如果俱乐部、教堂甚至地方政府机构都可以在信托这道屏障之后生存和发展，那么为什么国家不能够这样，这是一个悬而未决的问题。梅特兰并没有真正回答这个问题。他承认王室既可以被视为信托受益人也可以被视为代表其他受益人——"公众"便是其中的一类——行为的受托人。但是，尽管就此而言（for these purposes），王室是否属于独体法人这个问题并不是非常重要——信托法的精髓（whole point）就在于无论受托人还是受益人都无需有关法人的法律作出特别规定——然而，信托关系不能被作为识别公众的或任何其他人的政治身份的一般性标志（general guide）。这是因为它不能被作为识别任何东西的一般性标志——信托本来就只不过是记录信托内容的文件而已。正如梅特兰所承认的，在此类文件缺失之时，那种存在于政治性团体之间的信托只不过是"一个隐喻"。[48] 只是他没有进一步指出隐喻性的信托实际上根本就不是信托。

国家、信托与法人

xxiv

　　把国家建立于隐喻性的信托之上就如同把国家建立于假定的合同之上。这两种做法都是那种依赖于特殊关系被确立之时所订立的条款的关系。由于只有信托在法律中起作用时，我们才会并

---

　　[48]　参见后文，"Trust and corporation"，p. 75。

且总是会理解它,因此国家是否可以被理解为信托这一问题就是个纯粹的思辨性问题。因此,此处的问题是国家是不是一种有法律效力的信托(trust in law),而这里的答案则是国家只是偶尔出现的极为罕见的信托,而且国家只有被等同于王室时才是有法律效力的信托。发现那些将王室在不同情形中的作为受托人和受益人的不同身份勾连起来的主题和线索或许是可能的,但是,正如梅特兰所言,"对信托进行分类就像对合同进行分类"[49]。从一些真实的信托或合同中提炼出有关信托或合同的理念是英国的政治哲学家所专攻的一种理论工作:从法律的运行方式中去剥离出而非去总结推论,并因此忽视"作为其藏身之处的法律制度的一些独特之处"[50]。从其早期有关思想史的研究开始,梅特兰对从有关合同的法律思想中推演出国家的道德基础这种做法的可行性一直深表怀疑,一个重要的原因便是"长期以来法律一直拒绝成为永恒之物"[51]。合同的要害之处就在于合同要受到时间和空间的限制,而信托也是如此:信托法的确几乎具有无限的灵活性,但是它在以下这一点上有所例外——不能依据永恒法(law in perpetuity)来设立信托。合同和信托法都不是也不可能是永恒的政治哲学理想。

然而,把合同和信托法看做是永恒的政治哲学理想会有什么后果这一问题却是另外一个问题。"我们可能记得",梅特兰写到,"国家并不曾分崩离析,当哲学家和法学家宣称它是合同的产物时"[52]。如果你所作的全部仅仅只是假设或者想象了一些法律关系,那并不必然具有危险性。它也会启发你去发现自己本来希望做而却没有做的事情,并且梅特兰还指出"对于一位学习政治学(Staatswissenschaft)的人而言,法律隐喻(legal metaphors)极为重

④⑨　参见后文,"Trust and corporation",p. 75。

⑤⓪　参见后文,"Moral personality and legal personality",p. 62。

⑤①　Maitland, *Collected Papers*, vol. 1, p. 65.

⑤②　参见后文,"Trust and corporation",p. 75。

要,尤其是当它们成为政治论辩中的常用语的时候"[53]。尽管如此,
最终的结果是在政治学领域——在其中充斥着法律语言而法律语   xxv
言和法律的生命(the life of the law)或者其他生命(any other kind of
life)之间的联系却被切断了——国家本身却被避而不谈。在这一
点上有以下几方面值得我们注意:法律隐喻从政治理论中得到了
大量帮助,并且就像它使得政治哲学家不用花太多精力去关注其
理论的详细后果一样,它还使得他们不用去仔细考察一国之内的
团体。[54] 但是它并非一套可证实的理论,因为它不可以在实际中应
用,并且如果要用这套理论处理实际问题,那么它可能会失败,或
者还可能造成实际损失。

　　在本文集所收录的唯一一篇写给一群自称是非专业人士的读
者[剑桥大学纽纳姆(Newnham)学院的成员]的文章中,梅特兰进
一步阐述了这一问题,即他认为什么样的理论才可能是可证实的
理论。他依旧没有走多远。在"道德人格和法律人格"一文中,他
拿来同英国做对比的国家不是德国,而是法国——"在这个国家人
们认真对待他们的法律理论"[55],并且在那里团体受到了一种过于
僵化的技术性法人理论的压制。在这一方面,英国绝对优于法国。
但是,由于在法国这些理论都得到了严格的运用,不足之处一目了
然,反之,正如梅特兰在论及英国时一再指出的,"我们理论的缺陷
很少受到认真关注"[56]。法国人理论的不足之处就在于它们不承认
这一点,即许多团体是"承载权利义务的单位"而无论它们是否得
到了国家的认可,因此如果某个团体没有得到国家的认可那么它

---

　　[53]　参见后文,"Trust and corporation",p. 75。

　　[54]　霍布斯是一个特例(参见,Hobbes, *Leviathan*, Chapter XXII, "Of Systemes Sub-ject, Political and Private")。始终贯穿于梅特兰作品中的一个主题就是霍布斯的理论在英国没有得到认真地对待。

　　[55]　参见后文,"Moral personality and legal personality",p. 62。

　　[56]　参见后文,"Trust and corporation",p. 75。

就会面临麻烦。进一步而言,如果国家之内的团体的确如同上文所言,那么国家也必定如此,因为国家承担着比大多数团体更多的权利和义务。梅特兰称这些为"道德"事实,尽管他自称不关注它们更为宽泛的哲学身份,无论它们是真实存在还是仅仅只是必要的拟制。那是一个需要哲学家来回答的问题。但是,梅特兰指出,如果这些团体有着自己的生命,那么法律人起码必须承认这一点,这意味着对于法律生命的承认不能够完全独立于哲学性思辨,正如在脱离法律生命的时候,哲学性思辨仅仅只是纯粹的推测。政治学(Staatslehre)和法人学说(Korporationslehre)彼此不能分开,因为它们存在于同一个世界。

xxvi

重 要 性

尽管梅特兰在给出一些结论时仍然有所保留,尽管那些结论所基于的历史性论述带着专业人士的印迹,然而那些包含着这些结论的著作的确极具影响力,虽然只是在一段较短的时期内。一群被统称为政治多元主义者(political pluralist)的英国政治理论家在梅特兰那里并通过他在吉尔克那里找到他们认为可以用来支持他们在反对上世纪初*以国家的名义提出的诸种过分要求时所想要给出的理由。梅特兰关于国家和其他团体之间复杂的相互关系的阐释对英国传统法学理论中的极端个人主义(excessive individualism)——以与约翰·奥斯丁(John Austin)密切相关的主权理论为代表——和晚近政治哲学中的极端中央集权制(excessive statism)——直到本世纪**之交伯纳德·博赞基特(Bernard Bosanquet)的《关于国家的哲学理论》(*The Philosophical Theory of the State*)

---

* 指 20 世纪初。——译者注
** 指 21 世纪。——译者注

（1899）还是其代名词——发起了挑战。像梅特兰那样，许多多元主义者都是历史学家，包括 J. N. 菲吉斯（J. N. Figgis），欧内斯特·巴克尔（Ernest Barker），G. D. H. 科尔（G. D. H. Cole）以及哈罗德·拉斯基（Harold Laski），但是他们并非法律史学家；他们通常也不会像梅特兰那样对偏离历史学领域而进入政治哲学这一更具思辨性的领域的做法非常审慎。于是乎，在这些政治多元主义者忙于用梅特兰的阐述去攻击过度强大（overmighty）的国家时他们丢掉了其中的一些细微之处，而以各种形式出现的政治多元主义则变成了有些一厢情愿的有太多"说教"的学说。政治多元主义也越来越偏离它曾经试图描述和改革的现实政治世界，并且在第一次世界大战之后的一段时期遭到了许多以往拥护者的否弃，他们发现它不足以应对政治生活中的新现实。可以肯定地说，政治多元主义这一哲学流派并不像梅特兰那样强烈地关注法律实用性（legal practicalities）和政治性认识（political understanding）之间的相互勾连。政治多元主义还在某些方面例证了梅特兰所谓的"我们所特有的对于伦理学的英国式嗜好"⑤。

　　当然，因为梅特兰的研究是历史性的，所以它也受到了研究其他史料或者重新研究梅特兰所用过的史料的另外一些史学家的修正和更新，尽管与他的其他作品相比，收录于本书中的这几篇论文中的历史内容几乎没有受到持续的批评。⑤ 然而，梅特兰所论述的许多法律问题的确很快就过了时。正如这些论文指出的那样，英

xxvii

---

　　⑤　参见后文，"Moral personality and legal personality"，p. 62。

　　⑤　密尔松（S. F. C. Milsom）在 2001 年威斯敏斯特教堂（Westminster Abbey）的梅特兰纪念碑揭幕仪式上的讲话中已经间接提到梅特兰的其他研究依然受到法律史学家们的关注。参见，S. F. C. Milsom，"Maitland"，*Cambridge Law Journal*（60，2001），265—270。这个刚刚作出的评论与梅特兰有关国家、信托和法人的早期现代史和现代史的论文所受到的对待形成截然的对照。乔治·加尼特（George Garnett）这样评论重刊在本文集中的有关王室的那些论文，史学家们"从它们问世时起就在很大程度上忽视了［它们］"。参见，G. Garnett，"The Origins of the Crown"，in *The History of English Law：Century Essays on Pollock and Maitland*，ed. J. Hudson（Oxford，1996）p. 172。

国法中的一些异常之处所正在承受的压力不会长久存在,而可以使有关法人团体和非法人团体的法律更具合理性和协调性的实际解决方法也即将被发现,这在他正写作时就已经表露出来了。这个过程在整个 20 世纪一直在继续,因此现在很难断言有关信托的法律和有关法人的法律之间的区别是不是某些重要的政治或哲学原则的基点,尽管它仍旧理所当然地充当着许多实际问题的依据。有关"独体法人"的观念不再是我们理解王室法律责任时的障碍,因为那些责任在很久以前就被分派给了各式各样的政府机构,每一种政府机构都受到了大量日益错综复杂的法律条文的规制。换言之,法律在发展,而且在使自己适应有关现代法人生命(modern corporate life)的大量错综复杂的必要条件的过程中,法律已经过于复杂而根本不会轻易符合某些思辨性理论。

但是,尽管就上述两个方面而言,梅特兰的论文看似已经过时,然而它们依然同我们关于国家以及国家和与其并存的其他团体之间关系的理解密切相关。他所讨论的许多论题持续地引发强烈共鸣。几乎所有被梅特兰在这些引经据典的论文中间接提及的论题[59]都与当下的政治关怀有着某种联系。他论及了在信托法律保护下的大型美国公司(在这一点上,正如在有关以前殖民地的政治身份那一问题上,这些论文似乎认为美国指明了今后的方向);他论及了抽象主权理论的缺陷;他论及了殖民主义、封建主义和帝国各自所面临的两难困境;他描述了英国法律体系和欧洲法律体系之间的紧张以及这二者间可能的融合;他提出了有关全国性政府、地方政府以及自治的问题;他描绘了有关社会多样性和宗教宽容的一些条件;他分离出许多存在于现在人们所谓的"公司治理"(corporate governance)中的难题;他洞见到有关信托的法律理念和

---

[59]　正如费希尔所说的,"确实是太过于间接,但并不是为了卖弄,而是由于专注"。Fisher, *Frederick William Maitland: A Biographical Sketch*, p. 106.

道德理念之间的差异;他指明了公共领域和私人领域之间的关系。
几乎所有这些论题都不是直截了当地被论述的,但是它们的确存
在于梅特兰的论文之中。

然而,有关梅特兰的论著的最强烈共鸣不是他所论述的问题
造成的而是源于它论述这些问题的方式。这在某种程度上是风格
的问题,但并非完全是这样。潜藏于他所有论述背后的有历史学
家的辛辣尖刻(sense of irony),还有他的这种确信,即在历史上任
何事都不可能完全以所意图的方式进行。尽管那些多元主义者以
及其他的一些人纷纷试图称梅特兰为一种独特的政治哲学体系的
代表人物⑩,但他也是一些体系的终结者和偶然性和必然性之关联
的记录者。除过"真正团体人格"说以及其他学说,更为重要的是
梅特兰还提供给我们一系列选择,而且不仅仅是在事实和拟制之
间选择,而且是在不同种类的事实和不同种类的拟制之间的选择。
这并非相对主义,因为在其背后隐藏着这样一个明确的观念,即最
终在法律和政治中留存下来的是那些起作用的,而什么是起作用
的并非仅仅是个评价问题(question of opinion)。但是,什么是起作
用的并非一目了然,不同的理论可以以不同的方式发挥作用。那
种适合一时之需的理论在当时完成了自己的任务却将困难堆积起
来留给将来解决,那种没有只顾一时之需的理论为我们指明了通
向更佳结果的途径。生活在一个无需具有一致性的法律体系中是
一种享受,但是享受并不等于安全。同理,允许在关于国家的政治
观念和法律观念之间产生差异并非仅仅是失败的象征,同时也是
一种成功的迹象。为梅特兰所称的那种在"追求适合一时之需的
结论的强烈本能"驱使下"得过且过"的做法找一个借口是可以做

---

⑩ 例如,"Moral personality and legal personality"就被收录入 R. Scruton(ed.),*Con-servative Text*(Basingstoke:Macmillan,1991)。

到的。[61] 但是,这种做法不仅会使人目光变得短浅,还会使人因此怀疑超出自己眼界以外的普天之下的其他世界。因此,梅特兰所描述的不仅仅是一套解决方案或学说而是一种困境——团体生命的困境,或者在法律之下生活(living under laws)的困境。他对于那一困境所作的阐述在根本上是历史性的,具有高度的随机性,因为这些论文的主题取决于历史情势,并不具有普遍适用性。但是正是因为这一困境是历史性的,也正是因为这些论文是关于法律思想和政治思想之历史的论文,所以它们会向我们展示法律思想和政治思想的历史是如何帮助我们认清自己所处的困境的。[62]

xxix

---

[61]　参见后文,"Moral personality and legal personality",p.62。

[62]　比较斯金纳(Quentin Skinner)在"对我的批评者们的一个回应"(A reply to my critics)中的文字:"假如我们有耐心回顾我们自己历史的源头并彻底弄清楚它是如果发展的,这将不仅能使我们阐明我们的一些关键性观念在使用上的变化,而且还能使我们揭示这样一些方面,在那里,在对于这些观念后来的历史的记录中可能会将它们混淆或误解。而如果我们能够做到这一点……我们就能期望不仅可以阐明而且可以解决我们现在的一些哲学上的困惑。"J. Tully (ed.), *Meaning and Context: Questin Skinner and His Critics* (Cambridge: Polity Press, 1988), p.288. 解决哲学上的困惑和解决那些导致这些困惑的问题并不相同。

关于正文的按语

在本书中所重印的这些论文选自剑桥大学出版社 1911 年版的《梅特兰文集》(Maitland's *Collected Papers*)。我们已经试着尽可能忠实此版本，并且按照原样收录了梅特兰所作的脚注，他的注释风格独特，提供文献资料来源的格式有时也不统一（我们已经在后面的有关参考文献的说明中给出了一些如何理解这些参考书目的建议）。但是，我们订正了 1911 年版中的一小部分印刷错误，更新了拼写和标点符号，并且去掉了 1911 年版的编者 H.A.L. 费希尔所加的脚注。

我们按照它们在 1911 年版中的出现顺序重印了这些论文。读者无需按照这一顺序阅读。如果读者想要从最易理解的那篇论文开始自己的阅读，那么就应该选择"道德人格和法律人格"一文。然而，"独体法人"和"作为法人的王室"本来是一篇文章的两个部分，需要顺次阅读。除"道德人格和法律人格"一文之外，这些论文都是为法律人或法律史学家这种具有一定专家身份的读者所撰写的，就连"道德人格和法律人格"一文由于原本是给一群以大学生为主体的人做的一次演讲也对读者提出了相当高的要求。1904 年纽纳姆学院信函（*The Newham College Letter of 1904*）记载了关于此次演讲的报告，原文如下："今年的亨利·西奇威克纪念讲座的主讲人为梅特兰教授，举办日期为 10 月 22 号。此次讲座的题目是'道德人格和法律人格'，梅特兰教授作了一场非常精彩有趣的讲座，尽管很大一部分学生觉得要跟上梅特兰教授就这一具有难度的复杂主题所作的演讲是一次艰难的智识训练。"就"信托和法人"而言，梅特兰原来的读者是德国人，此篇论文在其所用的典故和对于德国术语的大量使用这些方面也反映了这一点。在所有这些论文 1911 年版本的正文中，存在着梅特兰没有翻译的大量的德文、拉丁文、法文和盎格鲁诺曼文的语词、短语和较长一些的段落。我们尽可能地给出它们的英文译文。对于较长的段落，我们便将其直接翻译过来。对于较短的短语和单一语词，只要有直接与之恰当对应的英文，我们就将对应的英语词语附在原文的一旁。那些不能直接被翻译成英语的语词和短语（尤其是德国法和罗马法中的术语）被作为有着独特性的条目（entries in their own right）收录进专业术语表。

　　旁征博引、旁敲侧击、冷嘲热讽和博大精深是梅特兰论文的风格，这种风格在很大程度上使得这些论文极具吸引力，但也在一定程度上给读者造成阅读上的困难。在尽我们所能帮助那些不熟悉梅特兰所暗指之事的读者的同时，我们也试图不要太多地破坏他的写作风格。在翻译外文语词和短语时，有时有必要将英文术语和原先的术语交替使用。在"信托和法人"一文中尤为如此，在此文中梅特兰经常用德文术语来代替英文术语去解释他所论述的法律的具体范围和形式。我们保留这些德文术语并在它们第一次在文中出现时给出英文翻译。但是出于文风的考虑，当同一德文术语以后再在文中出现时，尤其是当同一术语在文中同一相对短小的段落反复出现时，我们不再总是给出英文翻译。我们也力图适当地处理梅特兰所关注的最为重要的主题之一,即德文法律术语和英文法律术语从词汇方面而言可以翻译但从概念和历史方面来讲却不可通约。例如,梅特兰有时用被我们译为"special purpose fund(专用基金)"的 *Zweckvermögen* 去指依据德国法某一种类的信托本来可能会具有但是因为它没有处于德国法的管辖范围内而不能具有的那种形式性特征。换言之,在"信托与法人"一文中有一些术语是可以在英语中找到对应物的而梅特兰想暗示人们它们是不能被准确地翻译的。

在正文中我们将译文用方括号括了起来。原来的正文中也包括梅特兰一小部分译文,它们被用圆括号或者引号作了标记。

序　言

梅特兰关于奥托·冯·吉尔克的
《中世纪政治理论》的导读节选[*]

　　Staats-und Korporationslehre——关于国家和法人的学说。对于有些人而言，这样的一个标题可能就像放在门口的一块绊脚石。于是，或许有人会认为，一种国家理论可能会令擅长哲理思维者这个极小众（the philosophic few）倍感兴趣，可能会使睿智之士这个大众（the intelligent many）颇感兴趣，但是一套法人学说，其很有可能论及拟制人格以及类似技巧，仅仅只能涉及一些法律理论家，在英国这是一类已经或几近绝迹的人。然而，继而一想，我们可能会发现这里并没有绊脚石，有的毋宁是我们的思想会不时跨过的踏脚石。因为，归根结底，国家和法人看起来是属于同一个属的两种物种。它们就像是有着固定不变的组织方式的人类团体，亦即，它们就像是团体单位（group-units）；我们似乎要赋予这些团体，或者说这些单位，作出行为和表示意愿的能力以及辨别是非的能力。即使我们承认国家是一种非常特殊的团体单位，我们还是可以作出

---

　　* 即 *Political Theories of the Middle Age*。

如下追问:如果我们在国家和所有其他团体之间设置一条深不可测的鸿沟而没有去思考有关物种起源的问题,我们自己是不是受到某种法律理论的束缚? 我们自己是不是有些落后于达尔文时代?[i]可以确定的是,除非我们的社群(communities)可以比较容易地以渐进的方式去获取或丧失国家的这种性质,更确切地说,除非我们认识到我们万万不能将我们现代的"国家观念"(State-concept)——德国人可能会这样称谓——强加于那种不愿接受这种观念的对象(the reluctant material)之上,否则我们的中世纪史学将会误入迷途,我们的意大利和德国史学将会误入更深的迷途。

英国人尤其应该为自己敲响这一警钟,并且不仅仅是为了中世纪。有侥幸的成分,也是由于英国是一个与外界隔绝的岛国,英国不久就会将其他地方的一些地位上的差异以种类的差异展示出来。这种地位上的差异,用中世纪术语来讲就是,承认某一"优势者(superior)"的团体或法人(*universitas*)与不承认某一"优势者"的团体或法人之间的差异。业已被诺曼公爵征服和掌控的英国既不可能是邦联(Staatenbund)也不可能是联邦制国家(Bundesstaat),伦敦人的那种"只要市长不要国王"的热望只是昙花一现。如果这种情形减少了我们生命和财产的付出——一种会使我们贫困的付出,那么它也同样使我们怠于思考——一种会使我们充实的付出,并催生(可能并非如此?)某种程度上的无思想状态或思想的贫乏。英国人心目中的国家是单一制国家(a singularly unicellular State),并且在紧要关头,他们缺乏业已历经实践检验的传统思想去应对爱尔兰问题或者有关在美洲的一些社群的问题。这些社群就是英联邦成员,亦即法人,它们似乎有自己的意愿——几乎完全真实的意愿,并成为一个个国家且最终成为美利坚合众国。① 一旦在法律人所受的教育中神圣罗马帝国皇帝(the Kaiser)成为优士丁尼法律书籍中的统治者(Princeps of Justinian's law—books)[ii],这个中世纪帝国便受到了一种过分简单的理论紧紧的束缚。如果我们认真地对待我们的主权话语,我们会很难容忍这样一种理论,它简单、狭隘而又具有罗马帝国的那种傲慢以至于否认那些"自治殖民地"、社群和联邦成员——它们和某个更大的完整主权(sovereign whole)有着千丝万缕、密不可分的关系——实质上具有类似国家的性质。这个多细胞(multicellular)的现代英国——常常而且或许毫无恶意地被称为帝国——无需一套理论也可能会繁荣昌盛,但是这并不表示我们会容忍上述那种理论倾向。一个英国股份公司的商业冒险以对东西印度群岛的统治而告终[iii],另一个前往美洲探险的英国公司在获得许可不久之后便变成了马塞诸塞海湾的清教徒州(commonwealth)[iv],这足以表明,如果我们主流英国国家学(English Staatslehre)认真地把握英国史实而不是分析法律理论家的思想[v],它可能也会表现出某种成为一种法人学说(Korporationslehre)的倾向。

即便是如此,此种趋向在许多地方都是显而易见的。站在由实证法和正统法律学说构成的坚实基础上,我们承认这个国家的国王是一个"独体法人",并且,如果我们还想知道得更多,我们就应该探究在 16 世纪国王是"由众人组成的集合法人(corporation aggregate of many)"的首领这一古老观念② 为何会败给这样一种把

3

---

① 参见伊尔伯特(C. Ilbert)爵士在《印度政府》(*The Government of India*)一书第55页的论述:"欠缺使英国制度适应国外新形势所必需的理论和经验。因为缺乏此种经验,英国注定要失去她在西半球的殖民地。因为缺乏此种经验,英国犯下了那种危及其正在东方建立的帝国的错误。"在爱尔兰问题上,英国因缺乏一种可以调和绝对依从和绝对独立这两种状态的理论而为日后许多麻烦埋下了祸根。

② 最近一个有关这个古老概念的实例可见于 Plowden, *Commentaries* 254。

国王和衰落的教会法中的堂区主持牧师一同归入一种不伦不类的类别(one uncomfortable rubric)的思想。尽管对国王的"独体法人"身份深信不疑,然而我们的律师可能还认为个体性的人是唯一"真实"和"自然"的人,他们不得不去探寻某种可以把国家和人(man)置于同一层面的说法(phrase)。"从政治角度而言,最为伟大的拟制人就是国家":在《法理学基础》(*First Book of Jurisprudence*)这部优秀著作中就有如此论断。③ 从法律平原(the legal plain)继续上行,我们就来到了中部地区,这里是热衷于谈论有关器官、有机体和社会组织的自然科学话语的社会学。vi同时,我们不能将关于国家这一团体(state-group)的博物学同关于其他团体的博物学截然分开。最后,我们来到了哲学的高峰去观察一套在英国具有一定影响力的学说是如何赋予特定国家(或者更宽泛地讲,特定团体)一种真实意愿,而且是"特定"真实意愿的。vii并且,我们必定会问到,在论及国家时所作的这一论断能否在论及其他组织性团体时被否认:例如,论及罗马天主教这一不可小视的团体。对于那些找不到确定答案的人而言,下述情形是有可能发生的,即即使在当下,耶稣会会员仍然可能认为他所属的这一团体(Company)的真实意愿的真实性和任何国家的意愿的真实性没有两样。他们还可能提出这样的问题,如果哲学家认可了这种意愿的真实性,那么在所谓的一人公司(one-man-company)具有真正不同于开公司的这个人和他的六位下属各自的意愿或者他们共同的意愿之前他是否可以中止(公司)?viii如果我们继续探究这一观念,那么不仅是我们的国家哲学(philosophic Staatslehre)会融入一种更宏大的学说,而且我们将很快地深入到合作组织理论(*Genossenschaftstheorie*)中。然而,无论如何,法律的这种将人(man)和"政治团体"分别视为两类人

---

③ Pollock, *First Book of Jurisprudence*, p. 113.

(person)的旧习似乎理应受到现代哲学家的密切关注,因为,尽管它是一个旧习,然而在过去的几年中它的重要性变得远远大于以前。在 19 世纪下半叶,世界各地产生了种类极其繁多的法人团体,其产生速度远远超过"自然人"的增加速度[ix],而且我们最新出台的所有法律中有很大一部分涉及法人。④ 在这一部分似乎存在一些不需要哲学性论述的东西:一者是某种总是不断产出新鲜果实的根深蒂固的真理,另一者是人类的热衷虚拟这一倾向的极其稳固的产物。

4

注　释

i 梅特兰心目中的那位与众不同的法学家是约翰·奥斯丁(John Austin)。他在 1832 年出版了《法理学范围之确定》(*The Province of Jurisprudence Determined*)一书。奥斯丁在该书中提出了关于国家的经典实证主义定义,他将国家界定为一种以唯一主权为特征的制度:"国家"或者"特定国家"这种术语有着众多不同含义:在所有这些含义中,下述几种最为重要——(1)"特定国家"通常与"特定主权"同义。它意指一个独立政治社会中具有至上权力的特定个人或者由多个个人组成的团体。这是我赋予该术语的含义……[J. Austin, *The Province of Jurisprudence Determined*, ed. W. E. Rumble (Cambridge: Cambridge University Press [1832] 1995), p. 190 n. I].

ii 最起码从 1158 年起,这就成了不言自明的公理。在 1158 年,腓特烈一世召集了神圣罗马帝国议会(the Diet of Roncaglia),在此次议会上他主张拥有伦巴底王国的全部司法管辖权。除了其他一些事情之外,优士丁尼的法学还宣扬统治者是唯一的法律渊源,他本身不受制于任何法律。

iii 东印度公司于 1600 年 12 月 31 日从伊丽莎白一世那里得到了它的第一份特许状,该特许状有效期为 15 年。1657 年它成为一家股份公司。自 1661

---

④ 1857 年一位美国法官甚至指出:很可能正确的是,伊利诺伊州立法机关在其上一次会议期间所批准(create)的公司要比 19 世纪初存在于整个文明世界中的公司还要多。Dillon, Municipal Corporations, §37 a.

年起,查理二世(Charles II)授予了它一系列特许状,这使其取得了一些有关自身事务的准主权权利(quasi-sovereign rights)。在 1684 年,随着孟买(Bombay)防御工事的建设,它开始呈现出国家所具有的那种军事、行政和财政特质。英国政府部门只是在 1784 年才实现了对英属印度政府(the government of British India)的管辖权。1813 年,东印度公司失去了它在这一地区曾经拥有的贸易垄断地位。1858 年,继印度人抗英运动(the Indian mutiny)之后,它的财产被移转给英国王室。

  iv 1629 年"新英格兰马塞诸塞湾的总督和公司"(The Governor and Company of Massachusetts Bay in New England)收到了他们的特许状,它是以早在 1609 年授予弗吉尼亚公司(the Virginia Company)的那份特许状为模本制作的。然而,不同于弗吉尼亚公司,马塞诸塞公司将其管理部门和特许状都转移至殖民地本身,通过有效自治,它可以从那里开始建立严格的宗教规则。直到 1691 年,马塞诸塞才被授予了一份新的特许状,它给这个殖民地配备了一名王室总督并重申了伦敦对它的统治,尽管这种统治要比神权政治下的统治更加宽容。马塞诸塞州在 1780 年制定的宪法中把自己描述为一个国家(commonwealth),它也因此成为这样描述自己的第一个州。

5 v 请再次参见奥斯丁的著作。梅特兰在吉尔克一书的导读的结尾处这样谈论奥斯丁:"我们也可以作出如下推论,即,奥斯丁给英国人讲授的这一套关于法律和主权的思想对于吉尔克博士而言就是一种过时的理论。"[Q von Gierke, *Political Theories of the Middle Age*, ed. E. W. Maitland (Cambridge: Cambridge University Press, 1900), p. xliii.]

  vi 梅特兰是在暗指赫伯特·斯宾塞(Herbert Spencer)的著作,尤其是他的《社会学原理》(*Principles of Sociology*)。该书的第三卷出版于 1896 年。

  vii 梅特兰是在暗指伯纳德·博赞基特(Bernard Bosanquet)的著作,包氏的《关于国家的哲学理论》(*The Philosophicalt Theory of the State*)出版于 1899 年,比梅特兰撰写此文早一年,并且成为英国唯心主义政治哲学的代表作。

  viii 有关"一人公司"的问题是在 1895 至 1897 年间 *Salomon v. Salomon and Co.* 这场著名的官司中凸显出来的。萨洛蒙(Salomon)先生曾经把自己的企业卖给一家有限公司,该公司由他、他妻子和五个子女(7 个人是法律所要求的人数)组成。萨洛蒙先生还给自己分配了形成浮动担保(floating security)

的额外股份和债券。在公司终止时,萨洛蒙先生以债券持有人的身份主张公司财产而不给其他无担保债权人留下任何东西。大法官法庭和上诉法院都认为萨洛蒙先生负有法律责任,它们认为萨洛蒙先生的那笔转让交易只不过是用以掩盖其法律责任的幌子。换言之,该公司并不具有不同于其创设者的身份的独立身份,并且公司其他成员只是达到一种名义上的目的(由此产生了"一人公司")。对于这一案件的早期阶段和这种不利于萨洛蒙的初步判决的论述可见于 *Law Quarterly Review* [E. Manson, "One Man Companies", *Law Quarterly Review* (XII, 1895), pp. 185—188]。梅特兰肯定读过这篇文章。在文中,作者辩称,法律不应该区别对待依照 1862 年《公司法》成立的企业,否则有可能会危及所有有限责任企业的信誉:"股份公司朝巨无霸发展(the giant growth of joint-stock enterprises)是当今的奇观之一。有限公司这个魔法钥匙已经为投向优秀工业企业的巨额资金打开了方便之门;它已经使穷人通过合作成为资本家。我们起码要谨防在清除杂草时连庄稼也一起拔掉。"(Ibid., p. 188.)后来,上议院支持了萨洛蒙先生的主张,并坚称,从法律条文的严格意义上讲,公司的确是凭借自身而存在的。但是,这些只是关于"人格"的法律技术方面的观点,而非有关"意愿"的哲学观点或有关"合作"的经济学观点。正如达夫(P. W. Duff)在《罗马私法中的人格》(*Personality*)一书所指出的:"和大多数英国案件及罗马教科书一样,*Salomon v. Salomon and Co.* 一案可以同任何理论相调和,但是不能充当任何理论的权威性渊源。"(p. 215) 6

ix 当然,这一过程在整个 20 世纪也继续发生。例如,在 1917 年至 1969 年间,美国的营利性法人的数量增加了五倍;在 1950 年至 1994 年间,荷兰的有限公司的数量增加了十倍,法人数量的增加速度远远地大于人口的增加速度[参见 M. Bovens, *The Quest for Responsibility. Accountability and Citizenship in Complex Organisations* (Cambridge: Cambridge University Press, 1998)]。

1

独 体 法 人

I

法律上的人（person）不是自然的就是拟制的。唯一一类自然产生的法律上的人是自然人（men）。唯一一类拟制产生的法律上的人（person）是法人。法人又分为集合法人和独体法人两类。

我认为，上述内容可以作为有关英国法中的人的论述的通行开端，而且自爱德华·科克爵士时期开始，它就一直如此。① 然而，这段表述采用了一种似乎几近自相矛盾的极其怪异的术语，即"独体法人"。于是，人们可能会提出并且实际上已经提出了这一问题，我们的独体法人是不是法律上的人？我们有没有成功地将它与集合法人和个体的人加以调和？威廉·马克白（William Markby）爵士在《法学原理》（*Elements of Law*）②一书中对此进行了大胆的阐述，其开头如下："我们在英国法中遇到了一种名为独体法人

① Co. Lit. 2 a, 250 a.
② Markby, *Elements of Law*, § 145.

的怪物。"接下来,爵士坚持认为我们在给予堂区长＊或国王这二者独体法人这一名号时所持的理由并不比将这一名号给予任何遗嘱执行者(executor)时所持的理由更加有说服力。对这一问题稍加讨论不仅不会有什么坏处,还可能会有好处,因为它多多少少会对其他一些更为重要的问题产生负面影响。

弗雷德里克·波洛克爵士在他的《论合同》(Contract)一书中对被我们视为英国主流法人理论的那种理论进行了绝佳阐述。③他讨论了"这种被纳入现代法律体系并在其中得到巨大发展的由罗马人发明的制度"。他讨论了"该制度是如何将暂时位居相同职位的人所具有的官方性质,或者暂时处于同一商业冒险中的人所有的共同利益,构建成一种具有法律能力能承担法律义务的拟制人或假想主体(ideal subject)"。接着他又做了一个具有启发性的对比,尽管会有论者认为这个对比质疑了正在被阐述的这套理论的合理性。"如果允许用一种拟制去例证另一种拟制,那么我们可以说法律上的拟制人是一种被视为支持性法律属性(supporting legal attributes)的虚拟之物。"

对于本刊的读者而言,下述情形并不新鲜,即,当下有许多人认为集合法人的人格绝对不是虚构的或拟制的,而是完全同自然人的人格一样真实和自然。此种观点,如果它曾经是一些德国学派的特色,那么现在已经被一些饱学的罗马法学者采纳,并且它在法国和意大利还有支持者。请允许我在这里对它稍加论述。④该理论的倡导者,如果他们不辞劳苦参与我们的话题,就会主张许多英国法律规则可以为他们的学说作有利证明并且对他们所称的"拟制理论"(the fiction theory)作不利证明。他们还会告诉我们,中世纪

10

＊ 堂区主持牧师的另一种称呼。——译者注

③ Pollock, *Contract*, ed. 6, p. 107.

④ 奥托·冯·吉尔克博士一直是它的主要支持者。

末期我们那些精通普通法的律师从教会法学家那里学到那套理论并尝试——尽管常常是半心半意地——用其来解决传统的英国案件(the traditional English materials)。

在英国,我们经常会遇到这种说法:英国法所承认的人只包括自然人(men)和一些被称为集合法人的由多个自然人组成的团体。如果我们可以作出如上论断,那么我们就可以讨论这一问题,即,由多个自然人组成的团体是否不具有自己的意志——一种真实而非拟制的并且真正不同于其成员个人意志的意志。但是,实际上,独体法人切断了,或者似乎要切断,这条通道。它使我们产生了支持拟制理论(the Fiction Theory)的先入之见。我们假设自己人格化了诸种职位。

布莱克斯通已经告诉我们"创造法人的功劳完全属于罗马人",他还洋洋得意地补充道:"基于这一发明,我们的法律得到了大幅度改进和提高,并具有了英国特色。在涉及只由一个人组成的独体法人——罗马律师对这一概念一无所知——时,英国法尤为如此。"⑤如果布莱克斯通所言有理,我们或许会想对该受到表彰的人表示赞赏,并且指出谁是独体法人的真正发明者。

理查德·布罗克(Richard Broke)爵士[iii]卒于 1558 年,其《法律汇编》(*Grand Abridgement*)的手稿于 1568 年被出版。现在我敢说他就是"独体法人"之父;实际上我并不知道他是否曾经确切地用过这一用语;但是他不止一次地将堂区主持牧师称为"法人",并且,在查找过一些资料之后,我倾向于认为这是一个不寻常的表述。让我们来看看他的论述:

> *Corporations et Capacities*, pl. 41:Vide Trespas in fine ann. 7 E. 4 fo. 12,引用了丹比(Danby)的观点:

---

⑤ *Comm*. 469.

　　人们可以将土地赠与堂区主持牧师及其继任者,于是这
就是普通法所规定的法人(corporation by the common law),并
且在别处人们普遍认为这就是土地死手保有(mortmain)。*

　　Corporations el Capacities, pl. 68：Vide tithe Encumbent
14,教会的堂区主持牧师是经指定产生的法人,他可以继承地
产以及类似财产,39 H. 6, 14 and 7 E. 4, 12.

　　Encumbent et Glebe, pl. 14〔旁注: *Corporacion en le per-
son*〕堂区主持牧师可以指定他自己或者他的前任,39 H. 6,
fo. 14;丹比认为人们可以将土地赠与堂区主持牧师及其继任
者,7 E.4, fo. 12;在关于自由教役保有这一章中也持同样的
观点。

　　布罗克所引证的书将会证明他所采用的法律是权威的,但是
它们并不会证成他的论述。在亨利六世统治时期⑥,有人提起了一
起针对一位堂区主持牧师的年金之诉(action for an annuity),原告
的理由是该堂区主持牧师及其继任者都支付了年金,但是没有任
何法律规定他具有法人身份。在爱德华四世统治时期的案件卷宗
中,我们可以找到丹比法官的附带意见。⑦ 他认为人们可以将土地
赠与堂区主持牧师及其继任者,而且在堂区主持牧师死后赠与人
不能进入该土地:但是他并没有论及堂区主持牧师的法人身份。
随后我们会再次从利特尔顿关于永久自由教役保有⑧的论述中读
到土地可以被赠与堂区主持牧师及其继任者,但是他还是没有论
及堂区主持牧师的法人身份。

　　另一段论述(初看起来应为利特尔顿所作)也确实似乎暗指堂

---

　　* 参见附录"专业术语表"。——译者注
　　⑥ 39 Hen Vl, f l3(Mich. pl. 17).
　　⑦ 7Edw. IV, f 12(Trin. Pl. 2)
　　⑧ Lit. sec. 134.

区主持牧师是政治团体（body politic），并且科克曾经利用这一段论述去说明一个法人若不是"独体法人"便是"由多个自然人组成的集合法人"，并据此为后世划定了英国法中人法（Law of Persons）的纲要。⑨ 然而，巴特勒（Butler）已经准确地指出了这一事实，即，那些目前对我们有重要意义的论述恰好并不存在于《论保有》（the Tenures）一书的最早版本中，因此我认为把这一论述归于利特尔顿是一种非常轻率的做法。⑩

我认为布罗克的最主要贡献还是在于以下这点：通过将"法人"这一术语适用于堂区主持牧师，他指出在英国存在着数量巨大的独体法人，并因此为科克提出法律上的人（persons）的经典分类铺平了道路。显而易见的是，在相当一段时期，以往的律师曾经偶尔把小教堂牧师称作法人。早在 1448 年，有人以"戴尔小教堂的约翰牧师（John Chaplain of the Chantry of B. Mary of Dale）"的名义申请一份令状（bring a writ），他遭到拒绝的理由是没有提供申请人的姓；对此他做了如下答复，他在起诉时所用的姓名可以是他在作为法人时所用的名称。⑪ 接下来我们会看到 1482 年布赖恩（Bryan）法官和丘克（Choke）法官在一个案件（它涉及一次以单一小教堂牧师为唯一受赠人的捐赠）中假设了法人的存在。菲茨赫伯特——就我所知他是依据一部尚未出版的年鉴——代表他们做了如下论述："如果国王批准我在某一特定地方为一位牧师盖一座供其作弥

---

⑨　Lit. sec. 413；Co. Lit. 250 a. 其他的一些经典论述参见，Co. Lit. 2 a；*Sutton's Hospital* case, 10 Rep 29 b。

⑩　利特尔顿是在告诉我们，如果特定土地是以"继承"来转手的，那么具有占有权的人在临终前不能征收进入土地的费用。他应该会补充一句："作为高级教士，男修道院院长，教长，或者堂区主持牧师［或是政治团体］。"但是在括号里面的这几个单词既不曾出现在剑桥大学所收藏的手稿中，也不曾出现在莱托和马赫利尼亚的版本、鲁昂的版本和平森的版本中。然而，它们至少出现在雷德曼所编的几个版本之一者中。

⑪　27 Hen. VI, f. 3 (Mich. pl. 24)："poet estre entende que il est corporate par tiel nom"。

撒的小教堂并且赠与他及其继任者价值一定金额的土地,而且我也这样做了,那就是一个符合条件的法人,这无需多言。"⑫五年之后一些百户区长(serjeant)——如果我没有弄错的话——就因为没有布赖恩和凯茨比(Catesby)曾经讨论过的那种许可证而受到了责难,并因此被要求向新近登基的亨利七世交纳一大笔巨额罚金。基布尔(Keble)认为此种许可证并不创设法人(显而易见,因为国王不能将他创设法人的权力委托给他人),他还认为这种关于将土地赠与一个并非已经存在的法人的许可必然是无效的。⑬ 我不知道是否有更多这种不利因素(threat),因为情况似乎如此。⑭ 在亨利七世的后世统治时期,上述那种对小教堂的责难已经屡见不鲜了。在 1454 年,罗梅因(Romayn)的小教堂(它曾经得到过爱德华三世和理查德二世的批准)需要援引国会非公知法(Private Act of Parliament),因为新　13
一代的律师不满于曾经使他们较为淳朴的先任们感到满意的证据性材料。⑮

　　目前涉及小教堂牧师受赠的案件仅仅只是有可能表示有关法人身份的观念(the idea of corporateness)延伸到了由多个自然人所组成的团体的活动范围之外。尽管实际上是有关土地死手保有的法律最先要求小教堂创建者向国王申请许可证的,而且没有任何一部法律触及拟制人格的创造,然而到现在,国王仍然将与他曾经慢慢学会使用的关于单个小教堂牧师(the single chantry priest)的话语相同的那套话语适用于市民团体和其他种类的团体。于是有

---

　　⑫　Fitz. Abr. Graunt. Pl. 30, citing T. 22 Edw. IV and M. 21 Edw. IV, 56. 该案件开头部分记录于 Y. B. 21 Edw. IV. F. 55(Mich. pl. 28)。该案件涉及诺威奇的市政法人,而这条法官附带意见肯定是没有根据的。

　　⑬　2 Hen. VII, f. 13(Hil. Pl. 16)。

　　⑭　20 Hen. VII, f. 7(Mich. pl l7):Rede 法官似乎在说这种许可证不会创设法人。

　　⑮　*Rot. Parl.* v. 258. 曾经有这样一个假设,在长达一百二十年间,有一种依法设立(sufficiently founded in law)的小教堂,而且"那些创设条件不健全的"小教堂也将会永久存在,"因为现行法律中所采用的创设形式有一定程度的简化"。

这样一种说法,即国王使得牧师能够为自己和继任者保有土地。对小教堂的创建许可证加以探究或许会有所发现。然而,在目前,我不能就轻易相信——即使当小教堂的厄运即将到来时——英国律师的这一观点得到认可,即,国王能够利用单个自然人或者他的正式身份去创设法人,而且他有时也这样做。直到 1522 年,在理查德·布鲁克从牛津大学拿到学位的一年后,王座法庭首席大法官菲刘克斯(Fineux, C. J. B. R),如果我没有误读他的话,还在主张独体法人就是一种胡乱捏造的荒谬之物。"人们认为",他讲到,"团体首领和成员(the Master and his Brethren)不能对首领进行赠与,因为他是法人的领导者。因此,就让我们来看看法人是什么?法人都有哪些种类?法人是领导者和组成人员的集合体(aggregation of head and body):领导者不是独立的,组成人员也不是独立的;而且它必须具有合理性,因为否则的话,它什么也不是。因为虽然国王欲图将合股公司(J. S.)设立为法人,但这并非什么好事,因为我们通常都知道这种法人并非永远存在而且不能拥有继任者"[16]。大法官继续依据普通法把由国王、领主和平民组成的国会说成是法人。他似乎在组织性团体——即由"多个成员"组成的"团体",尽管其成员不停地变动然而它还是原来的团体——的永恒存在之中发现了法人身份的本质(essence of corporateness),而且他还认为当仅有一个自然人时,这种现象不能存在。这无以永久。那个单独的自然人死后,如果他留有空缺的职位或圣职,那么直到再过一段时间继任者被指定之后他才会有继任者。这就是使有关堂区主持牧师的案件成为摆在英国律师面前的疑难案件的原因。

14

---

⑯ 14 Hen. VIII, f. 3 (Mich. pl. 2):"Car coment que le roy veut faire corporacion a J. S. ceo n'est bon, pur ceo que comon reson dit que n'est chose permanente et Be peut aver successor." 从上下文来看,我认为我的译文是忠实原文的,尽管"faire corporacion a J. S"这些词可能没办法被百分之百准确地翻译出来或者说是不可译的。我们可以说,国王不能创设一个以合股公司(J.S.)为其主要成分(basis)的法人。

菲刘克斯拒绝承认不存在任何自然人的拟制法人身份。无论如何，他所做的许多判决似乎都与这一推测——在1552年"独体法人"这一术语得到了广泛的使用——不相一致。

该术语可能从来不会广为流行，要不是它被适用于这样一个阶层，与总是依靠捐赠的小教堂牧师这个阶层相比，它更为宽泛更不易受到结构性批判。我肯定不敢说没有一部年鉴把堂区长称为法人。正如这篇论文的一个尾注所表明的那样，我在许多地方还是没有找到这种说法（the word），而如果这种说法存在的话，在这些地方似乎会找到它。这种地方绝对不是少数。法庭常常不得不去考虑这些问题：什么是堂区主持牧师能够做或者不能够做的？他可以将哪些东西出租？他能够设立哪些担保？他对教会地产拥有何种权利？即使在科克时代，这一问题——我们可以称其为堂区主持牧师与教会地产之间关系的理论建构——还是处于争论之中。这位伟大的法律教义学家认为，"在我们的法律书籍中，有关教会地产的非限嗣继承地产权的归属问题（In whom）尚无定论"⑰。围绕教会地产，亦即围绕堂区主持牧师的自由保有地产权、堂区主持牧师这一职位（the parson's see）以及堂区主持牧师使他的教堂或者继任者向其支付神职津贴或年金的权力，人们曾经展开了旷日持久的争论；但是我发现在理查德·布罗克时代之前，"法人"这一术语并没有被引入这场争论。

如果现在我们撇下有关"法人"的措词问题（the phrase）不谈，转而关注它所应该描述的法律现象，我们就必须去宗教领域（ecclesiastical sphere）找寻它们。科克已经指出了两种并非宗教领域的独体法人，而且我不确定他是否还知道更多。这是两种奇怪的

---

⑰　*Co. Lit.* 340 b, 341 a.

法人：国王[18]和伦敦市司库。[19] 关于伦敦市首席财务官，我们看到，在一起始于 1468 年的案件中，一位首席财务官就一支被赠与一位前任首席财务官"及其继任者"的债券提起诉讼。参加此次诉讼的律师们对独体法人只字未提，而且似乎认为可以创设一些义务（obligations）去支持英国财政大臣（the Treasurer of England）及其继任者或者大法官及其继任者。[20] 关于国王，我深深地怀疑，在人们开始称国王为独体法人时（尽管有许多人称他为法人的领导者），科克本人是否在世。如果我们可以这样讲的话，独体法人身份的关键之处显然存在于教会制度之中。如果有独体法人的话，那么在教会财产法领域就存在着数以千计的独体法人。

15

但是进一步而言，我们必须重点关注堂区主持牧师。我们会看到，在伊丽莎白女王时期和詹姆士一世时期，律师们将这个新术语适用于主教、地方主教和受俸牧师；他们也溯及既往地将之适用于男修道院院长、小隐修院院长以及大隐修院副院长。然而，在一个曾经最为重要的方面，他们的情形与有关堂区长的情形有所不同。他们是集合法人中的成员，而且他们往往是集合法人的首领。众所周知，很早以前在教会团体，尤其是主教堂团体（cathedral group）中就发生过一种分裂。[21] 在《年鉴》开始对他们加以记述时，这一过程已经进入纵深阶段。[iv]主教所拥有的地产独立于主教座堂牧师会（cathedral chapter）或主教辖区的修道院（cathedral monastery）所拥有的地产；地方主教拥有地产，受俸牧师（the prebendary）拥有地产或者其他收入来源。这些分裂不再仅仅是内部经济问题；它们具有一种为世俗法庭（temporal courts）所承认的外部

---

[18]　*Sutton's Hospital* case, 10 Rep. 29 b.

[19]　*Fulwood's* case, 4 Rep. 65 a.

[20]　8 Edw. IV, f. 18 (Mich. pl. z9).

[21]　*Lib. Ass. f.* 117, ann. 25, pl. 8："所有的大教堂及其财产曾经都是混为一体的。"

有效性(external validity)。㉒ 我们还是不能忘记，在整个中世纪期间，主教以主教的身份所保有的土地区别于牧师会或修道院以法人(其成员都是教士或僧侣)的领导者的身份所保有的土地。这具有重大的理论价值，因为它消解了一个我们律师在考虑有关堂区长的情势时不得不面对的难题。在关于主教的情形中存在一种永续存在的"团体"，基于其可以设立土地所有权，即对于土地的完全非限嗣继承地产权。正如利特尔顿所言，"因为主教可以拥有有关他的教堂有权保有之物的权利令状(a writ of right of the tenements of the right of his church)，因此这种权力属于他的牧师会而且这种非限嗣继承地产权也归属于他和他的牧师会"㉓。将"独体法人"这一术语适用于主教、地方主教和受俸牧师这种做法标志着这种长期分裂过程的结束，并对我们的法律理论产生了某种不利影响。如果主教地产(episcopal lands)属于具有"独体法人"身份的主教，那么我们会问，当他要转让这种地产时为什么必须得到牧师会的允许？亨利八世的"允许法令"(enabling statute)和伊丽莎白女王的"禁止法令"(disabling statutes) 使得这一问题丧失了其大部分的实际重要性。从此以后，凡涉及授予或租赁土地的事务，没有牧师会的允许，主教对于超出他职权范围之外的事无能为力。㉔ 我们要记得，男修道院院长具有极大的权力；他掌管着一种由一些在法律上已经死亡的自然人组成的团体，而且那种关于他的"房屋"或"教堂"的财产权就如同他自己的财产权。即使他在没有牧师会的允许之下转让了土地，那么起码在世俗法庭上，他只是被认为是试

16

㉒　例如，*Chapter v Dean of Lincoln*，9 Edw. III, f. 18 (Trin. pl. 3) 和 f. 33(Mich. Pl. 33)。

㉓　Lit. sec. 645. 6 Edw. III, f. 10, 11(Hil pl. 28)，这样讲是为了主张，"[约克郡的]教堂的权利与其说在大主教手里，毋宁说是在教长和牧师会的手里，因为它没有终止(because it does not die)"。这个案件在6 Edw. III, f. 50 (Mich. pl. 50)也有记录。

㉔　参见科克的解释，*Co. Lit.* 44 a. ff 和布莱克斯通的解释，2 Com. 319。

图不公正地对待了其继任者而非伤害了那个"由无法律能力者"组成的以他为领导者的团体。我们还要记得,在英国,许多这种大教堂都是修道院。这带给我们的中世纪律师一些思考,这些思考既涉及集合法人的领导者也涉及一些被我们视为异类的无首领团体的那种无能力状态(the powerlessness of headless bodies which seem strange to us)。一个人可能会很容易从"修道院是法人"这一表述转向"男修道院院长是法人"这一表述,而且我并不是说在英国存在男修道院院长期间,后面这种说法从来没有被使用过㉕;但是,就我所看到的而言,随着王室至上这一趋势以及其他新鲜事物的产生,"独体法人"进入到了大教堂。我们的兴趣点在于堂区教会。㉖

有一个有关堂区教会的长篇故事将会被讲述。施图茨(Stutz)博士讲的这个故事最有意思。㉗ 然而,我们的塞尔登所讲述的版本最为真实;他知道堂区主持牧师(the patron)曾经不仅仅是一位堂区主持牧师(a patron)㉘,而且我们只需从布莱克斯通的《英国法释

㉕ 在1487年(3 Hen. VII, f. II, Mich. Pl. I),Vavasor法官明确指出"每位修道院院长都是一个政治团体,因为他除了获得修道院所的用益权之外得不到任何东西"。

㉖ 无首领法人无能力这种观念(the idea of the incapacity of a headless corporation)在今天会导致什么不良后果呢? Grant(Corporations, 110)指出"如果某个学院的院长将土地遗赠给学院,学院没能力接受这个遗赠,因为在他离世之时该学院就成为不完整的团体"。他所引证的最近的权威著作是 Dalison, 31。在1863年,Whewell博士或他的法律顾问非常谨慎地处理这个问题。有这样一个遗嘱被作出,"受遗赠者永远是三一学院(Trinity College)院长、Fellow和Scholar这两种研究员(Fellows, and Scholars)。或者,以防这个遗赠会因为这个学院由于我的离世没有院长而失效,因此在这个学院新院长委任之前,受遗赠者便是那些将会在我离世时担任资深研究员的人和他们的继任者。从新院长委任之时起到我死后的21年内,受遗赠者永远是三一学院(Trinity College)院长、Fellow和Scholar这两种研究员(Fellows, and Scholars)"。在以这种方式来遵守英国法的同时也符合了国际法。但是,或许我将人们的注意力引到一个应该被,如果还没有被,废弃的规则上来是错误的。

㉗ Ulrich Stutz, Geschichte des kirchlichen Benefizialwesens. 迄今为止只出版了第一部分,但是施图茨博士已经在《私人教会》(Die Eigenkirche, Berlin, 1895)一书中给出了他的整个研究计划的框架。

㉘ History of Tithes. C. 12.

义》(Commentaries)中就可以获知,在这一问题上亚历山大三世
(Alexander III)的一些作为不容忘记。㉙ 简而言之,在 12 世纪,我
们可以将堂区主持牧师视为是教堂、教会地产和什一税的所有者,
但是一直以来这种所有者的所有权也在逐渐地受到教会法的消
减。这一点始终得到坚持,即堂区主持牧师将不会像其异教先辈
从教堂中获利那样从他所掌管的教堂中获利,并且这一坚持获得
不同程度的成功。他必须将教会和附属的牧师住宅让与经由主教
批准并任命的教士。这种宗教特权(ecclesiastical "benefice")就是
古老的法兰克式特权(Frankish beneficium),亦即我们在所有封建
主义历史中所读到的那种古老的土地贷款(land-loan)。㉚ 在 11 世
纪,发生了关于大主教、主教或其他高层教会职位的授职仪式的震
惊世界的争夺战。皇帝和国君们曾经竭尽全力地试图把大教堂
(甚至是历史悠久的大教堂)作为他们"自家的教堂"。有关主教授
职仪式的争夺正是争夺战的主要部分;尽管,希尔德布兰德教皇世
系(the Hildebrandine papacy)坚持认为"世俗之人不能举行高层教
会职位的授职仪式"(No investiture by the lay-hand)这一原则是一
般性的(the broad principle)。在 12 世纪,在更为著名的争夺逐渐
被平息后,通过不断对普通教堂的堂区主持牧师或者所有者施加
压力,这条新规则终于得到遵守。于是我们被告知,一位名叫亚历
山大三世(1159—1181)的伟大的律师,随后成功地发现了一种新
的"法律依据"(juristic basis)去支持那种不能被从堂区主持牧师那
里剥夺的遴选教士的权利。那种权利将不再被视为一种所有权的
衍生物,而是被视为教会出于对虔诚可嘉的创始人的回馈。因此,
这为关于圣职推荐权(*ius patronatus*)的古典天主教会法律打下了
基础;并且,正如施图茨所言,随着时间的推移,教会被赋予了自由

㉙　2Bl. Com 23.

㉚　Stutz, "Lehen und Pfrfinde", *Zeitschrift der Savigny-Stiftung*, Germ. Abt xx. 213.

选择去逐渐削减自己的回馈的权利。

教皇亚历山大的计划的一部分在英国并没有产生效用。由世俗人士所举行的大主教、主教或其他高层教会职位的授职仪式会遭到禁止。堂区主持牧师的圣职的授予和正式上任都取决于其所在教会的优势者。因此,他对于教堂、教会地产和什一税的权利看起来将不再是衍生自堂区主持牧师所有权,并且如果我们将堂区主持牧师的权利视为——而且在英国它们肯定会被视为——私人所有的权利,那么它们就是关于无体物的权利,即一种"客观化了的"圣职推荐权。但是亨利二世及其后继者以世俗法庭(temporal forum)的名义主张针对所有涉及圣职推荐的纠纷——无论是关于占有还是关于所有权之诉——的绝对专属司法管辖权,而非仅仅主张同宗教法庭协同解决纠纷的司法管辖权,而且他们的坚持取得了成效。这一最为重要的主张的后果之一就是有关这个问题的英国法学(English law)偏离了天主教会法理学。如果我们将我们所获知的古英国法有关圣职推荐权的规定同欣希乌斯(Hinschius)所阐述的天主教会一般法(*ius commune*)进行比较,我们就会发现显著差异,而且在所有情形中都是英国法更加支持圣职推荐权。㉛ 在英国,我们也读到了一些史上留存下来的资料(survivals),它们告诉我们教

18

㉛　*Kirchenrecht*, vol. III, pp. I ff. 尤其是,英国法将圣职推荐权视为正常现象。当教会常任法官自由地遴选教士,这被视为是在行使圣职推荐权。于是我们有了"直接圣职推荐权"这个观念。然而,我认为,天主教教会法学家会将圣职推荐权视为非正常现象,他会说主教在遴选教士时所使用的权利不是圣职推荐权而是"司法管辖权",并且他还会说,主教以主教的身份在自己的主教区来担任圣职的推荐权人的这种情形中并不是不可能,而是极其少见的(Hinschius, Kirchenrecht, pp. 35—37)。对于这样一个国王——他将要行使这种被附加给闲置的主教职位的"圣职推荐权",但是不能主张宗教性司法管辖权(spiritual jurisdiction)——而言,上述的差异具有重要的意义。

会堂区主持牧师的所有权这种旧观念顽固不化。㉜

　　但是在这里我们所考虑的是法律上的人。如果堂区主持牧师不是教堂和教会地产的所有人,那么谁又是呢? 教会法学家将会将教会(church)"主体化"。作为主体的教会(church)对作为客体的教堂(church)具有所有权。因此它获得临时性继承金。㉝ 这里存在着一个问题,即这种拥有财产的教会(owning church)要如何被看待? 这是一个棘手的问题。特定宗教团体[比如伊利岛教会或特兰平顿教会(church of Ely or of Trumpington)]同作为总体的教会(the universal church)之间有着怎样的关系? 我们是要考虑到拟制人、主保圣人、基督的新妇(the Bride of Christ)、信友协会(*congregatio omnium fidelium*)这个巨型集合法人、罗马教皇和遍及全世界的贫困教徒还是应该认为教堂的围墙就足以保持占有? 诸种高深莫测的理论纷纷崩溃:从来不会犯错的法律上的人在法庭上是毫无意义的。关于这些问题已经且可能还会有许多论述,而且我们可能会看到至少有一位英国的教会法学家在讲授这样一种将对于所有教会财产的所有权赋予罗马教皇的极端理论。㉞ 在被主体化了的教会里面或背后存在着一些英国律师可能会极力回避的问题。

_____

㉜　参见 Pike, "Feoffment and Livery of Incorporeal Hereditaments", *Law Quarterly Review*, v 29, 35 ff. 43 Edw. III, f. 1 (Hil. pl. 4):在教会的权限以内通过自由保有地的让与而转让的圣职推荐权。7 Edw. III, f. 5(Hil. pl. 7)写到:赫尔勒法官的附带意见,即,不久前,人们并不知道何谓圣职推荐权,只是知道它被授予教会。II Hen. VI, f. 4 (Mich. pl. 8):在马丁看来,圣职推荐权是通过财产占有权让与的方式来移交的。在一个有关有俸圣职推荐权的权利令状中,传票必须是依据教会地产制作的。38 Edw. III, f. 4(scire facias):在芬赫德恩看来,或许古时候的法律是,圣职推荐权人自己就可以掌管教会地产,无需和堂区主持牧师一起。9 Hen. VI, f. 52(Mich. pl. 35)写到:教会的圣职推荐权是一种财产权,因为它是一种可以提拔自己的家属或朋友的有利条件。5 Hen. VII. f. 37 (Trin pl. 3):在瓦瓦苏和丹佛斯看来,一种圣职推荐权处于被占有状态,而还有一种可能就是被教会留存[用来换取役务]。

㉝　参见 Gierke, *Genossenschafisrecht*, vol. III passim。

㉞　J. de Athon (ed. I679), P 76, gl. ad v. *summorum pontificum*.

19　　总而言之,对我而言,在中世纪后期的英国世俗法律中教会不是法律上的人。我并不是说我们的律师对此都持同样的意见。事实并非如此。他们会时不时地受到这样一种体系的吸引,该体系可以使堂区主持牧师成为一位假想的被监护人的监护人(guardian or curator)。有时 *Ecclesia fungitur vice minoris*("教堂被视为未成年人")就在他们嘴边。㉟ 他们很可能比我们更容易接受这种观点,即,一个教堂的"堂区主持牧师"(parson)是代表教堂的"法律上的人"(person)或者与之有关,因为长期以来无论是看起来还是听起来这两个单词都是同一个词*。在一个理论时期,科克在授课时指出教堂可以用堂区主持牧师这种法律上的人的名义提起权利之诉或主张"她的"权利。㊱ 再则,有时在将不动产转让给了某个教区教会似乎并没有提及堂区主持牧师,而且当一次针对堂区长的土地之诉被提起,他有时会说,"我发现我的教堂合法占有该土地,并因此请求堂区主持牧师和常任法官的帮助"㊲。

　　然而,在这一点上,我们可能会想起在现代的一些判决中和诸种国会法令中,常常会提到土地属于"某个慈善机构"。但是,我们的教科书并没有教导我们说慈善机构是法律上的人。属于某个慈善机构的土地如果不是由某个法人所有,那么就是由某个或某些自然人所有。现在我们千万不能过于强调中世纪教会和现代慈善机构之间的共同之处,因为中世纪律师曾经阐发——只是有些缓慢而已——这样一种信托观,它在现代有着重要影响并且使所有宗教团体——一种旧式的团体除外——无需独体法人这种制度也能够足够方便地进行它们的事务。大体上,教会和慈善机构仍然

　　㉟　Pollock and Maitland, *Hist. Eng. Law*, ed. 2, I. 503

　　*　"parson"和"person"这两个单词在拼写和发音上都很相似。作者在这里采用了一种诙谐的手法。——译者注

　　㊱　*Co. Lit.* 300 b.

　　㊲　II Hen. IV, f. 84(Trin. Pl. 34)。但是,参见 8 Hen. V, f. 4(Hil. pl. I5)。

看起来很相似。二者都既从未当过原告也从未当过被告。堂区主持牧师"依凭他的教堂"而拥有土地。于是国王有时可以"依凭其王位",而有时"依凭"某一复归的荣誉或者空缺的主教职位,拥有土地或者主张监护权或有俸圣职推荐权。于是太多的中世纪律师学会了说遗嘱执行者(executor)将依凭自己或他者(others *en autre droit*)而拥有一些财物。

教会不能成为英国世俗律师所指的法律上的人,这一点完全可以见之于一条遍及布雷克顿时期至科克时期的《年鉴》中的法律规则之中。主教或者男修道院院长可以提起权利令状,而堂区主持牧师却不能。堂区主持牧师需要借助一种特殊的诉讼,即 *iurata utrum**;它是一种用来满足堂区主持牧师特殊需要的特别利益(*singulare beneficium*)㊳。有个无法回避的困难就是:你可以虚构归属于某个自然人"及其后继者"(例如主教和牧师会)或者归属于某个由多个自然人组成的有组织团体(例如男修道院院长和女修道院)的所有权,即一种完全非限嗣继承权,但是你不能假设这种所有权归属于一系列的,任期没有连续起来的堂区主持牧师。提起 *iurata utrum* 的目的的确在于探究一片土地是否"属于(*pertinet*)"原告的"教堂"。但是,必需特殊诉讼这一点向我们表明令状所确定的归属(*pertinet of the writ*)被视为是关于从权利的归属(the *pertinet of appurtenancy*),而非关于所有权的归属(the *pertinet* of owner-ship)。正如花园属于房屋,瓶塞属于瓶子,而非因为房屋和瓶子属于某个自然人,所以教会地产属于教会。

如果我们不得不考虑"主体化",那么我们也就必须考虑"客体化"。中世纪习俗和法律造就了一些高度复杂的"事物"。其中之

20

---

* *iurata utrum*,一种确定某一保有物是属于自由教役保有还是因世俗役务而被保有的程序。——译者注

㊳　Bracton, f. 286 b.

一就是封地,另一个就是教堂。我们虔诚的先辈们以与讨论他们的封地的方式几乎相同的方式讨论其教堂。他们既拥有封地地产也拥有教会地产;他们既通过封地获益也通过教堂获益。的的确确的是,以教堂为客体的所有那些权利——可估价的权利——一般可以被分给堂区主持牧师、圣职推荐权人和教会常任法官。通常主张圣职推荐权者会不得不声称过去对于教堂的必要的利用是由被推荐圣职者而非由他自己来实施的。但是让我们假设由修道院来接管教堂,并且听一听修道院院长解释他是如何从捐献物、各种各样的什一税中取得土地收益并适当地使其为自己服务的。㊴或者让我们去了解一下他以一定年租金在一定年限内将教堂出租用作耕地。㊵ 在许多语境下,教堂是一种复杂的事物,丝毫不是不可买卖的。我想知道人们大体上是否知道在天主教时期到底有多少起诉讼是以年金或神职津贴为由起诉"一些教堂"的。平均来说,每年所出现的那些值得录入判例汇编的案件中,只有一起的案由是与此有关的。退一步说,从《年鉴》的记载来看,教堂作为大量可供利用和享受的财富的核心所具有的这种客体性远比其主体性显著。㊶

21 　　"如果",罗尔夫(Rolfe)高级律师说,在 1421 年,"一个自然人赠与或者遗赠土地给上帝和威斯敏斯特的圣彼得教堂,那么他

　　㊴　5 Edw. III, f. 18(Pasch. pl. 18).

　　㊵　9 Hen. V, f. 8(Mich. pl. 1).

　　㊶　有时这种被出租作为耕地的财产(thing)不被称为教堂,而是被称为堂区长的管区(rectory)。然而,堂区长的管区并非仅仅是指堂区的房屋。21 Hen VII, f. 21(Pasch. pl. 11)写到:"教堂、教堂墓地和什一税构成了堂区长的管区,它们在堂区长的管区的名义下通过口头方式移交。"参见 *Greenslade v. Darby*, L. R. 3 Q. B. 421:领受圣俸的俗人在教堂墓地上放牧的权利得到维持并可以对抗终身牧师,这是 Blackburn 法官作的一个精辟的判决。关于出租教堂的活动,也请参见,Lyndwood, *Provinciale*, pp. 154 ff. 。30 Edw. III, f. I 写到:针对原告教堂的土地管理者的诉讼理由(Action of account);失败的异议,即,被告应该被称为堂区长的管区的土地管理者,而非教堂的土地管理者。这是我在《年鉴》中发现的唯一一例证,它似乎将属于教堂的所有种类的财产性权利都归因于教民。

的赠与是有效的,因为圣彼得教堂既不是房屋也不是围墙,而是被视为精神性教会(ecclesia spiritualis),即,男修道院和女修道院,而且因为男修道院和女修道院都可以接受赠与,所以赠与有效……但是堂区教堂只能被视为不能接受赠与或不能被授予封地的由石头、墙和屋顶构成的房屋"⑫。

我们观察到上帝和圣彼得都是不能进行实际操作的(impracticable)的土地受让人,而且饱学的百户区长(sergeant)的"精神性教会"是一种存在于威斯敏斯特的由多个自然人组成的团体。在我看来,在整个中世纪,对于以"某某牧师的[堂区]教堂"或"某某堂区主持牧师及其继任者"为受赠人的赠与之有效性的质疑远比我们理应期望发现得要多,而且布罗克通过引证利特尔顿和丹比来证明采用第二种方式的赠与之有效性,这非常必要。我认为,没有多少土地被转让给了堂区教堂或者堂区主持牧师,而且堂区主持牧师本来不用为旧有教会地产出示所有权证书。这一结果是在很久以前通过对圣职推荐权人的权力的逐渐削减而得到的。

圣职推荐权人对土地的权力从来没有被完全遗忘。一种将教会比作法律上的人的倾向随着时间的推移愈来愈弱,如果不是如此,那便是我误读了这些书。这种倾向在布雷克顿的论著中要比在利特尔顿或者菲茨赫伯特的论著中更为明显。⑬ 英国律师不再求教于罗马法专家和教会法学家,而是开始构建他们宏大的地产权体系(scheme of estates in land)。在他们面对教会地产这个问题时头脑已经被"地产权"完全占据,于是他们发现教会地产是个难

---

⑫ 8 Hen. V. f. 4(Hil. pl. 15)。我省掉了一些表述这种常常被提起的理论的文字,即圣方济会修道院在不存在院长的情形下不能够接受赠与。没有首领的团体不能行为,但是可以保留权利。

⑬ 在从前为了转让教会地产(Deo et ecclesiae)就要缴纳土地转让金,但是那个时期的法官不知道这项法律规定。9 Hen. VII, f. 11 (Mich. Pl. 6)写到:以上帝和教会为受让人的不动产转让,如果是在古代进行的就依旧有效,如果是在当今进行的就是无效的。

国家、信托与法人

题。至少在圣职推荐权人和教会常任法官的允许下,堂区主持牧师能够做许多终身地产权保有人所不能做的事情㊹;然而,他并不是可以做所有完全保有地产权人所能做的事情。很难为堂区长在我们的地产保有制度中找到一个合适的位置。但是我们要注意到,只有那些将不会对教会或者职位进行人格化处理的人才会遇到这一难题。

在 1430 年发生了一场有趣的争论。㊺ 在一起案件中,原告的祖先已经依据停止令状(writ of Cessavit)从一位堂区主持牧师,即该案被告的前任那里收回了土地;原告现在凭借告知令状(Scire Facias)起诉,而被告则请求圣职推荐权人的援助;这里的问题是是否允许被告做这样的请求。

考兹茂(Cottesmore)法官认为:

> 我很清楚堂区主持牧师只在在世期间才拥有地产;而且,在该案中,原告有可能在法律判决之后将其权利转让给圣职推荐权人,并且这样的权利转让会是有足够的效力的,因为他(该案中的圣职推荐权人)具有教会归复权(the reversion of the church),而堂区主持牧师只有在得到援助的情况下才能够把这次权利转让作为辩护理由。假设某人在在世期间占有我的土地,并且我享有归复权,那么如果一个对这块土地享有权利的人将其权利转让给拥有归复权的我,这个权利让与难道无效吗?在该案中也是如此。

帕斯顿(Paston)法官则持相反的看法:

㊹ 即使没有圣职推荐权人和教会常任法官——在被请求帮助辩护时他们或许可能缺席——的积极合作,堂区主持牧师也能够做好多事情通过纵容串通的诉讼去削减其继任者的岁入。参见,e.g. 4 Hen. VII, f. 2(Hil. Fol. 4),在该案中财税法庭的法官们存在分歧,形成 4 对 3 的格局。

㊺ 8 Hen. Vl, f. 24(Hil. pl 10).

　　法律规定如果男修道院院长或堂区主持牧师收到了针对他们的指令交付令状（*Praecipe quod reddat*），他们将永远不会得到援助，因为他们在该土地上拥有非限嗣继承地产权，也就是说，该土地是赠与他们及其后继者的，于是在所赠与之土地上没有保留归复权……如果他们收到权利令状，那么他们就要将这项名义权利作为辩护理由，而且这表明他们所拥有的地产权要优于以权利人是否在世为条件的地产权。而我从来没有遇见过不附带归属于某人的归复权的终身保有地产权；因为在特定堂区主持牧师死后教会地产的自有保有地产并非归属于圣职的推荐权人，而且在新任堂区主持牧师出现之前不能够就那一土地主张针对任何人的令状。于是，在我看来，上述援助不应该被允许。

　　接下来是巴宾顿（Babington）首席大法官的论述。以一起原创性案件——据他称，在其中存在着一种不附带归复权的终身保有地产权——为例，他开始区分有关男修道院院长的案件和堂区主持牧师的案件：

　　　　当某位男修道院院长死后，其生前的自有保有地产就总是遗留在修道院院舍之内（meason）而院舍又不能闲置不用……但是如果一位堂区主持牧师死后，那么教堂就会闲置而法律上的自由保有地产（freehold in right）则是归属于圣职推荐权人的，尽管推荐权人不能对这份地产加以利用；而且如果在圣职推荐权人没有被卷入诉讼时就发生了一次有效的收回（recovery），那么他的圣职推荐权会遭到削减，这是不合理的。所以在我看来[被告]应该得到援助。

　　其他两名法官，斯特兰韦斯（Strangways）和马丁（Martin），则反对被告请求援助；马丁反对这种认为堂区主持牧师是终身地产权

23

保有人的理论,挑起了关于在不可能有子嗣的情形下限嗣继承地产保有人的争论。大体而言,这个案例不利于想要使堂区主持牧师成为终身地产权保有人以及使圣职推荐权人成为归复地产权人的那种理论,但是看似平常而又非常值得一提的是,这一理论是由皇家民事法庭的大法官于 1430 年提出的。该学说的不足之处,是它承认圣职的推荐权人没有从无人继承的教堂中获益。似乎已成定论,这些都归到教会常任法官名下⑯,于是圣职推荐权人的"归复权"(如果有的话)看起来就像一种非常缺乏基本要件的权利。但是,我们注意到,虽然皇家民事法庭的大法官将会赋予有着若干僧侣在内的"房屋"以权利,但是在赋予一所闲置"教堂"权利这一问题上他却持反对态度。

大约在一个世纪之后的 1520 年,出现了一起有些类似的案件⑰,而我们仍然会看到同样不同的观点。布罗克法官(Broke J.)(不是编写《法律汇编》的罗伯特·布罗克爵士ⁱ)认为,堂区主持牧师凭借其教堂(in lure ecclesiae)拥有针对教会地产的非限嗣继承地产权。波拉德(Pollard)法官讲到:

> 在我看来,非限嗣继承地产权归属于圣职的推荐权人;因为[堂区主持牧师]并没有继承这一圣职的权利,而且非限嗣继承地产权又不能处于归属待定的状态,因此它必须归属于圣职的推荐权人,因为教会常任法官只有批准教士的权力。而且虽然所有堂区主持牧师的产生都与教会常任法官有关,但是在这种情形中没有任何环节可以被确切地称为继承。因为将土地赠与堂区主持牧师及其继任者的这种做法是无效

---

⑯ 11 Hen. Ⅵ, f.4 (Mich. pl. 8):在丹比看来,教会常任法官应该拥有这个职位和所有收益。9 Hen. Ⅴ, f.14 (Mich. pl. 19)也是一样。参见,Stat. 28 Hen Ⅷ, c. Ⅱ,它将受益归于继任的堂区主持牧师。

⑰ 12 Hen Ⅷ, f. 7(Mich. Pl. 1).

的,因为他[堂区主持牧师]没有接受这一赠与的权利;但是将土地赠与优势者和教堂(Priori et Ecclesiae)这种做法是有效的,因为存在着一个法人……并且如果特定堂区主持牧师设立一项担保,那么该担保只是在他在职期间有效,因为,在他去世或离任之后,其继任者在保有这块土地时将被免除担保义务;而这表明堂区主持牧师所保有的并非非限嗣继承地产。但是,如果在堂区主持牧师职位空缺期间圣职推荐权人和教会常任法官为该土地设立了担保,那么继任者在保有该土地时仍然得承担担保义务,因为他们(圣职推荐权人和教会常任法官)在那时得到了全部的收益(whole interest)。⑱

埃利奥特(Eliot)法官则持一种中间派观点:

> 在我看来,堂区主持牧师之所以可以保有可继承地产权 24 是依据教会宣誓(iure ecclesiae),而非凭借圣职的推荐权人——就好比一个人之所以可以保有可继承地产权是凭借其妻(iure uxoris suae)——然而在某些情形下,他仅仅只是终身地产权保有人。于是限嗣继承地产保有人保有限嗣继承地产权,然而他只是在在世时拥有这项权利,因为如果他设立租赁或永久性地租,那么这种租赁关系只在其在世时存续……至于我的老兄波拉德的观点,亦即,在堂区主持牧师职位闲置期间,圣职推荐权人和教会常任法官可以创设担保,我不敢苟同。

布鲁德尼尔(Brudenel)首席大法官则确认堂区主持牧师拥有限嗣继承地产权:"他通过继承得到限嗣继承地产权,就好比后嗣子孙凭借继承权(拥有限嗣继承地产权),而教会常任法官和圣职

---

⑱ 贝尔纳普法官曾明确认为这种义务的分配是合理的。参见,Fitz. *Abr.* Annuitie, pl. 53(8 Ric II)。

推荐权人都不曾给予他这项权利。"

波拉德所持的是一种过时的观点；但是我们注意到在宗教改革前夕英国法官仍有可能认为对于教堂的所有权，即限嗣继承地产权，属于圣职推荐权人。而且在这一点上我们不要忘记即使在目前这个时期倒在教会地产上的树木还是被认为属于圣职的推荐权人。[49]

利特尔顿的观点又不同于上述两种观点。他既反对把限嗣继承地产权归属于圣职的推荐权人的理论，也反对将其归属于堂区主持牧师的理论。对于哪一种理论会将教堂或者堂区主持牧师的职位或高位主体化，他并未发表意见；他也没有论述关于独体法人的问题。让我们来看看他的论述。

他所讨论的是"地产继承权的暂时中断(discontinuance)"而且他不得不从此处开始，如果堂区主持牧师或者堂区长代理在赠与某人产权归其教堂所属的土地之后死亡或者离任，那么其继任者可能会进入这块土地。[50] 换言之，不存在终止问题。"而且"，他指出，"我认为原因在于凭借其教堂而依法保有土地的堂区主持牧师或者堂区长代理对于保有物上的非限嗣继承地产权(the fee simple in the tenements)并没有权利，而且非限嗣继承地产权并不属于其他人"。[51] 他解释道，那就是有关堂区主持牧师的案件和有关主教、男修道院院长、教长或者医院院长之间的差别；后一组人员所做的土地让与可能会出现地产继承权的暂时中断，但是堂区主持牧师所做的不会出现这个问题；"因为主教所持有的权利令状所针对之

---

[49] *Sowerby v. Fryer* (1869), *L. R.* 8 Eq. 417, 423. 在其中，副御前大臣詹姆士认为，"我从来都没有搞清楚为什么在一个违法伐木的堂区长代理把木材变为钱款以后不会被要求对这种收益给出解释。[如果这样要求]，这些收益可能会被划归给圣职推荐权人。众所承认的是，圣职推荐权人对这些特定的木材享有权利"。

[50] Litt. Sec. 643.

[51] 关于这一问题有各种各样的读物，但是它们似乎都是明确地持否定的态度。

保有物可能是归属特定教堂,因此对于保有物的相关权利应归属于隶属于主教的牧师会,而且非限嗣继承地产权归属于他和他的牧师会……医院院长可能会有权利令状因为权利留存在他和他的同事那里;并且在其他类似的情形中也是如此。但是堂区主持牧师或者堂区长代理不可能有权利令状"。如果我理解无误的话,权利的中止会涉及这种土地让与,在其中让渡人对其所转让的土地有一定权利,但是该土地另一部分权利是属于其他人的。在一种情形中,主教所转让的土地属于他和他的牧师会,在另一种情形中,堂区主持牧师所转让的土地只属于他一个人。

　　于是我们被告知[52]堂区主持牧师或者堂区长代理所能够持有的最高级别令状就是 utrum 令状(the Utrum),而且这有力地证明了"这种非限嗣继承地产权既不属于他们,也不属于其他人。但是这种非限嗣继承地产权处于归属待定状态,也就是说,它仅仅只是处于法律的关怀、留意和考量之中,因为在我看来,这类在各种书籍中所指的处于归属待定状态的物和权利与下面的这段拉丁文中所论述的相去无几:*Talis res*, *vel tale rectum*, *quae vel quod non est in homine adtunc superstite*, *sed tantummodo est et consistit in consideratione et intelligentia legis*, *et*, *quod alli dixerunt*, *talem rem aut tale rectum fore in nubibus*(此类物和权利,并不属于某个现在活着的自然人,而是只存续于法律的考量和留意之中,并且,正如其他一些论者所认为的,此类物或权利将会处于归属待定状态)。是的,我们将拥有一种没有主体的权利(subjectless right),即一种归属待定的非限嗣继承地产权,而不用苦苦纠缠于法律上的拟制人,或曰主体化的教堂,或曰人格化的高位,或曰无体法人(corporations that are

---

㉜　Lit. sec. 646.

not bodies）。"㊿

　　接下来在一个非常特殊的环节中,利特尔顿㊼不得不面对这一事实,即在圣职推荐权人和教会常任法官的允许下,堂区主持牧师可以为作为堂区牧师圣俸的教会地产设立永久性担保。他这样写道,从此以后,将会有人主张这三个人,或者他们其中的二者或一者,必定拥有非限嗣继承地产权。利特尔顿必须回应这种观点。现在那些关键点之一就是,一定程度的拟制或许会提供给我们一种临时性解决方案。我们或许可以把非限嗣继承地产权赋予某位法律上的拟制人,由其法定监护人来管理他们的拟制被监护人的财产。我们或许可以参照一起有关一个镇议会(town council)的案件,该镇议会在一份属于该镇的土地的产权转让契据上盖了公章。但是,利特尔顿并没有那样做,他求助于一条完全不同的原则。

　　特定担保经过了堂区主持牧师、圣职推荐权人和教会常任法官的承认,随后堂区主持牧师死亡。其继任者必须通过圣职的推荐权人的推荐并通过教会常任法官的授予圣职,才能到教堂任职,"并且因此他应该对他的圣职推荐权人和该教会常任法官此前依法所做之事表示满意和赞同"。换言之,为了顾及体面并表达感激,堂区主持牧师不能够对他所得到的圣职挑三拣四。没有人强迫他接受它。或许我们可以说他自己的行为使得他不能够拒绝接受他的恩人们过去的行为。那些把教堂或者堂区长的职位视为一种能够持续提供财产权利的法律上的人的人必定不会作出这样的一种推论。

　　在科克读到利特尔顿的《论保有》之前,布罗克或者其他论者已经开始了关于堂区主持牧师是不是法人或者是否类似于法人的

　　㊿　有关归属待定的非限嗣继承地产权的讨论显然是肇始于关于不确定的剩余地产权的争论。参见,11 Hen. IV, f.74(Trin. pl 14)。

　　㊼　Lit. sec. 648.

争论。从表面上看,这场争论首先是为了解释以堂区主持牧师及其继任者为对象的赠与如何能够发生而引发的。现在,在我看来,善于理论思辨的法学家本可能会利用下面这套说法去重构有关堂区主持牧师与教会地产间的关系的理论。他本可能会讲,在这一情形中,正如同在有关集合法人的情形中,我们有一种法律上的拟制人(persona ficta),即一种假想的权利主体,而非限嗣继承地产权即是归属于此假想权利主体;有关这类法律上的人的事务是由一位单一的自然人来管理,管理方式同于由自然人组成的团体在管理一些其他种类的法律上的拟制人时所采用的方式;而且堂区长必须要被视为财产监护人而非财产所有权人,尽管他的管理权力不小而且可能常常会用它来为自己牟私利。科克在他理论创作的巅峰时期也表现出要选择这条道路的倾向。他将"由上帝创造的自然人,比如张三、李四等,同由人之设计(the policy of man)而创造的法人(person incorporate)和政治人(person politic)相对比",并且还补充道,后者是"两类人,即集合的或独体的",在那里,这种倾向尤为明显。[55] 但是,要贯彻那一理论则本来必定要同有关堂区主持牧师的地产权的传统观念相决裂而且要明确地宣布利特尔顿的思维方式早就已经过时了。[56] 而事实上,在这个临界点到来的时刻,并且我们或许正在期望新发现的独体法人会产生实际作用时,我看到它没有给予并且无法给予科克任何帮助,因为,毕竟,科克的独体法人是个自然人:一个填补职位空缺并能够"为自己及继任者"保有土地但却只有有限寿命的自然人。

　　当那个自然人死亡,他曾充任的自由保有之职位(freehold)就处于归属待定状态。利特尔顿曾经指出,"如果某个教堂的堂区主

---

　　[55]　*Co. Litt.* 2 a.
　　[56]　在 *Wythers v. Iseham*, Dyer, f. 70(p143)中,有关堂区主持牧师的这种情形被视为是自由保有之职位不能够处于待定状态之中。

27 持牧师死亡",那么这种情形就会出现。科克补充道[57]:"于是它关
系到主教、男修道院院长、教长、执事长、受俸牧师、堂区长代理以
及所有其他种类的独体法人或政治团体,无论它们是由推荐的方
式产生的、选举的方式产生的还是由赠与的方式产生的,有些论者
称这种处于归属待定状态的继承权为待继承遗产(*haereditates ia-
centes*)。"于是在此我们从"死亡线上"(in articulo mortis)拽住了我
们的独体法人。如果上帝不曾创造他,那么其他级别的神职人员
也不应该是上帝的造物。

 一些不涉及堂区主持牧师的情形与上述情形非常相似:特定
自由保有之职位处于归属待定状态,则"与其相对应的可继承财产
权和其他权利也处于归属待定状态"。然而,科克随后又指出[58],在
涉及堂区主持牧师的情形中,"为了教堂和其继任者的利益,有时
候堂区主持牧师在法律上被视为具有一种受限制的可继承财产
权;但是,为了防止特定堂区主持牧师作出不利于其继任者的这种
权利的事情,在许多情况下法律判定他实际上只拥有终身保有地
产权"。再则,"显而易见的是,出于许多目的,堂区主持牧师实际
上只拥有终身保有地产权,而且在很多人看来是受限制的非限嗣
继承地产权,但是他并不拥有完全的可继承财产权和其他权利"。

 对该问题的这种解答似乎已经被作为最终方案接受。就在这
时,伊丽莎白女王时期的那些制定法给关于这一问题的现行法律
(the practical law)增添了新鲜成分。堂区主持牧师,即使在圣职推
荐权人和教会常任法官的允许下,也不再能够转让教会地产或者
为其设定担保,而只有一种设立租赁的有限权力。此外,随着旧有
的返还土地之诉被逐出租地之诉取代,大部分的旧学问被人们遗
忘。律师们不再讨论堂区主持牧师的援助请求或者他能否加入关

---

[57] *Co. Litt.* 342 b.

[58] Ibid. , 341 a.

于这一名义权利的争论，而这场没有结果的古老论争正是围绕这些话题展开的。科克的理论，尽管它可能并不系统也并不纯粹，却具有变通性：在一些情形下堂区主持牧师享有终身保有地产权，在另一些情形下，他享有受限制的可继承财产权。而这不正是当下的正统理论吗？在特定圣职被闲置期间，自由保有之职位则处于归属待定状态，这得到查利斯(Challis)先生的赞同(59)；在埃尔芬斯通(H. Elphinstone)爵士对于古迪夫(Goodeve)先生的《不动产》一书的修订版中也提到了"受限制的非限嗣继承地产权"(60)。

因此，在我看来，我们的独体法人拒绝执行的恰恰是我们应该要求任何有适当效用的法律上的拟制人去执行的首要任务。他或者它拒绝充当权利——这种权利由于缺乏一位"由自然人充当的(natural)"管理者而可能会陷入归属待定状态或会在闲置状态中消耗殆尽——的载体。我在这里用"他或它"；但是我们应该用哪 28
一个称谓？担任圣职的神职人员——例如，牧师大人约翰之类的人——是独体法人，还是他仅仅只是独体法人的管理者或代表？我们的制定法对此并无统一规定。当《爱尔兰教会政教分离法》(the Disestablishment of the Irish Church)被颁布时，法律宣布在1871年1月所有爱尔兰境内的教会法人，无论独体法人还是法人，都应该被解散(61)，不用说，这一法令并没有对神职人员这一高尚阶层的迅速瓦解(a summary dissolution of worthy divines)进行慎重考虑。但是让我们回过头来看看措辞巧妙的《诉讼时效法》(Statute of Limitations)。"在下文规定的期限内，在这类独体法人或其前任……本应被优先赋予这种权利那一时刻之后，大主教、主教、教长、受俸牧师、堂区主持牧师、医院院长或者其他宗教的或慈善的独体

(59) Challis, *Real Property*, ed. 2, p. 91.

(60) Goodeve, *Real Property*, ed. 4, pp. 85, 133. 参见 Jessel M. R. 在 *Mulhner* v. *Midland Railway Co.*, 11 Ch. D. 622 中的观点。

(61) 32 and 33 Vict. C. 42, sec. 13.

法人的进入土地、扣押财物、提起诉讼、提起返还土地之诉以及出租土地这些行为，都是合法的。”(62)毫无疑问，对于这节法律的起草者而言，独体法人是一个自然人，一个终有一死的自然人，这也是科克的看法。

如果我们的独体法人真的是由人之设计创造出来的拟制人，那么我们应该对它的法律上的无能力感到惊讶。除非有习俗或制定法的支援，否则它不能（我们被这样告知）拥有动产，甚至属地动产也不行。(63) 一种不同于独体法人但与其同样粗糙的制度设计被用来作为一种可以拥有教堂用品以及教职的“主体”。这种制度设计在中世纪末被那种因受到这种法人理论的影响而拒绝直接主张教民团体是集合法人的律师所接受。随后我们还被告知独体法人十有八九“不能够订立合同，除非有制定法的授权或者其要订立的合同附随于土地利益”(64)。那么这种可怜的存在物能够做什么呢？它甚至不能牢固地保有它的教会地产，堂区主持牧师一旦死亡，它都无法阻止自由保有之职位陷入归属待定状态。

当我们将目光从这个纯粹拟制的幽灵转向集合法人这种真正的法人，那么必定需要解释的并必定会使我们论及人格和——或许会——拟制人格的主要现象就是，我们会认为而且也的确认为
29 法律交易，或者法律行为，会发生在而且确实常常发生在集合法人（作为一方当事人）与其成员（作为另一方当事人）之间。在一起绝佳的现代案例中我们看到(65)，八位自然人将一个煤矿场转让给一家公司，而他们又是这家公司的全部成员；上诉法院将案件事实解释为一次发生在八个人（卖家）与第九个人（买家）之间的“买卖行

---

(62) 3 and 4Will. Ⅳ, c 27, sec 29.

(63) *Fulwood's* case, 4 *Rep*. 65 a; *Arundel's* case, *Hob*. 64.

(64) Pollock, *Contract*, ed. 6, p.109. 主要的现代先例是 *Homley* v. *Knight*, 14 Q. B. 240。

(65) *Foster* v. *Son*, *Lim*. v. *Com. of Inland Rev*. [1894] 1 Q. B. 156.

为”,尽管买卖的价格并非体现为现金而体现为新成立公司的全部股份资本。但是,从所有外在表象来看,在这个独体法人和作为其唯一成员的特定自然人之间既不存在任何法律交易也没有法律行为。例如,我们被告知,“独体法人,比如主教或堂区主持牧师,不能把教会财产租赁给自己,因为他不能既是出租人又是租户”(66)。我们得知“如果某位主教同时以两种身份拥有土地(hath lands in both capacities),那么他不能自行转让或从自己那里取得土地”(67)。那些采用了这些说法者的观点足以清楚地表明在他们讨论的这些案件中没有涉及其他“人”:“他”就是“他自己”,而且这一问题必定会有答案(there is an end of the matter)。(68) 我找不到那种案件,在其中特定自然人起诉特定独体法人或者特定独体法人起诉特定自然人。

自然人在担任遗产执行者、遗产管理者、信托关系中的受托人、寄托合同中的受托人或者代理人时,我们觉得没有必要去讨论法人身份或者拟制人格,于是我不明白为何在自然人充任圣职时我们就应该对此问题大谈特谈。无论罗马法本可能做过什么——对于这个问题学界存在很大分歧——我们从来没有将待继承遗产作为法律上的人。有的自然人在死亡时并未留下遗嘱,在处理这一问题时我们没有使用任何虚构手法,我们起初采用了活生生的主教,后来借助遗嘱检验法院的法官来填补这个空当。这样做的原因是英国法历来喜欢由真实生活中的人来充当法律上的人。我们对为何堂区主持牧师会引起如此大的关注的唯一解释便是,由于堂区主持牧师的权利逐渐被削减,他所具有的对教堂和教会地

---

(66) *Salter* v. *Grosvenor*, 8 Mod. 303, 304.

(67) *Wood* v. *Mayor, of London*, *Salk.* 396, 398. 也请参见,Grant, *Corporations*, 635。

(68) 有关这一问题的精辟论述见 Broke J. in l4 Hen VIII, f. 30 (Pasch pl. 8):堂区主持牧师不能将土地授予或转让给自己,“因为虽然他具有两个方面,但他还是一个法律上的人”。

产的权利不能被归入英国不动产法的任何普通范畴;但是,正如我
们已经看到的,我们关于独体法人的讨论并未解决甚或未能回避
这个难题。在当下,没有人会梦想一下子就能够把世代相传至今
的教会财产法体系讲述得明明白白。而且我认为我们有理由作出
如下预测:无论英国国教会成立与否,教堂及教会地产总有一天会
找到它们的以某种或者许多种集合法人为外在形式的所有人。⑥⑨
尽管如此,教会独体法人并非"法律上所承认的人";他或它,或者
是自然人或者是法律上的怪胎。

我们并没有考虑他或它的最糟糕的行为。他或它已经使我们
在有关国王和英联邦的问题上思维僵化,口舌笨拙。⑦⓪

注　释

i　这场争论正式公开是通过《法律评论季刊》(*Law Quarterly Review*)所登
载中的"独体法人"(1900 年 10 月)和"作为法人的王室"(1901 年 4 月)这两
篇文章。1901 年 1 月刊中,编者弗雷德里克·波洛克评论了梅特兰所编著的
吉尔克的《中世纪政治理论》[*Law Quarterly Review* (*XVII*, 1901)], pp. 95—96]。
波洛克对这卷书的问世,编译本的学术性和梅特兰的导读的精辟表示赞赏,
但是他不赞同在他看来为梅特兰和吉尔克所共享的并且为这本书所支持的
法人的"真实人格"理论(the theory of the "real personality" of corporations)。
他论辩到,"法人拟制说"(fiction theory)的支持者的确假定法人人格不会影响
到法人的真实生活,而且不应该夸大其词就好像它们的确对法人的真实生活
产生了影响。此外,他主张正是"法人拟制说"证成了法人身份,它所采取的
方式是德国人和英国人法律观念自己所不可能办到的:"现在我们可能会怀

---

⑥⑨　参见 *Eccl. Com. v. Pinney* [1899] 1 Ch. 99,这是一个预示了教会地产最终命
运的案件。

⑦⓪　在从《年鉴》中寻找独体法人的过程中,我注意到大量的案件中并没有使用这
个术语,但是如果它们发生在今天可能就会广泛地使用它。我曾经想要打印一份这些
案件的名单,但是又忍住了,因为那会是很长的一个单子,而且只会得出一个否定性结
果。F. N. B. 109—112 中有关堂区主持牧师的权利的讨论是一个我们很自然会诉诸的
例证,但是也不会得出任何结果。

疑只依靠德国学说(Germanic principles)的法院是否会承认一种没有物理性身体的法律上的人……没有罗马法上的法人(*universitas*)和与其相伴随的"法人拟制说",我们或许不会有任何的法人,有的只会是某种类似于关于一种"代表他自己和所有其他人"的共同利益起诉的个体原告的衡平法方法。[Ibid., p. 96]

ⅱ 梅特兰在"Moral personality and legal personality"(参见后文,p. 71,n. 8)中的最后一个脚注中引用了法国学界有关这些问题的一些论述,在其中他特别地提到米休的著作,将其作为对德国学派的介绍。参见,L. Michoud, *La théorie de la personnalité morale*(Paris,1899)。

ⅲ 梅特兰指的是罗伯特·布罗克(Robert Broke)爵士。

ⅳ 这些《年鉴》是由王室法官所审的案例的汇编,起初可能是法律学徒所记录的。它们可以追溯至 1291 年。梅特兰创立塞尔登协会的其中一个目的就是出版这些判例的学术性版本。

ⅴ 这里的"允许法令"(enabling statute)指的是 1540 年的这部允许教会财产的租赁的制定法。"禁止法令"(disabling statutes)是 1559 年的这部禁止这种活动的制定法。

ⅵ 罗伯特·布罗克爵士,梅特兰在上文提到过。参见本书附录的"传记性注释"部分。

2

作为法人的王室

　　从政治角度而言,最重要的法律上的拟制人就是国家。但是,国家或其名义上的领导者是否并且在多大程度上被官方视为法律上的拟制人,这取决于不同国家(commonwealth)的法律制度和组织形式。在英国,我们现在讲王室是法人:当国王和平(the king's peace)随着国王的去世而灭失,在"每个人都能够抢劫其他人"的情形下,这种说法肯定就不妥当了。①

　　上述文字引自弗雷德里克·波洛克爵士的《法理学基础》(*First Book of Jurisprudence*)一书。它们可能把一部分注意力吸引到独体法人这个英国法中的怪物身上。在此前的一篇论文中我已经对它的历史进行了论述。② 我曾尽力表明这一怪异的观念在 16 世纪肇始于我们所称的"教会财产法"领域内。它曾给人们一种希望,后来被证明是徒然的。人们期望它会提供一种永久性"主体",该主体可以被赋予一种关于教区教会地产的非限嗣继承地产权。这种权利曾经被逐渐从圣职推荐权人手中抽离出来,而又不适宜

---

① Pollock, *First Book of Jurisprudence*, p. 113.
② *L. O. R.* XVI. 335.

处于归属待定状态,利特尔顿(Littleton)曾将其置于此种状态之中。于是,紧跟马克白(William Markby)的脚步,我斗胆断言这种独体法人已经表明他自己不是"法律上的人",相反,或者是自然人或者是法律怪胎。

如果独体法人从不曾擅自跨越它所肇始的宗教领域,那么如今它就会变得无足轻重。它也必定没有任何发展前景,就连为其撰写悼词也显得多余。然而,不幸的是,科克产生了下面这种想法(或许最初想到它的是科克时代的另外某位律师),他认为应该将英国国王同堂区主持牧师归为一类:这二者都是法律上的拟制人,也都是独体法人。

国家是否应该被人格化,或者国家——实在理应是法律上的人(being really and naturally a person)——是否能够被人格化,这些都会是非常有趣的问题。我们在英国看到的,至少如果我们只从表面上看,既不是国家被人格化,也不是国家的人格得到公开承认,而是[我必须借用吉尔伯特(Gilbert)先生所作的戏词ⁱⁱ]国王被"堂区主持牧师化了(parsonified)"。自从这一技巧被使用之后,我们就一直颇为直率地尝试去自我说服我们的法律没有认可国家(the State or Nation or Commonwealth)的人格或者法人性质,并且没有必要做任何形式任何程度的认可,只要我们的法律承认国王,或者更糟糕的,王室,并非不同于堂区主持牧师。

全面地论述国王和堂区主持牧师的一致性将会花费太多的笔墨,因为它将会让我们深入到中世纪法律政治思想的领域。在此处我们只尝试着对其中的两到三个问题加以讨论。③

中世纪的国王是彻头彻尾的王者,但是正因如此,他也是彻头

---

③　本篇文章的主题得益于吉尔克博士的《德国合作组织法》一书的启发。我后来将该文的一部分翻译为英文出版,即 *Political Theories of the Middle Age*,Cambridge,1900。

彻尾的自然人,人们不随意对其加以评论。即使你说他是耶稣基督的代理人(Christ's Vicar),这也是你的本来意思,而你还是会加上一句:如果他越来越独裁,他就会变成魔鬼的仆从。而且没有理由赋予他一种以上的身份。有时还是有必要区分国王凭借王位(the crown)而拥有的土地和他因被复归的男爵封地或者闲置的主教职位而得到的土地。但是,大体说来,国王的土地就是国王的土地,而且我们必须注意不要把我们中世纪的文件理解为一种对于全体国民的托管人职责(trusteeship for the nation)。这种反复被提起的要求,即国王应该"自食其力(live of his own)",就具有这种取向。我的意思并不是说这种观点在任何时候都是完善的。例如,我们可能会看到爱德华二世时期的律师接受了教会法学家以前曾经宣扬的观念,主张国王的王室(the crown)总是未成年,并因此用对待教堂的方法来对待王室(corona)。[④][iii]但是英国律师并不擅长这方面的工作,他们喜欢英国法中的人是真实的人,而我们有关教区教会地产的见闻使我们知道对他们而言甚至连教堂也不是法律上的人。[⑤] 至于国王,我极少在哪一部《年鉴》中遇到认为国王不是严格字面意义上的真实自然人——既不是某位爱德华也不是某位亨利——的表述。

34   然而,中世纪思想家随后将国家(the nation)视为一个共同体,并将其描述为一种以国王为其领导者的团体。它类似于那些它所包含或者在某种程度上作为它的组成部分的较小团体。会被我们视为国家和法人的相异之处的那些地方都非常隐蔽。"王国共同体(commune of the realm)"与郡共同体(commune of a county)或市镇共同体(commune of a borough)不相同的地方只是在大小和权力上而非在特质上。而且就像郡采取了郡法院这种明显可见的形式

---

④   *Placit. Abbrev.* p. 339(15 Edw. II).

⑤   *L. Q. R.* XVI. 344.

一样,王国(realm)也采取了议会这种明显可见的形式。"任何人",索普(Thorpe)首席大法官在 1365 年讲到,"都一定要尽快知道国会中所发生的一切,因为国会代表了整个王国的主体"⑥。我们从《年鉴》中读到,曾经有一段时间下述情况似乎极为可能,即,一旦律师们开始争论法人或者政治团体的性质并且明确地区分自治市与自治市市民总体(例如说),那么他们必将接受并明确主张这套极具说服力的思想,即,王国是"由许多人构成的集合法人"。在 1522 年,菲刘克斯(Fineux)首席大法官首先论述了一些法人是如何被国王缔造的,另外一些是如何被教皇缔造的,还有另外一些是如何被国王和教皇一同缔造的,然后他补充到,还有一些法人是由普通法缔造的,因为,他讲到,"由国王、贵族和平民组成的国会是法人"⑦。他没有承认这种法人式王国(corporate realm)在作为公权力的行使者的同时,也可能会是私权利的"主体",即土地和动产的所有者。这是我们从未正式迈出的一步。⑧

我们不要忘记亨利八世对这个以他为至高无上的领导者的政治团体所做的描述⑨:

> 在形形色色的权威性历史典籍中,这一点得到明确地宣扬,即英格兰王国是一个帝国,是一个为世界所承认的帝国,由一位国王作为至高无上的领导者来实施统治,他享有与帝王之位相称的高位和皇家权利,与其紧密勾连的是一种政治团体(亦即由各种各样的人以神和人的名义缔结的合同),并且他还被认为要享受一种仅次于对上帝的服从的世俗的(nat-

---

⑥ Y. B. 39 Edw. III, f. 7.

⑦ Y. B. 14 Hen. VIII, f. 3 (Mich. pl. 2).

⑧ 我认为,艾伦于 1830 出版的那本有关王室特权的名著的错误就在于,他假定在非常古老的时期,全体人民(the Folk)就可以充当而且明确地被视为法律上的人:一种所有权和其他权利的单一"主体"。

⑨ 25 Hen. VIII, c.12 (For the Restraint of Appeals).

ural）而又谦卑的服从……

35　　对于政治团体的这种描述被正式地运用到了古代思想和现代思想的交汇之处。自此以后，"宗教团体"被视为这类在亨利国王治下达到鼎盛时期的"政治团体的一部分"。中世纪时期的关于教会和国家的二元论最终被这位冲破罗马束缚的伟大君主超越。利维坦的大体轮廓已经出现在我们眼前。但是，在霍布斯和亨利国王看来，这种法人团体的人格集中在其帝王（monarchical head）的人格上并被其所同化。[iv]"在他统治期间，既无法明确区分国王的土地和国家的土地，也无法明确区分国王的财富与民众的财富，甚至也无法明确区别国王的权力和国家的权力。在这里，独体法人这种在宗教领域已经得到一定发展的观念有可能会有所助益。所有英国人不都同亨利国王合为一体了吗？他的行为举止不就是政治团体——它同时涵盖了王国和教会——的行为举止吗？

　　必定有一些争论是围绕国王以各种方法所取得的土地展开的。爱德华六世在还未达到 21 岁时就想要转让兰开斯特（Lancaster）公爵领地的一部分土地。这种行为是否符合国王在未成年时就可以转让土地这一学说？土地被转让给亨利七世"及其合法方式得到的男性直系血亲后嗣"。这一行为是否使他得到一种限嗣继承地产或者附条件的非限嗣继承地产？政治团体领导者能不能够有自己的后嗣？16 世纪中叶刚过不久，一些这样的案件便出现在了法庭之上。在普洛登（Plowden）关于这些案件的判例汇编中，我们可以看到有关国王的两种"身体（bodies）"的许多周密严谨的论证，我不知道在整个系列的英国法律书籍中去何处寻找如此不可思议的、深奥难懂的——或者我们可以说玄之又玄

(metaphysiological)的——胡言乱语。⑩ 是这类的论述在 1550 年左右的确不多见，还是在普洛登之前它没有被录入判例汇编，这都很难说，但是《年鉴》并没有对其加以记载。我所要表达的意思在下面这两句话中得到了充分的例证：

> 所以他[国王]有着一种被赋予了帝王的权利和尊严的自然性身体(body natural)，同时他所具有的这种自然性身体又自然而然地区别于帝王的职位和尊严，但是自然性身体和政治性身体(body politic)相互勾连，不可分割，并且这两种身体被合并入同一个法律上的人，并形成一种单一种类的身体(body)，亦即，存在于自然性身体中的法人(body corporate)或者说(*ete contra*)存在于法人之中的自然性身体。所以经过与政治性身体相联合——政治性身体包括帝王的职位、机构和至上权威——自然性身体得以壮大，同理，政治性身体也得以壮大。⑪

我们往往会加上一句，"除非每一个人都完全彻底地忠诚于他，否则他必将永久消亡"。然而，一道亮光似乎时而不时刺穿这片黑暗。这套思想——根据其两种身份的一者，国王仅仅是法人的"首领"——不曾被彻底压制。

> 国王有双重身份，因为他有两种身体，一种是自然性身体……另一种是政治性身体，其中的成员便是他的臣民，他和他的臣民一起构成了法人，正如索思科特(Southcote)所言，国王与其臣民合为一体，他是领导者而他们则是成员，他是他们的唯一统治者。⑫

---

⑩ *Case of the Duchy of Lancaster*, *Plowden*, 212；*Wilhon v. Berkley*, Ibid., 223；*Sir Thomas Wroth's* case, Ibid., 452.

⑪ Plowden, 213.

⑫ Ibid., 234.

在那场由詹姆士·黑尔斯(James Hales)爵士的暴死引发的前所未有的争论中ᵛ,布朗(Brown)法官又指出,自杀不仅冒犯了上帝和自然,还冒犯了国王,因为"他,身为领导者,丧失了他的一位神秘的臣民(member)"⑬。但是,出于那些在很大程度上没有被法律史记录的原因,这套思想失去了往日的重要地位。于是国王有了"两种身体";一种是自然的,另一种是非自然的。关于这后一种身体,我们可说者甚微;但是无论"政治性的"一词具有何种意思,它都是"政治性的"。

与此同时,为了解释——如果能够解释的话——堂区主持牧师与教会地产之间的关系,独体法人这一概念开始流行。然后科克对法律上的人做了分类,这一分类在随后一些时代中被奉为权威。法律上的人被分为自然人和拟制人。国王和堂区主持牧师是拟制人,是由自然人设计而非上帝创造的独体法人。⑭

我认为使堂区主持牧师符合集合法人的条件的这种尝试是失败的——之所以是失败的,是因为,堂区主持牧师一旦死亡,有关教会地产的自由保有地产权就陷入归属待定状态——针对国王所作的同样的尝试,在我眼中还要更加失败,更具无穷的危害性。首先,这套理论从未得到系统的阐述,即使其首创者也未能这样做。我们学到的是国王是具有两种身份的"法律上的人"(two "persons"),我们仅仅被告知尽管他有"两种身体"和"两种身份",但是他"只是一种法律上的人"(hath but one person)⑮。一旦这两种人格真的持续被分开,那么自然会得出"这种理应受并且实际也受到了谴责的观点",它导致了许多"极其恶劣的负面后果"。这种观点认为臣服义务是由于国王是独体法人而非因为他是寿命有限的自

⑬ Ibid. , 261.

⑭ *Co. Lit.* 2 a, 250 a, *Sutton's Hospital* case, 10 Rep. 26 b.

⑮ *Calvin's* case, 7 Rep. 10 a.

然人。⑯ 其次,这种尝试使我们陷入了这样一场不痛不痒的讨论之中,它涉及这样一些国王,他们不会死亡,永远都是成年人,无处不在,从不会做错事并且[像布莱克斯通所说的⑰]也从不会想错事。读过金莱克(Kinglake)的《入侵克里米亚》(Crimea)一书ⁿ的人将永远不会忘记书中关于共享英国军队控制权的"两位国王"的具有启发性的有趣解释:这两位国王是"作为人的国王(the personal king)"和"作为组织的国王(his constitutional rival)"。但是,再次,关于这两位国王或两种法律上的人的理论坚决拒绝在法理学领域作出任何实际工作。

我们本可能会想到这种尝试起码会导致对国王以国王身份所保有的土地和国王以自然人的身份所保有的土地的区分,还会导致国库中的金钱和国王口袋中的金钱在法律上的分别。但是这些结果都没有产生。ⁿ 所有这些都必须由制定法加以规定,而且制定法的确也非常缓慢地在作出一些粗糙的规定。在国王的土地被规定不能被转让之后,乔治三世不得不请求国会允许他以自然人而非国王的身份保有一些土地,因为他被拒绝拥有一些"国王陛下的臣民"不会被拒绝拥有的权利。⑱ 一直到维多利亚统治时期,许多制定法(deal of legislation)一直被用来保障国王的"私人地产权(private estates)"。"尽管它有待商榷",1862 年的一部法令这样指出。⑲ "而且尽管它可能有待商榷",1873 年的一部法令这样指出。⑳ 许多事可能都有待商榷,如果我们试图让一个自然人成为法律上的两种人,或者为一位法律上的人提供两种身体。

这种被我们称为王位传承(demise of the Crown)的糟糕后果很

---

⑯　Ibid. , 11 a, b.

⑰　1 *Comm.* 246.

⑱　39 & 40 Geo. III, c. 88.

⑲　25 & 26 Vict. C. 37.

⑳　36 & 37 Vict. c. 61.

好地例证了中世纪看待国王的这种纯自然方式。但是,在我们的祖先看来,王位传承只是一个自然人——他把他的许多权力委托给了法官和其他人员——的死亡。在委托人死亡之时,委托也就终止了。所有诉讼不仅会终止,而且不得不重新开始。我们本来也许会认为一些新用语——它们既赋予了国王一种终有一死的身体也赋予了他一种不死之躯——的引入会改变英国法律(the law)的这一部分。但是并非如此。人们不得不一再地通过制定法令来消除这一古老原则所带来的结果。㉑ 在维多利亚女王统治初期,人们发现"在王位传承之际,必须更换所有盖有国王/女王玉玺的军事委任状,由此出现了重大不便"㉒。在王位传承之际,我们看到国家的所有机构都停止运转甚或出现开倒车的情形(running backwards),国王永远不死的这种说法似乎只是在毫无意义地信口雌黄。

但是最糟糕的是,我们被迫在我们的法律思维方式中引入了一种法律上的人,而这种人的人格并不曾得到英国法的正式或者明确承认。没有国家(the State, or the Nation, or the Commonwealth)或某种类似实体,我们无以存续,可是我们现在正在宣称要过一种没有国家的生活。当伊丽莎白女王还是英国王子——她往往以王子而非公主的身份出现——的时候,她的秘书可能会用拉丁文写 De republica Anglorum(英格兰共和国),而用英语写 Of the Commonwealth of England(英格兰共和国),这是因为王子和共和国还不曾出现矛盾。根据《法令全书》(the Statute Book)上的记载,不久之后,古夫·福克斯(Guv Fawkes)和其他一些人试图致女王陛下于死地并"推翻整个国家和联邦"。㉓ 1623 年财政署内室法庭可

㉑　1 Edw. VI, begins the process.

㉒　7 Will. IV & I Vict. c. 31.

㉓　Jac. I, c. 3, pr.

38

能曾论及这种由"一些轻微的限制"带给"共和国"的不方便。^㉔ 但是随后的重大争斗致使我们不再能够使用这两个有用的词语。"共和国"和"联邦"意指无君主，也因此就意味着叛逆。至于"国家"，它是后来者——但是在 1600 年之前基本没有影响力——而且，尽管它可能支配政治思想，并在极少数情况下也出现在某一制定法的序言之中，然而它出现在英国法律书籍中则是很久以后的事了。布莱克斯通的《英国法释义》中有关国家的论述简直少之又少。^㉕ 千真万确的是，"人民"是存在的，而且"人民的各种权利"必定针对的是"国王的各种特权"；但是正是因为国王不属于人民，所以人民也不能够成为国家或者联邦。

但是"公众"（the Publick）一词可能会有用。而且那些考察该词在 18 世纪制定法中的使用情况的人可能会倾向于认为它已经开始产生影响了。在 1715 年叛乱之后（the rebellion of 1715），国会的一部法令宣布一些叛国者的地产将会被归于国王所有"以用来服务于公众"。^㉖ 我不清楚这是不是"公众"第一次以那些由国王所有之土地的一部分信托收益人的身份出现；但它的确是一个早期的例证。接着我们会遇到一个有趣的小故事，它证明了英国王室独体法人的这些奇怪的特质。德温特沃特（Derwentwater）勋爵就是被剥夺地产权者中的一位。而且，他在兰利（Langley）的男爵领地的封臣已经习惯于在他们的领主去世之时支付一种封地易主费（fine）——我认为，此类惯例的流行程度在英国以外的地方要比在英国还高。但是，1738 年的一部法令规定，"在法律上永远不死的英王及其继承人和继任者依据其政治地位而被授予上述土地时会产生一个疑问，即，在现任英王（长期以来上帝为了其子民的利

39

㉔　*Child v. Baylie*, Palm. 335, 336.

㉕　"国家面临重大危难之际"（1, 135）这种说法偶尔会被用到。

㉖　1 Geo. I, stat. 2, c.50. 我们必须搞清楚这个"公众"不是"开放高速公路供公众使用"中的"公众（人民中的任何一个）"。

益而一直保护着他）驾崩之时，或者在任何未来的国王或女王驾崩之时，这些地产的封臣是否应该……支付此类费用”。于是封臣将会支付这笔费用，因为“如果这种国王或女王在死亡时只被视为私人性的而不具有任何政治身份的人”，那么他们就应该支付这笔费用。㉗ 因此，那位法律上的拟制人，即具有政治身份的国王，也是以公众为受益人的受托人（trustee for the Publick），必定会被认为要为了信托受益人的利益而偶尔死亡一次。

但是，我们正在讨论的是“公众”，而且我认为“公众”是在与国债产生关系之后才开始受到关注的。尽管性质受到些许改变的国王（slightly denaturalized king）可能会为我们做许多事情，然而他不能把所有必需他做的事情都办到。其前任之一——他关闭了财政署并毁掉了金匠行业*——的一些行为曾经使得我们的国王成为一个不良借款人。viii 于是公众不得不成为替罪羊。金钱会被“作为贷款提供给国王陛下”，但是公众却不得不因此背负债务。这种观念在制定法中必定有所体现。“鉴于”，1786 年的一部法令规定，“公众欠”东印度公司超过四百万的债务。㉘

什么是背负国债的公众？我们试图对这个问题展开探究。我们试图不去把国债视作由一个人所背负的债务而将其视为依据一种被质押或被抵押之物（a pledged or mortgaged thing）——统一公债基金（the Consolidated Fund）——而收取的一笔费用。ix 这是顺理成章的事，因为如果愿意，我们可以将国债的起源追溯至这一时期，在当时国王会借债并会在还债时依据一种特殊税负对所偿还款项收税；或许国王甚至会任命其债权人去收集那笔税款，并借此方式使债权人通过自身行为得到偿还。接着出现了这个漫长的过

㉗ II Geo. II, c.30, pr. and sec. I.

* 英国最初的银行业务全部由金匠办理，因此，在伦敦由银行签发的本票原先称为“金匠票据”。——译者注

㉘ 26 Geo. III, c.62.

渡时期,在此期间,总合基金(Aggregate Fund)、普通资金(General Fund)、南海基金(South Sea Fund)等都被征收年金。于是,现在我们有了统一公债基金;但是即使无视任何规则对其加以"客观化"〔或者套用詹姆士·沃德(James Ward)博士的讲法,"具体化"〕,我们也很难将那种基金变成法理学上的"物"。一方面,我们并不认为,在现行税负被废除而新税负被设立之时,永久性债券的持有人有任何起诉的权利(right to complain)。另一方面,我们认为如果现行税负不足以偿付债务的利息,那么就必须设立更多的税负。于是我们会论及"国会法令的安全"(security),就好像法令是一种可被用以抵押的可带来收益之物(profit bearing thing)。或者我们将"政府"解释为债务人。但是,我们会问,何为政府?政府肯定不是一群大臣,我们也不能拿政府同国会作对比。我乐于相信我的话不会对银行年金的高低产生影响,但是对我而言,在我们论及"私人性担保"(personal security)时所指的那种宽泛意义上,国债绝非一种"有担保的债务",并且债权人除了相信这种讲诚信并具有偿还能力的共同体——其领导者为国王,组织结构为"政府"和国会——的诚实和清偿能力之外,别无可信。

我们的花招之一就是使国王成为以各种形式的非法人团体为受益人的受托人。我们的另外一个花招就逐渐用"王室"来替代国王或女王。现在以不同时期对王室——一种动产现在存在于城堡之中并具有(正如人们所言[29])祖传遗产的性质——的使用为主题就可以撰写一篇长篇论文。然而,我认为,对于王室的习惯性的,毫不含糊的人格化——尤其是,赋予王室行为能力——比大多数人会认为的要现代得多。在我看来,在威廉·安森爵士用"王室"(Crown)的地方,布莱克斯通会使用"国王"(King),而且这种可能

---

[29] *Co. Lit.* 18 b.

性至少是百分之五十。然而,我认为,如果"王室"并非仅仅只是国王的另一种叫法,那么,严格地说,它就不是受到英国法承认的人。王室从未以自己的名义提起过诉讼,也从未如此这般被起诉过,从未签发过令状或者开封特许证。从有效记录来看,这些事情国王或女王全做过。我不会——即便我能够的话——去阻断这个使"王室"成为某些有组织的社群(community)的一种称呼的过程;但是,这个术语同时在三或四种紧密相关却又各不相同的意义上被使用着。"我们都知道王室是一种抽象概念",彭冉(Penzance)勋爵指出。㉚ 我对自己是否知道这一点都不是非常确定。㉛

　　一旦我们开始认真关注法官们在没有古代理论束缚的情形下自由推理现代案件时所发表的意见,我们就必定会碰到下述观点,即"王室"往往是一种受到限制的或者只被部分承认的集合法人。例如,我们来听听布莱克本(Blackburn)法官在一份著名的法官判决意见书中对为何不能让邮政总局局长或军舰舰长成为以其属下的过失为诉由的民事诉讼的责任承担者这一问题所做的回答。"政府是雇主(the principal)而被告只是雇员……尽管不能够通过诉讼的方式来追究政府这种雇主——即公众——的责任,然而通过这些案件得出的结论便是,政府的雇员并不负有比受雇于任何其他雇主的雇员更重的义务。"㉜于是在这里政府和公众被相互等同了,或者说,一者是另一者的机构或者代理人。但是,邮政总局局长或军舰舰长确实是王室的奴仆,但是他并非服务于两位主人。我们从1887的一部制定法中还可以看到,"'国家终身文职雇员','女王陛下终身文职雇员',以及'王室终身文职雇员'这些表述被

41

㉚　*Dixon v. London Small Arms Co. L. R.* I App. Cas. 632, at 652.

㉛　那些使国王能够拥有"私人地产权"的法令被正式归入"王室私人地产权"的条目之下。除非王室将会举行游园会,否则很难证明对该词的使用是不妥的。

㉜　*Mersey Docks Trustees v. Gibbs*, *L. R.* 1 H. L. 93, 111. 当然,这里的斜体字是我自己加的。

宣布具有相同的含义"。^㉝ 现在,尽管爱德华国王显然并非国家(尽管路易十四可能会是),然而我们似乎握有证明下述观点的制定法权威,即国家就是"女王陛下"。若想摆脱这个烂摊子(因为它的确杂乱不堪),就要洞见到这一事实(因为它的确如此),即我们至高无上的君主并非"独体法人",而是一个结构复杂且高度组织化的"由非常多的人组成的集合法人"的领导者。我并未发现称这个法人为王室有什么重大不妥之处。但是,后来在制定法中又重新出现了一种更好的词语。这个词语就是联邦(Commonwealth)。

　　即使国王能够充当国债的良好债务人,在这个被称为英国的扩张(expansion of England)的过程中还是会出现一些新问题;因为一些殖民地发展成具有自己的公债的殖民地。在此,我们不应忘记三个由于他们的古老和活跃而非常重要的殖民地,即马塞诸塞(Massachusetts)、罗德艾兰(Rhode Island)和康涅狄格(Connecti-cut),都曾是依据由一些有效和无效的词语组成的特许状而正式设立的法人/公司。我们还会注意到,国王在罗德艾兰的股东身份同其在诺里奇(Norwich)城或东印度公司的股东身份完全一样,而且康涅狄格州统治者和英国银行的负责人一样都只不过是国王的代理人。但是,即使在存在王室总督的地方,以及那种不存在正式设立的法人的地方,也存在着具有负债能力的"主体"。至少早在1709年——我不知道是否比这更早一些——就有信用凭单在被发行。这种信用凭单的格式如下:

　　　　这种沿骑缝线割开的凭单记载了纽约殖民地所欠凭单持有人的欠款额。因此,它将在价值上等于货币,也由此会在所有公共开支中,或购买殖民地财政部在任何时候发行的任何基金之时得到殖民地财政部的承兑。本凭单由纽约殖民地代

42

㉝　Pensions (Colonial Service) Act, 1887, 50 & 51 Vict. c. 13, s. 8.

国家、信托与法人

理总督、议会和大会于 1709 年 11 月 1 日共同签发。㉞

在 1714 年,纽约州统治者,即作为纽约州立法机关的州议会,通过了一部大部头法令。"该法令旨在规制几种据说是殖民地债务的债务偿还和免除以及相应钱数的问题。"该法的导言指出,在过去,殖民地的一些债务未曾被清偿,这是因为殖民地统治者过去曾滥用并过度支出"殖民地岁入,这种岁入是由上述王室子民上交给女王陛下及其前任们的,即英国的国王们和女王们的,它为他们在殖民地的统治提供了必要而又体面的充分供给"。导言还补充到,"严格按照法律来看,这个殖民地绝对没有义务履行上述诸多还款请求";然而,为了"重建公众/政府信用(the Publick Credit)",它们将会被偿还。㉟ 我们这里还发现了一个必定要——即使严格按照法律——偿还借款的殖民地。小型殖民地行事之道同大型殖民地一样。1697 年在蒙特塞拉特岛通过了一部法令,它"旨在提高税负以支付属于英王陛下的这个小岛的公债"。

殖民地议会类似于英国国会。它们投票赞成给"英王陛下"提供供给;但是也挪用那些供给。在那些现在仍然属于英帝国领土的地方,在这一时期——它可能会被我们称为古代——颁布的殖民地法令之中,我们会发现许多法规都是关于下述这一点,即所有要上交国王之物都将被打上信托的印记。例如,在 1698 年的百慕大(Bermudas),一种罚金被强行征收,罚金的一半被交付给告发者(informer),"而剩下的则交付给英王陛下及其继承人和继任者,用来为这些岛屿的政府提供给养和计划外花费(contingent char-

---

㉞ Act of 12 Nov. 1709(8 Anne).

㉟ Act of 1714 (13 Anne).

ges）"。㊱如果"为陛下们（威廉和玛丽）所属而在以前由这些岛屿的统治者居住的古老房屋和厨房"将要被出售，那么价金将被用来支付"给公共储备金（Publick Stock）或者公共岁入，它们将被用来支付这些岛屿的统治者、地方管理机关和议会委员会（Committee of Assembly）用于采购的公共开支"。㊲我认为，我们会发现在一些没有先辈流传下来的共和主义传统的殖民地中，在控制通过投票同意上交给国王的那些钱款的支出这一方面，议会（the Assemblies）并不比下议院逊色多少。在1753年，牙买加议会（the Assembly of Jamaica）通过正式投票作出下述决定，"人民代表（the Representatives of the People）具有固有而又毋庸置疑的权利，可以为了政府的日常活动和紧急事件筹集和使用钱款，并且委任他们认为适合的人来筹集和支出相关钱款。议会（The House）在过去总是以能够最好地为英王陛下服务，并对其人民的利益最有助益的方式来行使这种权利，在将来也照样会如此行事"。在许多或者大多数殖民地，司库不是由地方长官而是由议会法案来任命；有时他是由上议院的一项专门的决议案来任命的。就财政管理而论，"责任政府（responsible government）"（正如我们现在这样称呼它的）或者"立法机关的那种侵犯正常行政职能的取向"（正如一些现代美国人称呼它的）在英国殖民地并非新鲜事物。㊳

　　如今我们不认为殖民地是法人。三个顺理成章合为一体的殖民地走着它们自己的发展道路。它们都被律师抛在了脑后。詹姆

㊱　Act of 11 Nov. 1698.英国国会法案（e. g. 6 Geo. II, c. 13, s. 3）有时候会处罚那种利用国王"去获取殖民地政府的给养或获取大农场以从中得到给养"的行为。参见，Palffey, *New England*, IV. 302。显而易见，正是由于这样一个条款，詹姆士·奥蒂斯才首次进入马塞诸塞的领导层。

㊲　Act of 29 Sept. 1693.

㊳　参见 E. B. Greene 先生关于省区长官（Provincial Governor）的非常有意思的论著，参见 Provincial Governor, Harvard Historical Series；尤其是 p. 177 ff. 牙买加决议案（Jamaican resolution）就在 p. 172。

44

士（James L. J.）法官曾经讲到，在他看来，说新西兰地方长官和政府是法人就是在胡说八道。[39] 即便如此，我也不会希望看到具有法人身份的"统治者"或者"政府"。但是，我们能够——不仅仅只是嘴上说说而是真正地——不去承认新西兰这个殖民地是法律上的人吗？下面这起案件涉及这样的一份运送移民的合同，其当事人在表面上分别是作为第一方的"代表新西兰殖民地的女王陛下"，作为第二方的"新西兰政府驻英总代表"费瑟斯通（Featherston）先生，以及作为第三方的斯罗门（Sloman）和他的公司。现在当我们在一份法律文件中看到"代表"这类字眼，我们一般都会料想到它们后面肯定会跟上一个人的姓名；而且我禁不住认为在这个案件中情况也是如此。我推断，这些殖民地中的一部分已经不再强迫那些跟他们毫无冲突的人继续重蹈权利请愿书这条古老的，或许适合君王的，覆辙。或许，我们并不会特别满意澳大利亚式的"名义被告"制度——它被用来驳回这样一种诉讼，在其中"殖民地政府"成为权利主张所针对的对象——因为在有真实存在的现成当事人（例如，殖民地或者国家）的诉讼中，没有需要"名义上的"当事人的必要。[40] 但是，"王室"成为被告[41]并为其侵权行为付出代价[42]的确是值得一看的风景。如果能够送交枢密院司法委员会的案件的范围没有被限缩，那么一大批古老的迷信活动会被推上审判台。

1867 年的《不列颠北美洲殖民地法》（the British North America Act）作了一些大胆的规定。[43] "加拿大应该承担联邦（the Union）中的所有省份的债务。安大略省和魁北克省应该共同向加拿大纳税……在第四份清单中所列举的资产……应属于安大略省和魁北克

---

[39] *Sloman* v. *Government of New Zealand*, 1 C. P. D. 563.

[40] *Farnell* v. *Bowman*, 12 App. Cas. 643（N. S. Wales）.

[41] *Hettihewage Siman Appu* v. *The Queen's Advocate*, 9 App Cas. 571（Ceylon）.

[42] A. G. of the *Straits Settlement* v. *Wemyss*, 13 App. Cas. 192 （Penang）.

[43] 30 Vict. C. 3, ss. 110—25.

省的共同财产。新斯科舍省(Nova Scotia)应该向加拿大纳税……
新布伦兹维克省(New Brunswick)应该向加拿大纳税……这几个省
份应该保留它们各自的公共财产……新布伦兹维克省应该从加拿
大处接受……新布伦兹维克省征收伐木税的权利……所有属于加
拿大或任何省份的土地或财产都不应该被征税……"这些话既是
政治性用语,也是制定法用语,还是日常生活语言。但是,后来脑
子里装着各种理论的律师开始将普通法上的不动产权益(legal es-
tate)赋予他所称的王室或者女王陛下。"在解释这些法令时,要始
终注意到无论公共土地及其附属物被描述为特定自治领(the Do-
minion)或者某个省份的'财产'还是'归属于'特定自治领或者某
个省份,这些表述方法仅仅意指对于公共土地及其附属物的这种
受益使用权或收益权已经根据具体情况被归属于特定自治领或者
特定省份,并且受其立法机关的控制,而土地本身则被归属于王
室。"⑭于是,我们不得不区分"因为"或"凭借"加拿大而被归属于
王室的土地和"因为"或"凭借"安大略省、魁北克省或不列颠哥伦
比亚省而被归属于王室的土地,或者区分"被归属于代表王室的特
定自治领"的土地和"被归属于某个代表王室的省份"的土地。表
面看来,"加拿大"或者新斯科舍省是有资格充当王室的信托受益
人并且同时作为王室的代表的法律上的人,但是不是可以拥有普
通法上的不动产权益的法律上的人。这是一个滑稽的混淆,如果
我们坚持认为王室是一种法律拟制的话,它会变得更滑稽不堪。

　　"尽管(派往印度的)政府大员(Secretary of State)是法人,或者
具有法人的性质,可以签订合同、起诉或被诉,然而,他依旧不是可
以拥有财产权的法人。此类在以前被归属于或者会被归属于东印

45

---

⑭　*St Catharine's Milling and Lumber Co.* v. *The Queen*, 14 App. Cas. 46. esp. p.56;
A.-G. of Brit. Columbia V. *A.-G of Canada*, 14 App. Cas. 295; *A. G. of Ontario* v. *Mercer*.
8 App. Cas 767; *A.-G. of Canada* v. *As.-Gs. Of Ontari0, Quebec. Nova Scotia* [1898],
App. Cas. 700.

度公司的财产权现在被归属于王室。"⑤所以我们起诉没有或者不能够拥有财产权的东印度公司,旨在能够得到由王室所拥有的财产权的一定部分。这是一种奇怪的结果;但是,其怪异程度或许并不足以让我们大吃一惊,如果我们真的认为这两种人虽然令人敬畏却都是拟制的:就像阻却限嗣继承之拟制诉讼中的一般担保人或名义上的不动产侵占人所具有的那种虚拟性。⑥

我们在一部美国人所撰写的法学论著中读到下面这段论述时,并不会感到吃惊:

> 就其政治组织能力而言(in its organized political capacity),美利坚合众国的每一个州还是具有法人——尽管这并非法人一词的适当用法——的许多基本特性,亦即,拥有一个独特的名称、不断更替的任职者、私权利、诉权等。然而,按照法人这个术语在英国法理学中的使用方法,它并不包括州/国家,它只是指一些源自于州/国家的机构。这些机构由州/国家通过其立法部门的行为而设立并被赋予权力。然而,与法人一样,由于能够订立合同及遭受损失,因此虽无明文规定,州/国家也可以以其法人名义提起诉讼去行使权利寻求救济。⑦

这段文字中的一些用语暗含了一套有待商榷的理论。然而,这里的关键之处在于,至少可以说,美国的州,与法人非常相似:都具有私权利、诉权等。对我而言,要不是愚蠢的堂区主持牧师把英国

---

⑤　Ilbert, *Government of India*, p.173.

⑥　在 *Kinlock v. Secretary of Statefor India in Council*, 15 Ch. D. 1, 8 一案中,詹姆士法官指出,"法律上的确没有规定由这样的法律上的人或无论何种类的政治团体来作为派往印度立法机关的政府大员"。他显然认为,这只是一个名义,"印度政府"会通过它来起诉和应诉。但是其唯一的结果就是使"印度政府"成为一个法律上的人,无论是真正的还是拟制的。有关在上议院的最高上诉的案例汇编,7 App Cas.619,在这个问题上没有任何补充。

⑦　Dillon, *Municipal Corporations*, ed. 4, §31.

法引入歧途,这就是它本来会顺理成章地达致的结果。这种观念同世袭王位观(hereditary kingship)完全相符。"国王和其臣民一起组成这个法人,他们合并成一个整体。他是领导者,他们都是成员。"⑱当"新南威尔士州(New South Wales)、维多利亚(Victoria)、南澳大利亚州(South Australia)、昆士兰州(Queensland)、塔斯马尼亚州(Tasmania)的那些对全能的主(Almighty God)毕恭毕敬并活在神恩之下的人民,同意联合为一个永不分开的联邦(Federal Commonwealth)并受统治于大不列颠及爱尔兰联合王国的王室,他们没有理由要陷入绝望。"我们可能会怀念曾被用于康涅狄格州和罗德艾兰州的旧话:"一个在实际上和名义上都兼具法人属性和政治属性"却"加入一个名为澳大利亚联邦的联邦"的团体似乎足以取代他们的地位。⑲ 而且一个政治性团体也可能是另外一个政治性团体的成员。

但是,我们必须把话题从一个扩张中的帝国(确切地说联邦)转向独体法人那个简单的想法。我们可以探究它是否已经深入人心,是否已经枝繁叶茂,是否对我们有所帮助。

在 19 世纪初存在两种以上非宗教性质的独体法人吗? 科克曾将伦敦市首席财务官同国王勾连起来。⑳ 但是独体法人阶层却发展缓慢。对我而言,这当然地证明了这个观念影响甚微并徒劳无功。我极有可能漏掉了一些例证㉑,但是,我打算提出一个临时性主张,即,邮政总局局长应该是第三个出现在独体法人名单上的人。在 1840 年,邮政总局局长及其继任者"被"作为"法人",旨在　47

————————

⑱　Plowden, p. 234.

⑲　63 & 64 Vict. c. 12.

⑳　Fulwood's case, 4 Rep. 64 b.

㉑　上诉法院民事庭庭长(然而,由于历史原因,他不能完全摆脱宗教的影响)肯定一直与独体法人颇为相似,因为他也是凭借他的职位而占有土地。参见,12 Car. II, c. 36; 20 Ge0. Il, c 34。J. Jekyll 爵士将土地租给自己的受托人。

使其能够对土地及可继承财产进行转让和租赁以为邮局服务。从使这种法人身份生效的那份法令中,我们获知作为纯粹个人的邮政局长过去曾为王室托管土地。[52] 在我看来,设立新种类独体法人的主要原因之一是我们的"王室"和国王多多少少可以被看做是同一的,我们很难用一种直白且简单的方式使王室成为承租人或者依据公薄保有租赁不动产的人。1853 年公共福利机构的财务主管被规定为独体法人。[53] 接着在 1855 年掌管着国防部大印的国防大臣被赋予以独体法人身份保有土地的权利。[54] 或许,如果海军事务大臣存在的话,他也会是一种独体法人。[55] 1876 年财政部律师也被规定为独体法人,这种独体法人可以拥有"各种各样的不动产和个人财产"[56]。在我看来,上述所有情形——在诸如贸易部和农业部之类的部门中有更多与上述情形类似的情形——都根源于一次拙劣的尝试,它欲图无视历史上曾经存在的最为重要的兼具法人属性和政治属性的团体之人格。而我们终究必须搞清楚这个制度设计有没有发挥效用。的确,王位(throne)从来未曾空置,因为王权(kingship)是有限嗣继承人来继承的。但我们从未听说过财政部律师是从来不会死亡的。当一名邮政总局局长死亡时,不计其数的邮政局所拥有的自由保有地产命运将如何呢?如果继续遵循教会中的分类方法——而且它是唯一的分类方法——我们就必须让这种自由保有地产处于归属待定状态,因为,归根结底,我们的独体法人是一位终有一死的自然人。[57]

假设有一位被羁押人被指控盗窃了一封属于"邮政总局局长"

---

[52] 3 & 4 Vict. C. 96 , S. 67.

[53] 16 & 17 Vict. c. 137 , s. 47

[54] 18 & 19 Vict. c. II7 , s. 2.

[55] 27 & 28 Vict. c. 57 , s. 9.

[56] 39 & 40 Vict. c. 18 , s. 1.

[57] 参见 *L. Q. R.* XVI. 352。

所属财物的信件,再假设他辩称在庭审期间没有邮政总局局长,因此他可以保持沉默;但是这种情况的产生不是因为该邮政总局局长是独体法人,而是因为好像有制定法明确地规定这种指控是有效的。[58] 只要国家没有被视为法律上的人,我们就必然会或者在无正当理由的情形下随意使用国王的名义,或者永远劳碌不堪地修补那些会被犯罪者悄然潜入的漏洞。一个关键的问题就是,这个暂时充任邮政局长的自然人是否能够被指控盗窃该邮政局长的财物,或者说,财政部律师是否能够起诉曾经担任过财政部律师的自然人。在这样的一些问题得到肯定回答之前,我们有理由认为独体法人是一种法律上的人而自然人是另一种法律上的人吗?[59]

48

我只观察到一个例证,在其中,一般法——不同于专为各种中央政府官员制定的利益立法(*privilegia*)——把独体法人身份赋予一种公共职位在职者。这个特例就是治安书记官。[60] 这个规定制定于 1858 年,它之所以很容易就被找到是因为我们过去和现在都没有把治安法官视为法人。但是,在 1888 年颁布的那部法令规定用现代方式来处理郡事务之后[xi],一种集合法人便代替了独体法人的位置,而且曾经被归属于治安书记官的一切转而被归属于郡议会。这就是所有独体法人命中注定的下场。[61]

注　释

i　在波洛克的《法理学基础》的第六版中,他对这段引文的最后一句话作了如下修订:"在英国,我们现在讲王室是法人,尽管这是在一个过于拘泥于

---

[58]　7 Will. IV & I Vict. c. 36, s. 40;也请参见 11 & 12 Vict. c. 88. s. 5。

[59]　参见 L. Q. R. Xl, j. 355。

[60]　21 & 22 Vict. c. 92. 但是这部法律并没有使用"独体法人"这个术语。

[61]　51 & 52 Vict. c. 41. s. 64. 我们发现没有必要对公共会计师的法人身份进行非常复杂的解释。但是,在这样的一位会计师死亡之时,他在银行——国家开支账目也保存在这里——的存款结余"无论如何都不会由他的法定代表人(legal representative)来掌管"。参见 29 & 30 Vict. C. 39. S. 18。

形式的时代(an age of pedantry)所做的创新,但是它似乎并没有真正的用处。在中世纪早期根本就没有形成这种或者其他任何种类的对于国家的固定表述方式。在中世纪,当国王和平随着国王的去世而灭失,"每个人都能够抢劫其他人"。(pp. 121—122.)这处修订表明波洛克已经采纳了"The Crown as corporation"中的一些观点。

ii 住在附近的一个神学博士会很快将你人格化,使你缔结婚约……参见 Gilbert and Sullivan, *The Pirates of Penzance*。

49　　　iii 认为王室为"未成年"或就像"未成年人"与在"The corporation sole"一文中讨论过的"教堂总是被视为一位未成年人"这种学说有共同之处。参见前文,"The corporation sole",p. 19。

iv 事实上,霍布斯的行文并没有完全按照《利维坦》标题页所体现的理路,而且也并没有把主权者描述为政治团体的首领而是"灵魂":"因为主权者是公众的灵魂,赋予国家生命和代表国家行为;待到统治期限截止,人民(the members)就不再受它的统治,它与一个已失去灵魂(虽然不会死亡)的人的身体没什么两样"。T. Hobbes,*Leviathan*,ed. R. Tuck(Cambridge:Cambridge University Press[1651],1996),p. 230.

v 这场争论的中心是,黑尔斯的地产权是在他自杀之时丧失的还是在被国王(作为对自杀的惩罚)授予其他人之时丧失的。因此这场争论变为这样一个问题,即,这个惩罚是针对生者的还是针对死者的。这是由黑尔斯的遗孀提起的 *Hales* v. *Petit* 这场争论的争点(point at issue),它涉及在他死后而在官方将其土地重新授予之前侵入他的土地的问题。普洛登在他的《判例评论》(*Commentaries*)中讨论了这个案件:"詹姆士·黑尔斯爵士死了,他是怎么死的? 或许会有人回答溺水而亡的,但是谁导致他溺水而亡的呢? 是詹姆士·黑尔斯爵士。他是什么时候将自己淹死的? 在他活着的时候。于是,活着的詹姆士·黑尔斯爵士杀死了詹姆士·黑尔斯爵士。在世之人的行为导致了死者的死亡。于是在这一犯罪行为之后,合乎情理的做法便是惩罚犯下这个罪行的在世之人而非死亡之人。但是在他死亡之后,怎么能说他是在活着的状态之下被惩罚的呢? 先生们,解决这个问题只有一个办法,那就是从他作出自杀行为之时就剥夺他在在世之时所拥有之物的所有权和其他财产权。"几乎可以肯定,莎士比亚在《哈姆雷特》第五幕第一场中对"验尸官"和"验尸官的验尸法(crowner's-quest law)"的使用就是以这个案件为参照点。

莎士比亚在《哈姆雷特》第五幕第一场中写到:

小丑甲 她存心自己脱离人世,却要照基督徒的仪式下葬吗?

小丑乙 我对你说是的,所以你赶快把她的坟掘好吧;验尸官已经验明她的死状,宣布应该按照基督徒的仪式把她下葬。

小丑甲 这可奇了,难道她是因为自卫而跳下水里的吗?

小丑乙 他们验明是这样的。

50

小丑甲 那一定是为了自毁,不可能有别的原因。因为问题是这样的:要是我有意投水自杀,那必须成立一个行为;一个行为可以分为三部分,那就是干、行、做;所以,她是有意投水自杀的。

小丑乙 嗳,你听我说——

小丑甲 让我说完。这儿是水;好,这儿站着人;好,要是这个人跑到这个水里,把他自己淹死了,那么,不管他自己愿不愿意,总是他自己跑下去的;你听见了没有?可是要是那水来到他的身上把他淹死了,那就不是他自己把自己淹死;所以,对于他自己的死无罪的人,并没有缩短他自己的生命。

小丑乙 法律上是这样说的吗?

小丑甲 嗯,是的,这是验尸官的验尸法。

(本段译文采用了朱生豪先生的译文,在此表示感谢。〔英〕莎士比亚著:《哈姆雷特》,朱生豪译,人民文学出版社 1977 年版。)

莎士比亚是否并且是如何获悉普洛登的这段辩论的,参见 E. H. Kantorowicz, *The King's Two Bodies: A Study in Medieval Political Theology* (Princeton: Princeton University Press, 1957)。

vi A. W. Kinglake, *The Invasion of the Crimea*, 8 volumes (London, 1863—1887)。

vii 霍布斯的《利维坦》在这一点上的态度非常坚决。它通过举例指出这种赋予国王两重身份的理论——"具有主权的人或会议都代表着两重人格,用更普通的话来说便是具有两重身份,一重是自然的身份,另一重是政治的身份"(Hobbes, *Leviathan*, p.166)——具有诸多含糊之处。霍布斯写到,"拨出公共土地或任何一定量的收入给国家都是没有用的……便会使政府解体"（同上书，p.173）。霍布斯的分析例证了这种赋予国王两重身份的理论是站不住脚的。"在英格兰，征服者威廉除过把许多林地和猎场供自己游乐、狩猎和保存树木外，还把许多土地留为己用，并在他分封臣民的土地上保留各种不同的徭役。但是，这些保留似乎都不是用来维持他公务身份方面的经费，而是用来维持他自然人身份方面的经费。因为他和他的继承者都不顾这一切而在自己认为有必要时从全体臣民的土地上任意征收税款。或者，如果这些公共土地和徭役当初被规定作为维持国家的充分经费的话，便和立国之约的范围相违背，因为根据往后追加的赋税可以清楚地看出这是不够的，而且从后来王室收入微少这一点上也可以看出，这种资财是可以出让和减少的。因此，划拨一份资财给国家并没有用，因为国家可以把它出售或赠送给他人；而当它的代表者像这样做时，资财便实际上售与或赠给他人了。"（同上）

viii　这是指查理二世在 1672 年颁布的《财政止付令》(Stop of the Exchequer)。他从金匠们那里借了 1.3 万英镑并以作为王室岁人的债券来作质押。通过止付，查理二世拒绝偿还主债务而只是支付利息。梅特兰在《英格兰宪政史讲演录》[*The Constitutional History of England*(Cambridge：Cambridge University Press, 1908), pp.438—439]中更为详尽地讨论了这个事件。

51　　　ix　在 1751 年统一公债（通常被称为"consols"）设立之后便出现了统一公债基金。与此前发行的债权不同，这些债券是没有期限的（此前发行过的期限最长的债券为期 99 年）。统一公债基金将那些为了支付这些无限期债券的利益所需的基金都集中起来。它高效透明地完成了这项工作，这使得统一公债长期成为金融债券的基准。直到第一次世界大战，统一公债偿还了 90% 的英国国债。然而，由于英国政府停止使用短期债务这种必要的权宜之计，到了第一次世界大战末期这个数字已经降到 5%。在两次世界大战之间的，统一公债重新建立起了它的一些地位，但是在第二次世界大战结束之后，统一公债偿还的英国国债还不到国债总额的 1%。

x　就是说，这种说法——当"法人"这个术语在英国法理学中被使用时，其内涵不包括州/国家，而仅仅指一些源于州/国家的机构，州/国家通过立法部门的行为使它们得以存在并拥有权力——不仅指"法人拟制说"，也指从"拟制说"演变而来的"法人特许说"，它坚持认为法人人格在一切情形下都取决于主权者的明确认可。一提起法人特许说我们尤其会想起德国罗马法学家弗里德里希·卡尔·冯·萨维尼(1779—1861),他的一部分研究遭到了吉尔克和其他一些德国学派学者的批判。

　　xi　1888年颁布的《地方政府法》(The Local Government Act of 1888)为英格兰和威尔士建立了郡议会。

3

非法人团体

在未来一段时间内我们可能会听到很多有关塔夫威尔罢工案（Taff Vale case）的争论。一些工会对判决结果并不满意；将会有人鼓吹社会变革；或许将会有相应的立法出台。[i]

对于一个同时研究英国历史和英国法律的人而言，这场争论似乎涉及并发展了一些宽泛的司法原则和法理学原理：这些原则和原理超出了雇主和雇工们的专门利益。他能够说服其他人相信自己的这个洞见是真实的吗？他能够在一个长篇故事中给塔夫威尔罢工案找到它自己的位置吗？

近年来，我们从美国人那里学会将"法人"和"信托"这两个术语勾连起来。回顾历史，我们会发现这是一种最具启发性的勾连。而英国法的初学者很可能会问信托法（the law of trusts）和法人法（the law of corporations）到底有什么干系？在一部假想法典中，这两个主题会相去很远吗？会有比格朗（Grant）讨论法人和莱温（Lewin）讨论信托的这两部论著更缺乏共同之处的其他两部法律著作吗？[ii]

这些问题的答案在英国历史中仍然可以找到，即信托法的一个分支变成了法人法的增补部分。某一天当有人试图撰写一部翔实的英国历史时，最有意思、最令人好奇而且不得不讲的故事之一将会是那个将信托和法人紧密勾连在一起的故事。

对于有关信托的一般性法律稍加论述并非毫无必要，尽管它们只是重复前人已经讲过的话而已。我们所有的人对信托观念是如此的熟悉以至于从未对它进行质疑。而我们仍然有必要对其加以质疑。如果我们被问到在法理学领域什么是英国人所得到的最重要、最特别的成就，我认为我们所能给出的最佳答案就是世世代代英国人对信托观念的发展。

"我无法理解你们的信托"，这句话出自一位非常博学的德国   53
史学家之口。他通晓各种各样的法律。

困难在于何处呢？从所谓的"一般法理学"来看，它似乎存在于此处：一种归根结底应归入对人权（债权）的权利一直被如此对待，以至于它实际上成为对世权的等价物而且被习惯性地视为一种所有权，即"衡平法上的所有权"。或者可以这样讲：如果我们要按照德国法新法典的编撰体例那样整理英国法[iii]，我们必定会使英国信托法面临一种两难困境：它肯定不能既被置于对人权之列又被置于对世权之列；它只能或者被归入债法或者被归入物法。在这个困境面前，它奋力挣扎拒不低头。它出自那些在内心深处没有接受中世纪注释法学家所阐述的罗马法的人之手。

不必要在用益分封这个古老的制度上花太多笔墨。我们只需注意到，在很长一段时间内唯一的信托标的，在更长的时间内典型的信托标的，都是土地或者某种诸如圣职推荐权那样的无体物，它好比是一块土地。对于动产而言，并无设立信托的重大需要。有关寄托（bailment）的普通法就足够了。我甚至可能发现这两个法律概念有着共同的渊源：这个渊源用拉丁语表示就是"*ad opus*"（为了……的用益），用法语就是"*al oes*"，用英语就是"to the use"。然而,一方面,普通法法院挖开了一条通道并且有些含糊不清的"al oes"在关于寄托和代理的法律中被规定得一清二楚,而相反另一方面,既然有关对地权(rights in land)的法律已经发展到了一个相对较高的阶段并且被表述为一套错综复杂的令状和要式诉讼(formal action)体系,那么即使必须要挖开一条必经的通道那也必须要由一个新法院来施工。就比较法理学(comparative Jurisprudence)而言,注意到下述这一点具有一定重要性,即,尽管在过去很长一段时间,我们的信托观念——严格技术意义上所称的信托观念——已经拓展至各种各样的物,然而,要不是为了土地信托,我们仍旧不太可能会发现并得到有关其他物的信托。有关寄托、代理和监护的观念本可能会体现出足够的能力去完成所有那些必须完成的合理任务。外国人试图在没有信托的情况下生活并取得成功。这也是必然的。

在14世纪各种用益分封正变得流行,其中最常见的一种用益分封似乎是这种为封地授予人自己的用益而进行的用益分封(the feoffment to the feoffor's own use)。土地所有者把封地授予他的一些朋友使他们成为共同保有人。他希望借此来达到两个目的:其一,通过让共同保有人具有普通法上的所有权并且杜绝新接受封地者的出现,封建领主就不能以监护或婚姻以及土地继承金或土地复归为由提出权利主张;其二,那些接受封地者会遵从他的最后遗嘱并且实际上他会因此获得曾被法律剥夺的立遗嘱的权力,他邪恶的灵魂所追求的那种永久性利益使他热切地想要得到这种权利。

现在,在此种情形中,封地授予人和接受封地者达成了协议。我们只需要指出这二者之间存在合同关系,接下来我们信托的罕见特性很快就会自行显现。让我们假定我们视这二者间的关系为合同关系,然后来看将会出现哪些情况。

54

（1）首先，我们应该如何强制执行封地授予人和接受封地者之间的这份合同？如果该合同遭到违反，我们是应该仅仅要求违约赔偿还是通过法律来规定强制履行并对不履行者处以监禁？或许这个难题几乎没有被发觉，因为，我认为它完全可以见之于这一点中，即，这种强迫某人专门去履行一个有关土地的合同的观念已经过时了，它曾经的新鲜之处在于可能的监禁所具有的这种有效压力。（2）但是，当把封地授予人和接受封地者之间的关系视为合同关系时，我们如何去看待封地授予人的权利？它就是合同的收益。在权利动产不能让与的时期，它就是一种权利动产。而且，如果我们牢牢地接受了这个概念，那么我们会大力主张无论在何种情形下这种用益或信托都是个人财产。（3）而且，主张一个合同可以赋予第三人权利时，这并非易事。英国人现在正在感觉到这个难题。外国的律师和立法者正在克服这一难题。多亏了我们的信托，要不然我们也不得不去克服它。但是，在早些时期，我们就发现这种诉讼，或者毋宁说这种衡平法上的民事诉讼，就是为信托受益人——亦即我们口中的保有地受益人——而设的，而且只有信托人就是具体案件中的信托受益人时，他才的确能够强制执行信托。（4）然后，我们还需面对一个最重要的问题，即，受益人有没有权利去对抗从受托人那里购得受托土地的人以及受托人的债权人。如果你坚持将受益人的这种权利视为合同收益，那么你将会发现很难去回答为什么应该强制执行合同并以此来对抗合同关系之外的人。

我们现在知道了曾经发生的一切。御前大臣自就任之后似乎就致力于尽可能地把这些"衡平法上的"权利变得不同于纯粹的对人权而类似于对世权。他用来达致这一目的的观念并不多且都源于英国。它们肯定不是源于任何罗马法知识——我们可能会以为御前大臣应该研习过罗马法。在可能被我们称为这些权利的内在

55　属性方面,普通法的类推法(the analogies)将会被严格地遵循。总的来说,将会出现一种完全模仿普通法上的地产权法的衡平法上的地产权法,尽管为了得到更高的"灵活性"它可能会作出一些妥协。这种法律中将会规定非限嗣继承地产(权)、限嗣继承地产(权)、定期地产(权)、剩余地产(权)以及土地归复(权)等:衡平法上的限嗣继承地产(权)(这是个很好的例子)将会被衡平法上的阻却诉讼(equitable recovery)阻却。[iv]而在这些权利的外在属性方面,"善意(good conscience)成为主要原则(active principle);它是一种能够对抗严格法的道义感。特定信托会被强制执行以对抗所有那些"受到道义感影响"的人。各种各样法律上的人都受到这种观念的影响。如果以有偿方式从受托人那里购得所有权的购买者在进行交易时知道信托关系的存在,那么他必须自己成为受托人,因为明知"依据衡平法"特定权利属于他人而又购买之,这种做法是不道德的。而那些在购买之时本应该知晓特定信托的存在而实际上又不曾知晓的购买者也必须受到它的约束:这里的条件还可以这样来表达,如果他也做了像谨慎的购买者为了自身利益而对卖主的产权所做的那种调查,他本应知道特定信托的存在。谨慎的标准有待于进一步提高,直到只有在极其少见、极其巧合的情形下才会出现这种买主,他在未能注意到(无论是确定不知道还是推定不知道)衡平法上的权利的情形下,通过有价交换善意取得普通法上的地产权。从表面上来看,他现在是唯一有资格保有该土地却无视该土地上的信托的人。并非总是如此。通过土地复归得到某土地的领主就是有意要得到这块土地的。我们还在我们古老的书籍中读到,不能针对法人强制执行用益,因为法人没有道义感。但是在一个案件中,制定法出面解围,而在与此案件情形相反的另一案件中,我们拒绝了一种关于法人的思辨理论的逻辑推论,尽管我们口头上赞同该理论。[v]其主要后果就是我们习惯性地认为保有地受

益人的权利实际上相当于完全所有权,而买主忽视保有地受益人
的权利的案例并不多见并且似乎多属例外。此外,我们可能还会
注意到,在我们将在后文论及的一类案件中不存在此类存在于上
述案件的危险。我们不会听到任何人说,他购买了一栋曾归属于
受托人却准备被用作俱乐部、犹太教会堂或罗马天主教大教堂的
房屋,而且还不知道该房屋上设有信托。

　　即使情况并非完全如此,即使衡平法院不能够给予信托受益
人作为信托的原始标的物的原物(the original subject-matter of the
trust),它还是极力防止它所钟爱的信托受益人落入失职受托人的
那些无担保债权人之手。衡平法院允许他从一系列公开转移占有
之中追缴"被具体化了的"信托基金(a "reified" trust-fund);换言　　56
之,试图去寻找那件曾被用来交换——通过长短不一的一系列连
续交换——信托原始标的物的物品。对我而言,有关信托基金的
观念——现在的人们给它穿上各种款式的外衣,或者土地,或者通
货,或者股票,或者债券——是现代英国法理学所提出并发展的最
重要的观念之一。我们所做的那个隐喻简直太恰当了! 难道不会
存在这样的情形吗? 一个人在一支基金中有既定利益,而该基金
已经被受托人投资了铁路股份。就连顶级时装设计师也会被我们
的杰作惊呆。[vi]然而,最主要的是信托受益人受到了最佳保护。

　　现在我坚信这个长篇故事的很长一段通常都没有被讲述。学
生被期望学习一些关于用益分封以及由此所获得之物的知识,一
些关于御前大臣的介入(interposition)的知识,一些关于在财产权
转移证书上增添三个单词的来势汹汹的制定法[vii];但是,自从亨利
国王中计而御前大臣强制推行后位用益权之后,有关用益和信托
的法律就成为一种高度技术性的问题,它重点关注那种运用受托
人来保护不确定剩余地产权的家庭财产协议,关注其名和姓氏的
条款以及附属条款等。学习上述所有知识已经是非常好学和优秀

了，但是信托的概要起码要稍加了解；我们完全可以说，本节所论及的信托的一些成就在现代人看来并不高明，而且，另外一些更加完善的对土地的开发利用，在那些专供初学法律史的人获得最初的和最重要的永恒理念的入门书籍中却未被提到，在我看来这无论如何都是一种不幸。

总的说来，信托是一种非常有效的社会实验工具。列举几个著名的例子：它使得土地所有者（在实际上）能够通过遗嘱遗赠其土地，直到立法最终被迫作出让步，尽管并非直到叛乱爆发并被镇压。[viii] 它使得已婚妇女（在实际上）能够拥有完全属于自己的财产，直到立法最终被迫作出让步。它使得多个自然人（在实际上）能够组成有限责任合股公司（joint-stock companies with limited liability），直到立法最终被迫作出让步。有关已婚妇女的例子尤其具有启发性。我们看到了一个长期的实验。它被视为一个伟大的成功。而且，到最后，（在实际上）主张一部法律是为穷人而立而另一部法律又是为富人而立的做法变得不可能行得通了，因为，至少在大部分人看来（in general estimation），这种经过验证的著名"单独用益（separate use）"制一直运行良好。在本节接下来的部分，让我们从另一方面来考察一下，对于最具胆识的普通法法院而言，去进行或者去经历任何实验的可能性本来是多么的渺茫。

若要举例说明信托无法估量的潜能，我们可以以对它的一次运用——这次运用曾经极力威胁要改变英国国教的性质——为例。为什么不依据信托将圣职推荐权赋予信托受托人，使其去推荐那种教民将会推选的教士（做受俸牧师）？事实上，相当多的案件都是这样操作的。我们甚至看到伊丽莎白女王本人也参加过这种交易。[①] 因为在英国国教徒中曾经流行过一种通过教徒来推选

---

① *In re* St Stephen, Coleman Street, 39 Ch. Div. 492.

牧师的欲求,所以英国法曾经做好充分准备去执行他们的意愿了。教民不属于法人这个事实并未造成任何难题。

但是,在社会意义和法律的完善(juristic interest)这两方面信托的两点成就尤为突出。信托为我们提供了一种灵活制度,既可以取代有关人格化制度的法律,也可以补充法人法的必然缺陷。不久以后,这些变化的社会意义将会显现出来。而如果我们的目光狭窄,信托对法学的影响或许可能会为我们所忽视。

我们英国人认为法律上的人不是自然人就是拟制人,而拟制人不是集合法人就是独体法人。外国律师很可能告诉我们这样一种对法律上的人的分类将很难涵盖在今天所有必须要涵盖的范围:如果他知道我们从独体法人——它是这样一种怪异的造物,在我们需要一种有着不死之躯的人时,却最终总是会发现它只是一位终有一死的自然人——那里收效甚微,他无论如何都会告诉我们这一点。德国友人会问我们把我们的公共机构或基金会(Anstalt or Stifiung)划入何类。然后他会告诉我们,尽管在一些具体案件中可能难以明确区分法人和公共机构,然而在现代我们肯定需要对法律上的人进行某种次级分类(second class)。如果我们在考虑废除英国信托法的同时追问英国数之不尽的"慈善团体"最终的命运,那么我们应该会看到这个需要。除非能够采取某种人格化技巧,否则这些"慈善团体"便免不了销声匿迹。例如,假定斯代尔斯(Styles)先生的"慈善"宗旨是在佩灵顿(Pedlington)值得资助的穷人中发放年度救济金,值得资助的穷人显然是不可能组成法人组织的,因此我们只能要么告诉斯代尔斯先生他不能做他所想之事,要么明确地承认"斯代尔斯的慈善团体"处于"为法律所承认的人"的范围之内。在后一种情形中将会有什么后果? 在那些业已被教授有关拟制人的广为接受的正统学说的自然人中间,将可能出现什么结果呢? 确定无疑的是,没有国家的协助,慈善机构是不会被

58

创立的。而且这套学说甚至可能适用于这样一种时期,在那时国家正在放松对设立法人的控制而学者们正在质疑法人人格的拟制性。让我们来看看新行德国法典的相关规定:"Zur Entstehung einer rechtsfahigen Stiftung ist ausser dem Stiftungsgeschäfte die Genehmigung des Bundesstaats erforderlich, in dessen Gebiete die Stiftung ihren Sitz haben soll"。将其翻译成英语("一种受资助的机构,具有法律身份,经由资助行为和该机构所在地方的邦联政府(the state of the confederation)对其的批准而得以设立"[ix])并假定英国法律中一直以来也有着同样的规定,那英国将会发生多么巨大的变化啊!

信托就是我们的逃生通道。将土地或者财物置于某个自然人或某些自然人的管理之下。对人格的需要得到了满足。土地和财物有了所有人:一位能够保护它们且收回它们的所有人:普通法法院从不去关心这种所有人背后的情形。其他一切问题都只是衡平法的问题。

表面上,我们很容易就把话题引入了我们的慈善信托学说(doctrine of charitable trusts)。我们可以一步步地再现这个过程;我们可以将这个过程称为信托受益人的消隐(the evanescence of *cestui que* trust)。我们来考察一下下面这一系列给予土地受托人的指引:(1)出售并将收益分给本堂区最贫困的 12 位妇女;(2)出售并将收益分给我的受托人所认为的本堂区最应资助的 12 位妇女;(3)按年将租金和收益分给在当年最贫困的 12 个人;(4)按年将租金和收益分给受托人所认为的最应资助者。随着一些信托措辞上的细微变化,上述第一种情形中明明白白的活生生的"衡平法上的所有权人"似乎消失在我们的视线之外。我们应该追问,当它们从我们的视野中消失后,它们留下了什么?

是的,它们留下了"慈善机构",而这或许无需多言。如果我们必须有一种理论,我认为无论是引入王室还是总检察长,国家还是

公众,都不会有任何助益,因为,尽管总有一天法律会规定(it be es-
tablished)总检察长就是涉及信托管理的诉讼中必不可少的当事
人,然而我们还是不会把王室或者总检察长,国家或公众视为存在
于努克斯(Nokes)慈善基金会受托人处的那些土地的"受益所有人
(beneficial owner)",而且不会增加不必要的(*pragter necessitatem*)
受托人。我也不会认为,我们人格化了"慈善机构",因为它不能起
诉或被诉。从表面上看,我们的想法最适合这样来表述,即在这些
案件中不存在"衡平法上的所有权人"而且对于一种目的的实现已
经代替了信托受益人。我们的这条并非总被严格遵守的规则——
信托受益人的位置不能被"非慈善的"目的所替代②——没有对理
性人的欲望造成非常严格的约束,于是我们关于"慈善机构"的观
念也就始终处于剧烈变化之中。

现在难怪我们的公共慈善机构(free foundation of charitable in-
stitutions)有其黑暗面,而且难怪我们会发现国家对慈善信托基金
管理一定程度的监督变得必要,但是我们要注意到世世代代的英
国人一直在进行着一种社会实验。若不是受托人满足了普通法需
要一位明确的所有人这种专断规定,英国人就没有必要进行这种
社会实验。即使我们极端地认为那些依靠各方捐助而成立和运行
的慈善机构弊大于利,我们还是完全可以说我们受了这次教训,而
且我们受教训的方式也是唯一可能受到这个教训的方式。

就这样,我们有了英国自己的公共机构或基金会,而没有麻烦
国家对它们令人费解的人格利益(mysterious boon of personality)给
予承认或拒绝。这并非仅是法理学的雕虫小技。其作用比曾经表
现出来的还要大。我们的的确确在没有惊动国王或议会的情形下

59

---

② 参见 *In re* Dean. 41 Ch Div 559:为了妥善安置一些狗和马而设立的信托被判定
无效,尽管没有人是出于慈善目的和强制性目的(not charitable and not enforceable by any
one)。然而,参见 J. C. Gray, 15 *Harv. L. Rev.* 509 on "Girls for a non-charitable purpose"。

创造了法人,尽管我们或许嘴上对此予以否认。

在英国,在我们所能够追溯的时期,任何有关法人人格的独特理论或者任何主张法人必须具有人格的观点都很可能起源于某种主权行为(act of sovereign power)。我们也可以将非法人团体的存在追溯至那种为某人的用益而由受封人占有土地的情形。无论如何,一部值得纪念却又不被理解的制定法告诉我们这种情形在1532年并不鲜见。"依靠用益分封……和不动产转让(它们或者源自于未成年人信托)……和以满足不具有法人身份的人们出于虔诚或者经过一致同意而设立的那些堂区教堂、小教堂、教堂俗人执事、同业公会、兄弟会、普通大众、公司或者兄弟会的用益为目的的可继承遗产……国王,我们至高无上的统治者,在那里产生并繁衍生息。而对于这个王国的其他统治者和臣民而言,这也是损失和麻烦,因为万一土地在被转让后成为死守永久管业,那的确对他们非常不利。"法律针对这一情况做了如下规定,在亨利八世统治期间第28年的3月1日之后,所有那种应该向官方申报其意图和目的以取得授权的用益都将彻底丧失法律效力,如果它们超过了20年的期限。我们知道伊丽莎白女王时期的律师对这部制定法的解释。他们认为,它所旨在打击的是那种并非出于善意和宗教虔诚的支持迷信活动的用益(uses that were superstitious)。在追踪亨利国王憎恶迷信的心路历程这一方面我们能比他们做得更好。在1532年,他就开始以截留初年圣俸的方式对教皇发起威胁,但是他并非异教徒,甚至都不是教会分裂论者;而且事实上正是这部制定法透彻地审视了在信托没有超过20年期限的情形下不断出现的各种死者逝世周年教会为其进行的纪念仪式。跟我们讲话的声音不是来自经过教会所属土地上的至上主宰(Supreme Head upon earth of a purified church),而来自一位被骗走了土地复归权及其他一些受益权的至上领主(supreme landlord)。我不只是说在公正的

60

好律师看来,这部法律中有一些规定可能会把其效力限制在很小的范围内,我还认为那些属于(他们在过去也属于)一些为自己的土地设立了信托的著名老牌律师协会的公正的好律师肯定会记起这部制定法。[x]

注　释

i 塔夫威尔罢工案(Taff Vale case)在导论中讨论过。参见前文,"Editor's introduction", p. xxiii。在该案件之后,1906 年颁布了《劳资纠纷法》(Trades Disputes Act)。梅特兰可能会为它对工会作出的让步大为吃惊。这种让步实际上巩固了工会的非法人团体——当它的代理人代表它为一定行为时并不会让它来承担责任——的身份。随着 1906 年的大选,在竞选过程中,这些豁免权得以确保。由于这次竞选,塔夫威尔罢工案的判决所导致的那些后果——一般被视为不利于劳工运动——得到了非常好的疏导,尤其是通过独立工党(ILP)的那些候选人。后来的立法会使梅特兰坚定地认为,在英国,社会性和政治性因素要比法律因素优先受到考虑。参见后文,"Trust and corporation", p. 114。1906 年法案直到撒切尔时代还是一种极具争议的权利的法律渊源。比如,参见,A. V. Dicey, *Law and Public Opinion in Britain*, 2nd edition (London: Macmillan, 1914); Sidney and Beatrice Webb, *The History of Trade Unionism*, 2nd edition (London: Longmans, 1920); C. G. Hanson, "From Taff Vale to Tebbit" in 1980s *Unemployment and the Unions* by F. A. Hayek, 2nd edition (London: IEA, 1984)。

ii J. Grant, *A Practical Treatise on the Law of Corporations in General: as Well Aggregate as Sole* (London, 1850); T. Lewin, *Law of Trust*, 10th edition (London, 1898)。

iii 参见德国新颁布的民法典,1806 年《德国民法典》(the Biirgerliches Gesetzbuch of 1806)。奥托·冯·吉尔克亲身经历了该法典的起草工作,并对其一些最终内容中的那种罗马风格(Romanism)持批判态度。参见 M. John, *Politics and Law in Late Nineteenth-century Germany: the Origins of the Civil Code* (Oxford: Oxford University Press, 1989), esp. pp. 108—116。

iv 这是衡平法院御前大臣所提供的与阻却限嗣继承的拟制诉讼这种普通法程序相类似的救济方式。参见 *Glossary*：*common vouchee*。因此它是关于衡平法照搬普通法程序的一个有力的例证。

v 这种没有道义感的法人是从"法人拟制说"推论出来的。"法人拟制说"假定法人不能有道义感是因为它们自己既不能思考也不能行为。

vi 这是在用"vest"和"invest"这两个术语说双关语。这两个术语在法律上的意思都源于 *vestire* 这个单词的原始拉丁含义："覆盖"（to clothe）。

vii 这些单词是"*al oeps de*"（"为了……的用益"），它使得不动产转让律师得以规避 1536 年颁布的《用益法》（Statute of Uses），并从而重建有关受托人职责的观念，亨利八世在企图通过收取土地继承金和获得复归土地来保证自己的王室岁入的时候破坏了它。

viii 这里指的是 1536 年的求恩朝圣（Pilgrimage of Grace），它的起因之一就是《用益法》废除了一些关于土地的遗嘱。

ix 本段译文取自《德国民法典》[*The Civil Code of the German Empire*, trans. W. Lowy（Boston and London，1909）§ 80］。

x 参考出庭律师公会。梅特兰在"Trust and Corporation"中更为详尽地讨论了它的情形。参见后文，"Trust and corporation"，pp. 106—107。

4

道德人格和法律人格

对亨利·西奇威克(Henry Sidgwick)的纪念一直都没有停止过。对我们而言,纪念他是再普通不过的事了,只要那些见到过他听说过他的人还在世,这种纪念就将一直继续下去。代与代之间的接替和传承依旧在飞速进行,将会有多少代人坐在这里谁也说不清楚一样。西奇威克的许多慷慨之举中有对英国法研究人员的资助基金,他的一位学生便幸运地成为它的第一位获得者。我可能已经是在告诉,而非提醒,你们其中的一些人注意这一点。如果今天下午那位学生敢于在这里发言,他应该会在伦理学与法理学交叉的边缘选择他演讲的主题,而这也是理所当然的。

伦理学和法理学 在这样一种边缘区域中,那些相互勾连的权利中的每一者大都主张,在实践中——如果不是在理论上——理应由自己来界定学科边界,这是理所应当存在的也是常常出现的现象。于是我猜想,我们英国人最常听到的就是伦理学的各种主张,并对其有一些先见性的好感。我们为有众多的伦理学家——西奇威克、马蒂诺(Martineau)、格林(Green)、赫伯特·斯宾塞(Herbert Spencer)和莱斯利·斯蒂芬(Leslie Stephen)都只是他们中的一部分——而自豪,而且我们认为,在可能出现的各种道德科学的学科界定工作中,如果"法学家"这类与众不同的人的确存在,那么他们也只是扮演着且按照法律也应当扮演一种从属性的——如果不是被迫处于从属地位的——角色。然而,我猜想,好古的酸律师(poor lawyer with antiquarian tastes)也可能会奋起反击,通过将我们英国人对伦理学的独特癖好说成是一种英国人专门为英国法撰写历史时得到的副产品而将道德哲学家说成是法学奇才。对于一个小时的讲座而言,这种说法——如果它不仅仅是弱小动物在遭受强敌攻击时的无谓挣扎——显然太不严谨,也太过目空一切。我将试图简要论述一个纯理论问题。在我看来,该问题并没有从英国理论家那里得到它本该得到的关注。之所以如此,是因为它被英国法律体系中的一些特有制度所遮蔽而不曾被英国学界看到。

自然人和法人 但是,我想首先给出一些文献。我的第一份参考文献取自于鲍尔弗(Balfour)先生。不久前在下议院,这位首相大人把工会说成是法人。或许因为他是一位技艺精湛的辩论家,他在当时就预测到自己的讲话会被打断。当时的大致情形是,反对党中的一位著名律师将他打断并指出"工会并非法人"。"我知道",鲍尔弗反驳到,"我正在讨论英国人,而不是在讨论英国法"。这个绝妙的回答蕴涵着一个长长的故事。①

而我第二份参考文献取自戴雪先生,他是去年西奇威克(Sidgwick)讲座的主讲人。他讲到,"当人数为 20.2 万或者 20 万的一群人出于某种共同的目的聚集在一起以一种独特的方式行为,那么他们就创造了一个团体(body),这种团体不是因为法律拟制,而

---

① The *Standard*, April 23, 1904. 鲍尔弗先生:"一个明显的事实是,基金能够被用来,或者首先被用来获利。但是,这个事实本身绝对不能证明工会,只有工会,在这个国家不是法人。商业的……"瑞德(R. Reid)爵士:"工会不是法人。"鲍尔弗先生:"我知道;我正在讨论英国人,而不是在讨论英国法"。(欢呼声和笑声)

是在本质属性上，不同于那些作为其构成部分的个人"②。许久
以来我一直在期盼一位具有戴雪教授那种卓越成就的英国律师
去讲他所曾讲过的话，如此这般谈论"英国人"。请允许我重复
一句戴雪教授的原话并按照我的意愿给它加上着重标记："他们
创造了一个人，这种人不是因为法律拟制，而是在本质属性上，不
同于那些作为其构成部分的个人。"布莱克斯通的继任者也是这
样说的。我认为，布莱克斯通本人本来会将那个说法颠倒过来，
而且本来会将那种被戴雪先生归因于本质属性的现象——无论
我们对其如何称谓——归因于法律拟制。

很久以后的今天，这种现象的存在才为律师所承认，描述这种
现象的传统方式也已经在某种程度上对其予以了承认。除自然人
（men or "natural persons"）之外，法律还知道其他种类的人。尤其
是，它知道法人，而且出于众多原因，它对待法人的方式与对待自
然人的方式非常相同。同自然人一样，法人是一种权利义务的承
担单位。但是，并非所有可适用于自然人的法律命题都将适用于
法人。例如，法人既不能娶也不能嫁；但是在许多情形中，你可以
做关于 X 和 Y 的有法律效力的陈述，你可以规定这两个符号是代
表两个自然人还是两个法人，还是一个法人和一个自然人。剑桥
大学可以从政府（Downing）那里购买土地，或者租借镇市政厅，或
者从伦敦保险公司借款；而我们则会说除一些适当的例外情况之
外（"*exceptis excipiendis*"）法庭会将这些法律交易（或者说这些法律
行为）视为仿佛它们发生在两个分别叫做斯代尔斯和努克斯的自
然人之间。但是，进一步，我们不得不承认在某种意义上法人是由
多个自然人构成的，而且在法人及其单个成员之间仍然可能存在
许多，或许非常非常多的，那种会存在于两个自然人之间的法律关

64

---

②　戴雪教授的关于《联合法》（Combination Laws）的讲座刊登于 *Harvard Law Review*, xvii, 511. See p. 513。

系。我能够和剑桥大学缔约：剑桥大学也能够和我缔约。你既可以跟巨北公司（the Great Northern Company）缔约也可以和巨东公司（the Great Eastern）缔约，尽管你可能碰巧只是其中一者的股东。在这两种情形的任何一者中，都有另一个与你相对应的权利义务承担体，亦即一个能够支付或追索赔偿金的"不同于你自身的单一体（a single 'not-yourself'）"。我是不是不能称其为另一个个体？你期待着这种性质所带来的结果。而且，如果你没得到它们，你会认为法律和律师都不是好东西。实际上，我应该说，我们懂法律懂得越少，我们英国人越会满怀信心地期待有组织的团体——无论是否称它为法人——将被视作法律上的人，换言之，一种作为权利义务承担体的人。

正统法律观念和法律上的拟制人　或许我可以用一个古案来更好地说明这一点。我们被告知在爱德华四世时期，纽卡斯尔（Newcastle）市的市长和平民大众——或者我们可能会希望称其为市政法人——赠与时任市长的那个自然人一笔债券并且以他自己的姓名进行了登记。但是我们又得知这种债券是无效的，因为一个自然人不能自己约束自己。③ 在我们看来，那几句话语里面蕴涵的主张即使有一定道理但也不符合常理。但是，这个案件并非独一无二而是为数不少。如果我们的讨论要涉及中世纪历史且我们的目的是在我们描述它之前去重思它，那么在这里我们会面临一个最为棘手的难题。我们会承认这些团体——同业公会，镇，村，国家——是一位既不同于其成员的全体也不同于每一个成员的独

---

③　Year Book, 21 Edw. Ⅳ, f. 68："Come fuit ajudgé en le cas del Maior de Newcastle ou le Maior et le Corrinalty fist un obligation a mesme le person que fuit Major par son propre nosme, et pur ceo que il mesme fuit Maior, et ne puit faire obligation a luy mesme, il［l'obligation］fuit tenus voide."梅特兰还在"集合法人：一种法律观念的历史（The corporation aggregate: the history of a legal idea）"（参见前文，"Editor's introduction", pp. xxxvi—xxxvii）中讨论过这个案例。尽管在那里那个被讨论的镇的名称是 Norwich。

一无二的法律上的人吗？以仲夏共有地（Midsummer Common）这块公共用地为具体案例。它属于——而且据我们所知在某种意义上它一直属于——那些代表剑桥大学的国会议员们。但是，在何种意义上呢？这些国会议员是共同所有人吗？他们是法人团体的成员吗？都是还是都不是呢？

我不会用中世纪的东西来烦你们。我只顺便指出这一点：如果你一旦被这种试图破解这些问题以及类似问题的史学所吸引，你就会认为其他种类的史学相当肤浅。或许你甚至会说你所知道的最有意思的法律上的人就是拟制人。但是我的时间有限。

指出一条明确的路线或者指出任何一种路线都并非易事，因为各种分歧阻碍着我们的去向。然而，我们还可以有一定把握地说，在中世纪末人们有关由多个自然人组成的团体的观念正发生着变化，而罗马法就是这一观念变迁的主要催化剂。现在古典罗马法学家看待罗马法中的法人（*corpora* 和 *universitates*）的方式在 19世纪恰恰成为备受争论的问题。那种有眼不识泰山的罗马法外行将别人评论另一部著作的话用在了《学说汇纂》头上：

> Hic liber est in quo quaerit sua dogmata quisque Invenit et pariter dogmata quisque sua.^i

只要人们已经试图让一些古代的法律来为现代人服务，那么所导致的结果自然就是巴克兰先生已经恰如其分地命名的"沃德街罗马法（Wardour Street Roman Law）"。④ ⁱⁱ 我依旧认为，这一点是确定无疑的，即，人们可能是自愿地从《国法大全》（the Corpus Juris）之中汲取了一种法人学说，就其一些理论要点而言，它就是统治现代世界的那种学说。下面这一点也不会存在争论，即，这项工作是由精通中世纪罗马法的法学家和精通中世纪教会法规的法学

---

④ Buckland, "Wardour Street Roman Law", *Law Quarterly Review*, xvii, 179.

家来做的,而且后者处于领先地位。团体可以是法律上的人:与自然人(man 或者 natural person)地位相同,平分秋色。

因为法人的人格是非自然的,所以与"自然"人相比,它就是拟制的。我们被告知,正是曾经执掌圣彼得教堂的最伟大的律师,教皇因诺森特(Pope Innocent IV),首次明确指出了这一理论要点是教会法学说(the canonical doctrine)极为重要的一部分。你们可能会回忆起戴雪先生的话:"不是因为法律拟制,而是在本质属性上。"将这句话颠倒过来,你们就会得到一个在中世纪社会变迁中起着推动作用的教义。

如果法人人格是一种法律拟制,那么它就是君主的恩赐(the gift of the prince)。它不是让你我来虚构邻人并将我们的假想强加于他们头上。"只有君主可以通过拟制来创设现实中不存在的事物。"⑤取自于虚拟之物自身性质的论断由此开始支持"所有协会皆违法"(the illicitness of all associations)这种罗马学说。这套学说受到的质疑较少。这些协会成立时不曾得到君主的授权。我并不想夸大教义的重要性,无论是神学的还是法学的。没有远大抱负(great desire)的教义不会是重要的教义。但是,人们认为罗马法人学说(the Roman doctrine of corporations)是灵敏的杠杆,它可以将那些曾改变了中世纪国家的动力传递到现代国家。中世纪社会的这种联邦制组织结构受到了威胁。我们不能再将这种政治团体视为一个由多个共同体构成的共同体,即一种由多个团体组成的体系(a system of groups),而其中的每一个团体又是一种由多个团体组成的体系。所有这些介于国家和个人之间的团体都只是一种派生性存在物,具有不稳定性和偶然性。

我们不要立刻就论述英国的情况。英国历史绝对不适合当作

---

⑤ Lucas de Penna 语,转引自 Gierke, *Das deutsche Genossenschafisrecht*, iii, 371。

基础科目(elementary subject):我们的逻辑性还不足以被当作基础科目来教授。如果我们必须论述英国的情况,那么我们不要忘记我们所面临的是这样一种学说,它在查理二世(Charles II)时期判定所有——是的,所有——伦敦市民都要因"擅自以法人名义行事"而受到监禁。我们可能还会记得法人是如何被我们的专制主义者霍布斯视为令人生厌的寄生虫的。ⁱⁱⁱ但是我们最好还是从法国开始。而且,我认为,在那里我们可以看到法人所有荣耀中的这种极端破坏性倾向(the pulverising, macadamising tendency),它一代一代流传下来,越来越弱直到消失殆尽,整个这个过程全部发生在自然人和国家之间。

国家和法人　在这种情形中,与在其他的一些情形中一样,从君主政体的功能中诞生了革命大会的功能。它导致了1792年8月18日的那个著名宣言:"一个真正自由的国度之内不应该允许任何法人的存在,即使这种致力于公共教育(public instruction)并已经对国家作出了贡献的法人也不应被允许。"⑥绝对的国家遇到了绝对的个人(the absolute State faced the absolute individual),这就是现代专制主义的座右铭。在我看来,只有那些将竭力思考这种法人理论的人才会对法国大革命倍感兴趣。以那些有关教会财产权的著名争论为例。当你已经将拟制人置于一旁并变成一位渴求自然人的真正善于哲理思辨的法学家,这么多的土地应归属于何人?归属于国家,它已经代替了君主的位置。这个回答至少在表面看是有道理的,尽管会有一种疑虑——国家本身也只不过是一种真实性值得质疑的人——萦绕在我们心头不会被轻易驱散。并且,上述说法也适用于教堂、大学和同业公会等机构,还适用于人民委员会(commune)、镇和村。村庄财产(Village property)——在法国 67

---

⑥ "Considérant qu'un état vraiment libre ne doit souffrir dans son sein aucune corporation, pas même celles qui, vouées à l'enseignement public, ont bien mérité de la patrie."

有许许多多的村庄财产——被置于两难境地:它要么属于国家,要么属于现存的村民。我怀疑我们英国人是否通常都知道法国人把他们自己的过往处理得多么井井有条,反正我们的过往仍然是烂账一笔。

法国的社团 我所讲的都是过往的历史。回首往事,法国律师会把 19 世纪视为社团的世纪。有社团就有团体的成立(group-formation),有关人格的问题也就不能避免,至少在我们还讲究逻辑思维的情况下是如此。为了不造成误导,我必须首先指出,即使革命时期的立法者们也没有废止我们所称的合伙,而且在过去很长一段时间法国法律为形形色色的团体做了宽松的特别规定。(我们要注意到)那些能享受法国法的宽松规定的团体只能以追求经济利润为其唯一目的。近来的论者们已经注意到这个悖论,国家并不认为那些追求利润的利己之人有什么不好,然而它却非常害怕那些相比较而言不那么自私的,追求某种宗教的、慈善的、学术的、科学的或艺术的目的的人。在简短的时间内,我不能进行非常精准的描述,但是我可以断言,在 20 世纪初,加入一个未经官方许可的成员人数超过 20 人以上的社团还是会犯一种轻罪。官方的许可——很容易就可以拿到——会使这种社团不再是非法社团,使它变得合法;但是人格——法国人称其为"民法上的人格"(civil personality)——的取得并非易事,只能受赐于中央政府。

我认为,众人皆知的是,在 19 世纪最后的一些年里,那种限制社团自由的法律依旧存在,而主要的,如果不是唯一的,原因在于宗教团体,比如修道院或修道会,是为法国人所知的那些社团中具有代表性的著名团体。法国人在如何对待这些宗教团体的问题上产生了分歧。在 1901 年,一部有关"社团合同"(the contract of association)的重量级法律终于新鲜出台[iv],并对非宗教人士和宗教人士做了明确区分。在这里我不去讨论随后所采取的措施和宗教团体后来的悲惨命运；但是法国法理学早先看待宗教团体和其他团体的那种方式对我极具启发。在我看来，它清楚地表明在一个法律理论受到国民认真对待的国度，在一个总理常常谈论法律的同时会注意使自己的讨论与本国（法国）的情形相一致的国度，这个问题——团体是否会成为我们所讲的那种"为法律所承认的人"——就等同于另一问题，即，团体是否可以以团体的身份享有一种更为舒适、更为稳定的生活。我并不是想要国家发起对团体的非难，我所关心的是团体和个人（private person）之间的冲突。团体的存在需要个人的包容，因为一次诉讼就会将它肢解成一堆构成要素。但是，并非全部如此。个人并非总是有理由就团体的法律人格提起诉讼。虽然个人已经开始将其视为一种具有履行能力的权利义务承担体，但是只要一触及法律，它就变成由纯粹个人组成的一群人，而且是实际上，若非理论上，没有履行能力的一群人。

团体人格　就我所知，在 19 世纪，法国人、德国人、比利时人、意大利人和西班牙人（我可能还可以加上英国人和美国人，尽管在这两个国家这种气氛不是那么强烈）经历了许许多多的事情，其所产生的结果可以表述为以下几个方面：（1）如果法律允许多个自然人成立永久性的有组织的团体，那些团体通常就是权利义务承担体；而且如果立法者不公开地这样看待它们，那么他就是在欺骗，或者就像法国人所讲的那样，他是在"改变"事实"本来的性质"：换言之，他是在胡乱地制定了规定然后称其为法律。（2）团体人格不仅仅是法律现象。立法者可以说它不存在，但是，作为一种有关道德感（moral sentiment）的问题，它的确存在。当这种情形出现时，立法者就会招致为那些出于无知或故意否认团体人格的人而制定的处罚。如果立法者想要毁掉一个团体，那就让他去毁，让他派遣警察,搜查其场所,没收其记录簿,开出罚单并将当事人投入监狱;但是如果他要容忍团体,那么他就必须承认其人格,因为否则的话,他就是在那些参加团体的人和没有参加团体的人身上各打了五十大板。(3)就一般人的道德感而言(for the morality of common sense),团体是法律上的人,是权利义务承担体。让道德哲学家来给出解释,无论是让他将团体解释为一种假象(illusion),还是让他来为团体辩解;他不应该不去解释它,我认为,他也不能说它是一种正在丧失可信度的假象,因为,在我看来,情况正好相反,团体正在迈着稳健的步伐一步一步踏上胜利的征程,关于它的一些哲学和神学的偏见都一一被它推翻。

你们都知道私法的经典体例,即,它可以分为三个大标题——人、物和行为。半个世纪之前,这三个标题中的第一个仿佛几乎从民事法学(civilised jurisprudence)之中销声匿迹。有关贵族、神职人员、修道士、农奴、奴隶、被开除教籍者和被逐出法外者这些特殊阶层的论述,即使不是说丝毫没有,也不再像以前那么多了。未成年人和精神病患者总是会受到讨论;而妇女早已经不被放在监护制度下讨论了。正如我们所知,那些不断进步的社会都经历了从身份到契约的进程。而现在呢?现在那个曾被遗弃的旧标题很可能会为我们引介法律上的人的全新类别并把我们引入激烈的争论之中,使我们的生活变得丰富;而且有许多论据向我们证明前进的路线不再是从身份到契约,但是穿过契约到达了一种契约不能解释的东西,而我们为这种东西所起的最佳的——即便非最适当的——的名称就是有组织团体的人格。

事实抑或拟制? 当然,理论化处理历来都存在。这无需我多言。而同样无需我多言的还有,到不久前为止,它几乎是德国人的专利。我们邻居关于法理学范围的观念优劣参半。一方面,直到近期,极富乐趣的道德哲学思辨(我们可能会这样称呼他)往往都在沃德街罗马法的掩护之下进行而无法引起关注。或者，它一边高呼德国人所提出的口号"摆脱罗马！"一边匆忙地开始了对中世纪特许状的讲解。相反另一方面，进行理论化处理的往往是这样一些人，他们通过实践细致地研究了法律体系并因此对具体的现代事实（concrete modern fact）有了近距离的了解。令人高兴的是，我们不再必须直接阅读德语论著了。有关我曾提到的"社团合同（the contract of association）"的争斗，或者说，有关所有人都听说过的"宗教团体"的悲惨命运的争斗，引起了境外学者的研究兴趣。现在我们可以读到用清晰的法文阐述的各种德国理论。我认为它们是好读物；尤其令我倍感兴趣的是法国律师常常被迫承认法学院的传统教义已经失灵了，尽管他们坚持正统观念（正统法律观念）和保守主义，喜好清楚透明而憎恶神秘主义。尽管极不情愿，他们还是会允许团体有自己的真正意愿，和自然人的意愿一样真实的意愿，然而他们依旧不得不承认，如果 n 个自然人联合起来组成有组织的团体，法理学肯定会看到 $n+1$ 个法律上的人，除非它想要摧毁这个团体。而且我认为，对于普通律师（the mere lawyer）而言，那就足够了。"他没有能力说出什么惊世骇俗的大道理"，而且他可能会满足于通过感官得到的现实（phenomenal reality）——打个比方，这种现实就像是专为唯心主义本体论者点燃的一盏明灯。我们还是不喜欢被别人说我们在进行拟制，即使他又补充道我们别无选择。我们还会认为，我们别无选择而只能作出的拟制莫名其妙地与不加修饰的真相极为相似。

一个在其他许多国家受到严肃认真讨论的问题为何引不起我们英国人的兴趣呢？我已经在另外一篇文章中试图去回答这个问题。⑦ 那是一篇讨论英国法律制度中最具英国特色的一种制度的

70

---

⑦　Maitland, "Trust und Korporation", Wien, 1904（载于 *Grünhut's Zeitschrft für das Privat-und Öffentliche Recht*, vol. xxxii）.

长篇论文,你们可能会认为它非常枯燥;我指的就是信托。在这里我只能指出,这个筑起一道受托人人墙(a wall of trustees)的制度使我们得以建构这样一些团体,它们从技术角度而言并非法人但却仍然受到了充分的保护以免遭个人主义理论的攻击。此类团体的人格——我应该这样称呼它——尽管受到了律师们的明确拒斥,然而在实践中基本上受到了广泛的认可。你们可能会从一个简单事例中了解到这种曾经发生过的事情。在过去一段时间,我们在制定法中使用过"非法人团体"这种术语。假定一个法国人看到它,他会作何评论呢?"非法人团体:无生命的灵魂! 难怪你们的哲学家首相觉得难以同时既谈论英国人又谈论英国法。"

我认为,上述现象所导致的一个后果就是,善于思辨的英国人不愿去相信在这个领域除了某种不足深究的法律上的雕虫小技还有什么值得探究的制度。律师使他们确信事实就是如此,而且他在自己的周围看到以出庭律师工会为首的一些古老而重要,欣欣向荣且富甲天下的团体,正如律师所言,它们都不是法律上的人。就其所谓的"非法人团体"的这种身份对律师展开交叉询问可能会得到一些不寻常的结果;但是这样一种过程很难为那些同审慎的英国人一样蔑视法律技巧的人所接受。

基本道德单位　好了,我必须结束了;可是或许我就连我曾想提出的问题也未曾成功提出。我能在最后的几句话中达到这一点吗?它是一个道德问题,因此我将从这样一个领域——在这里我们的道德感不大可能与法律技巧相互交织而纠葛不清——选出一个假想的案例。我所假设的有组织的团体是一个主权国家。我们姑且称其为奴斯块厄米亚(Nusquamia)。和其他许多主权国家一样,它欠有债务,我将假设你是他的一个债权人。你没有像预料的那样收到利息,于是你对国家拒付债务的行为展开讨论。我相信你会因此——实际上我认为你也应该——义愤填膺,你的愤慨是合乎道义的,是正当的。现在我想要问的问题是:到底是谁真正欠你的钱?奴斯块厄米亚。就算如此,但是你能够奴斯块厄米亚欠你钱这个命题转化为一系列可以将债务强加于现存的一些自然人身上的命题吗?这项任务并非易事。很明显,你并不认为这笔债务应该由所有奴斯块厄米亚人平等分摊。没有人那样想。委内瑞拉的债务的欠款人并非张三、李四(Fulano Y Zutano)[vi]和其他一些人。[vii]我认为,"共同的"这个词也不会给我们带来太多好处,这个词是英语中最含糊的词,因为无数个零的"总和"还是零。我并不是想说,我指出了一个不可能完成的任务。我也不是想说,对于哲学家而言,权利义务承担体必须是一种基本的不能被分解的道德单位。我的意思是,权利义务承担体必须像自然人那样基本,那样不可分解。只要这项任务能够被完成,我认为为了法理学和道德哲学,就应该绝对圆满地完成它。我们的自然法有着极高的天赋,它用半人格(semi-personality)和四分之一人格(demi-semi-personality)来敷衍了事,得到一些轻率的结论。我依然认为国会面对工会时的那种怯懦就是一种预兆。我却依然不认为当苏格兰自由教会案(Free Church of Scotland)被交给上议院处理,永久管业(dead hand fell)给了活着的人(the living body)一记响亮的耳光之时,我们的法律年鉴(legal annal)上还会被谱写上光辉的一页。[viii]我并不想讨论哲学问题。我这样讲并非故作谦虚,我清楚地知道自己在哲学上的无知;我谨以为,即,那些告诉我们不同事物和不同法律上的人的本质属性的人不会被彻底地免除责任,除非他们所进行的拟制最终得到成功,如果他们的行为是拟制的话。在你们看来,关于这一点我已经说得太多了，而在我看来我说得少之又少。⑧

72

注　释

i　此句格言的作者是塞缪尔·维伦菲尔斯（Samuel Werenfels），18 世纪瑞士圣公会牧师。它的意思是："这本书汇集了他的所有教义；在这本书中可以找到他的每一条教义。"

ii　"沃德街英语"（Wardour Street English）这个短语是指对古英语的误用，尤其是在那种涉及古老方言的小说中。它之所以被这样称呼是因为沃德街有许多出售古董的商店，其中出售的东西有真有假。"沃德街罗马法"（Wardour Street Roman Law'）意指将仿冒的罗马理念用于现代法律环境之中，给现在的程序增添一种虚假的庄严气氛。

iii　"国家（commonwealth）的另一种缺陷就在于……有大批的法人。因为在一个更大的联邦（commonwealth）内部有许多小一些的国家，它们就像自然人体内的许多寄生虫"。[T. Hobbes, *Leviathan*, ed. R. Tuck（Cambridge：

---

⑧　下面所列出的这些法国书籍阐明了各种相互竞争的法律人格理论，并将它们同一段近期的有趣的法国历史，即反团体运动（the campaign against the *congrégations*）紧密勾连在一起。这些作品中的其中一些（尤其是 M. Michoud 的文章）也有着对德国学者关于这一问题的思考的介绍。

J. Brissaud, *Manueld' htstoire du droit français*, pp. 1769—1785：Paris, 1899. M. Planiol, *Traité élémentaire de droit civil*, t. i, pp. 259—290（*Les personnes fictives*）；t. ii, pp. 618—623（*Association*）：Paris, 1901. G. Trouillot et F. Chapsal, *Du contrat d'association-Commentaire de la loi du Ier juillet 1901*：Paris, 1902. M. Vauthie, *études sur les personnes morales*：Bruxelles et Paris, 1887. Le Comte de Vareilles-Sommières, *Du contrat d'association, ou, La loi française permet-elle aux associations non reconnues de posséder?* Paris, 1903. Le Marquis de Vareilles-Sommiéres, *Les personnes morales*：Paris, 1902. L. Michoud, "La notion de personnalité morale"（*Revue du droit public etdela science politique*, t. xi, pp. 1, 193：Paris, 1899）A. Mestre, *Les personnes morales el le problème de leur responsabilité pénale*：Paris, 1899. M. Hauriou, "De la personnalité comme élément de la réalité sociale"（*Revue générale du droit, de la législation et de la jurisprudence*, t. xxii, pp. 1, 119：Paris, 1898）. D. Négulesco, *Le probldmé juridique de la personnalité morale et son application aux sociétés civiles et commerciales*：Paris, 1900. A. Gouffre de Lapradelle, *Théorie el pratique des fonndations perpétuelles*：Paris, 1895. F. Garcin, *La mainmorte, -de 1749 à 1901*. Paris et Lyon, 1903. J. Imbart de Latour, *Des biens communaux*：Paris, 1899. P. M. Waldeck-Rousseau, *Associations et congrégations*：Paris, 1901. E. Combes, *Une campagne laïque*（1902—1903）, *Préface par Anatole France*：Paris, 1904.

Cambridge University Press，［1651］1996），p. 230］在对吉尔克著作的导读中，梅特兰虚构了德国学者可能会对英国法的形成进行的评论："在贵国的历史中有许多让我们嫉妒的地方，你们在团体的设立这个问题上的自由和容易让我们羡慕。这个重要的'信托'观念在黑暗时期——例如，当你们的霍布斯正在拿法人和寄生虫做一种令人厌恶的对比时——应用对你们极为有用。"Gierke，*Political Theories of the Middle Age*，p. xxxiii.

iv 1901 年 7 月 1 日颁布的这部法令规定："无需首先经过批准或申报就可以自由成立由人组成的协会"（第 2 款），只要它们符合一些形式上的注册要件。但是，国家事务委员会（Council of State）规定了一个针对宗教团体的例外，它是否得到法律的承认仍然要取决于权威部门。

v 比较，*The Province of Jurisprudence Determined*。

vi 一种西班牙法律中的用语，是英国法中的"张三和李四"（Smith and Jones）的对等物。

vii 梅特兰之所以以委内瑞拉为例是因为该国刚刚未能偿还它的债务。出现这种情况的原因是，在 1902 年到 1903 年间海岸线遭到英意德联合舰队的封锁，委内瑞拉海军被围困。一个参与这次行动的英国人写到"四艘散发着铁锈、香蕉、炖肉和汉臭的混合气味的小船"。引自 G. Moron，*A History of Venezuela*（London：Allen and Unwin，1964）。梅特兰的听众们应该会对委内瑞拉的例子有所了解，但是这里的问题更多的是纯粹的政治问题而非道德或法律学说。独裁者卡斯特罗（Castro）在 1902 年中止支付所有国内和国际债务的利息。他于 1899 年掌权。他的统治充满了暴力和政治动荡。欧洲军队的封锁"与其说只是在逼债毋宁说是一种对美国在加勒比海（Caribbean）的霸权的挑战"。J. Ewell，*Venezuela. A Century of Change*（London：Hurst，1984），p. 40. 这促使罗斯福总统阐明了门罗主义（Monroe Doctrine）。门罗主义认为，应该由美国来处理拉丁美洲国家在经济和其他一些事务方面的错误行为，而欧洲势力不应该直接干预。在美国的压力下，封锁被解除，一些债务得到偿还。在拉丁美洲国家中只有阿根廷反对借助欧美的力量来收回欠款。

viii 1900 年苏格兰自由教会（Free Church of Scotland）在教会大会上进行投票表决，最终以 643 票赞成 27 票反对的结果同联合长老会（United Presbyterians）组成联合自由教会。27 名少数派［后来被称为"少数自由派"（Wee

73

Frees）]反对这个联合[其理由是联合长老会对于加尔文主义（Calvinism）的解
释要比1843年苏格兰自由教会的创设者所做的解释要更为宽泛]并起诉至普
通法院，认为教会大会的这个决议超越了权限。这个案件最终被上诉到上议
院，在对一些经常引发争议的神学问题反复商讨之后，议员们判定少数自由
派获胜，并将"自由教会（Free Church）"这个名号判给他们，一起判给他们的
还有自由教会的财产和所有建筑物。梅特兰所关注的是这个判决。这个判决
招致了强烈的反对，并证明在实践中或多或少行不通，因为多数派继续主张
他们才是这个教会现在的代表。最终一部国会的法令被用来解决这个混乱
的局面。这就是1905年颁布的《（苏格兰）教会法》[Churches（Scotland）Act
of 1905]，它将自由教会的那些基金授予一个国会委员会掌管。这个委员会
的工作就是以尽可能符合基金设立时的精神和大致保证各派能同等获益的
方式来分配它们。

　　苏格兰教会案引起那种追随梅特兰并继续讨论这本论文集中的许多论
题多元主义者们的极大兴趣。尤其是 J. N. 菲吉斯。他用这个判决——它受
到他的痛斥——去证明"法人拟制说"的荒谬。这套学说假定团体生命（group
life）只不过就是一种法律的造物而非产生于像自由教会那样的集体性实体的
"真实人格"。无论出于任何意图和目的，自由教会都可以被认为是有自己的
生命（并因此被认为能够发展和改变自己的身份，就像1900年教会大会的决
议所规定的那样）。所以菲吉斯写到："教会是凭借存在于自身内部的力量而
生存，并有着自我发展能力呢，还是由一个个宗教人士随机凑成的一个或许
74　只被普通人视为整体的集合体，没有真正去主张自己具有意志，只要世俗权
力目前认为给它一个作为团体的机会并没有什么坏处？"Figgis, *Churches in the
Modern State*（London：Longmans, 1913），p. 40. 这个关于苏格兰自由教会和少
数自由派的案件也被哈罗德·拉斯基讨论，参见 Harold Laski, *Studies in the
Problem of Sovereignty*（New Haven：Yale University Press, 1917）。

5

信托与法人

不久前,雷德利希(Redlich)博士[i]——他关于英国地方政府的论著在英国备受赞赏[ii]——在这期《评论》中对我此前所写的一些关于英国法人和信托的文字做了评论,这也是我的荣幸。[①] 在他的帮助下,我针对同一话题的一次更详尽的论述也得以发表。我希望从而可以引起人们对于英国法律史的关注。就我所知,它还没有得到它所应该得到的重视。

我们傍海而居的英国人对那些不辞劳苦探究我们这个岛国制度安排的外国探险家们有着由衷的感激,这或许无需我多言。当以局外人的视角来观察我们英国人,他们很可能教给我们许多有关我们自己的知识。当然,我们不会不知道他们之所以研究过去和现在的英国以及古往今来的英国法其实另有他谋。在作为19世纪最卓越科学成就之一的历史法理学(historical jurisprudence)的发展方面,英国扮演了重要的角色,难道不是吗? 这种情况一次次反复出现,我们这个岛国恰好能够为德国学者提供他们所需要而

---

① *Grünhut's Zeitschrift für das Privat-und Öffentliche Recht*, Bd xxx, S. 167.

又不能在家乡找到的证据,而正是这一证据凑成了证据链。如果我说德国人的理论在经过我们英国的素材检验之前是无可挑剔的,我是不是太言过其实呢?

现在我不知道还有何种英国制度有可能会比雷德利希博士在下面这句精辟论述中所描述的那种英国法律制度(legal *Rechtsinstitut*)对学习法律史的学生,尤其是对那些从事日耳曼法(Germanic law)研究的学生,更具启发意义。"被称为信托的这种法律制度肇始于英国土地法中的一些硬性规定。它逐渐发展为一种一般性法律制度,在实践中发挥着重要作用,成为一种存在于所有法律生活领域中的极其精妙复杂的法律形式(juristic form)。"

我们的信托是大手笔。产生于美国的人类历史上最具实力的商业公司就是以"某某信托"为名的ⁱⁱⁱ,这肯定是众所周知的,难道有谁会不知道?而这只是信托最次要的成就。雷德利希博士恰如其分地将信托称为一种"一般性法律制度"(allgemeines Rechtsinstitut)。它具有合同所具有的所有一般性特质,或者说它具有合同所具有的全部弹性特质。任何一个想要懂英国的人,即便他对私法的细节规定并不感兴趣,他也应该学习有关英国信托的一些知识。

我们可以想象一下一位连外国法的概要都不了解的英国律师拿起一本新颁布的《德国民法典》时的情形。^{iv}"这",他会说,"看似一项令人钦佩的工作,绝对与德国法学家的盛名相匹配。但是,它肯定不是对德国私法的详尽表述。它里面肯定有一处大纰漏。我到处寻找关于信托的规定,但是我一无所获;我坚持认为,[在私法法典中]遗漏了信托法几乎就等于遗漏了合同法。"于是他会把目光转向自己的书架,他会看到标有"信托法"的几大卷厚厚的书籍,他会打开他的"判例汇编"看到满篇的有关信托的判例,他还会想起不仅他是受托人,几乎所有他认识的人都是受托人。

如果我做这样的一个大胆假定是不是会过于冒失？我假定他的一个未曾研习过英国法的德国朋友会如此这般答复他。"恩，在你责怪我们粗心大意之前，请你告诉我们什么是你们英国的神奇的信托？请你至少要指出你所认为的遗漏出现在哪里？请看，这就是我们德国私法的总体框架。我们应该将这个珍贵的法律制度放在财产法（*Sachenrecht*）之下呢还是放在债法（*Recht der Schuldverhältnisse*）［law of debt］——或者用一种我们更加常见的术语债法（*Obligationenrecht*）［law of obligations］——之下？

我无法立即回答这个基础性问题，所有英国律师也是如此。我们古老的书籍告诉我们，在 1348 年有位英国律师亲眼见到了 *contra inhibitionem novi operis* 这几个单词ⱽ，于是讲到，"这些单词组合在一起未能表达任何意义"。我担心一些饱学英国法的学者也可能会得出类似的回答，如果他们被要求将我们的信托归入任何上述那些作为德国法典的一部分的类别之下。

"英国法"，雷德利希写到，"并不懂划分公法和私法"。在他写下这句话时所指的意思上，我认为，它非常正确。现在的开始学习英国法的青年人将会读到讨论这种公私法之区分的书籍。或许我可以说我们视这两个术语为可能的类别（potential rubric）。如果要将英国编撰成法典，我们会认为，或者我们中的许多人会认为，这对术语很适合作为两种主要的类别。但是它们并非技术性的术语。如果我在英国报纸上看到张三先生曾写过一本关于"公法"的论著，我首先会猜测他所讨论的是国际法。如果有英国报纸称李四先生为"公法学家"，我会认为他在报纸和杂志上发表了有关政治问题的文章。

在同样的意义上，我们还可以说英国法不懂区分财产法（*Sachenrecht*）和债法（*Obligationenrech*）。和世界各国一样，在英国，拥有 100 个金币同拥有 100 英镑有重大不同，这无需多言。而且，显

77

而易见的是,任何初学者首先要必修的一堂课肯定是学习如何去理解这种差异。随后他会在多少有些思辨性的书籍——有关"一般法理学"的书籍——之中读到对世权和对人权,而且或许还会被教导如果英国法被编纂成法典,这种差异会表现得特别明显。但是这一对术语同样是属于可能的类别而非技术性术语。英国律师将不得不运用的那些技术性概念,亦即,他的专业工具(the tools of his trade)(如果可以这样讲的话),就另当别论了。

我之所以这样讲是因为,对我而言,信托不太可能诞生于这样的一个民族之手,这个民族明确地区分对人权和对世权,并将这一区分作为其法律体系的总体框架。我知道一帮知名的德国学者曾争论过中世纪的德国人在多深的程度上领悟到了这一区分,而我甚至似乎都没有介入拉班德(Laband)和霍伊斯勒(Heusler)这两位博士的争论。[vi]然而,对于那个提出了这一对令学习英国法律史的学生如此折服的术语的人,我依旧深信不疑。在 13 世纪,英国人在那些被他们视为文明世界的法理学(enlightened jurisprudence)的代表作的罗马书籍中发现了对物之诉和对人之诉的区别。他们试图将他们自己的诉讼——他们的诉讼类别零散而又庞杂,每一种类别都有着自己的名称和程序——归入这些具有普适性的类别之中。而结果如何呢? 随后的结果可见之于拉班德博士的这段绝佳论述:

78

　　　　这种诉讼的特点在于无论原告有什么权利主张,都应该由法官来帮助他,而非借助他自己的理由,来实现这一目标……相反,要在中世纪的资料中寻找一种依据某种潜在的法律关系,尤其是依据对人之诉和对物之诉的区分,对诉讼所做的分类,只会是徒劳无功。*clage up gut* 这一术语[英语中为 *real action*(物权诉讼)]显然是对应于罗马术语 *actio in rem*(对物之诉),完全与原告权利的法律属性没有半点干系,而仅仅是指这样一个事实,即,原告主张了所述的这种财产权。②

时至今日,"real property"和"personal property"这些被我们视为与 *Liegenschaft* [immovable property]和 *Fahrnis* [movable property]大致等同的术语成为我们的累赘。原因在于,在中世纪,确切而言是在 1854 年之前,某项动产的权利请求人只能获得这样一个判决,它允许被告选择是交出该动产还是支付其价金。所以,我们说,不存在针对一匹马或一本书的物权诉讼(*actio realis*)。此类物品不是"realty"(不动产):它们不是"real property"(不动产)。我在此处并不想去争论是不是英国律师最早使用这些语词,但我认为它极具启发意义。

就我个人而论,如果有外国朋友请我用一句话来告诉他英国法中信托受益人(*Destinatär*)所具有的权利是真实的,对物的,(*dinglich*)还是约定的,对人的(*obligatorisch*),我往往会回答:"不,我无法做到这一点。如果我说是真实的,对物的,我就在说假话。如果我说约定的,对人的,我就应该指出其中的有误之处。从最终的分析结果来看,这种权利可能会是约定的,对人的,而出于具有重大意义的实际目的,它一直被视为仿佛是真实的,对物的。而且人们实际上在言语和思维中习惯性地将其当作财产(*Eigentum*)。"

这就是我想要引起人们关注的第一点;而我之所以要这样做是因为,就我所知,在那种外国学生最有可能去读的有关英国法的著作中几乎未曾明确指出这一点。③

---

② Laband, *Die Vermögensrechtlichen Klagen*, S. 5—7.

③ 海曼(Heymann)对英国的简介被录入霍岑道夫新编的《百科全书》(*Encyklopädie*)。他倾向于将我们的信托制度归入"物权"或"债权"。在我看来无论是在这里还是在其他一些地方,他都表现出对英国法律制度结构的真正洞见。

79

I

在进一步论述之前,我想要从一篇深深地吸引着我的法律史论文中引用几句话:我指的是阿尔佛雷德·舒尔茨(Alfred Schultze)博士所著的《伦巴第人的信托和遗嘱执行的变革》(*Die langobardische Treuhand und ihre Umbildung zur Testamentsvollstreckung*)。④ 我认为我们有可能看清楚到底是什么缘由使同一个制度在不同的年代和国度具有两种不同的外在形态。此外,在对伦巴第的历史稍加考察之后,德国观察者或许会发现英国的信托变得更简单。

简而言之,伦巴第人不能订立真正意义上的遗嘱。因此他们将自己的所有或部分财产移转给将会执行他们的指示的受托人。这类指示可能会或多或少给受托人留下行动自由。受托人可能只能将财物移转给某个指定的人或者某个特定教堂,或者,还有一种极端的情况,他可能会有不受限制的权力在各种各样的可使死者亡灵得到安抚的方法(the various means by which the soul of a dead man can be benefited)之中选择。现在,我们将聆听舒尔茨博士是怎么说的。

> 信托关系通常产生于立遗嘱人与由其选择的作为受托人(Treuhänder)的特定人之间的合同。只要一种可直接作用于一些有形物的权力被赋予受托人,所订立的合同往往就采取这种形式,甚至具有那种权利转让合同(contract transferring title)的外在特征。通过契据(per cartam),受托之物被移转给他以追求所欲的目的,契据中有着关于如何管理这些物品的明确交待……在 11 世纪法尔法(Farfa)地区诉讼登记册中一

---

④ Gierke's *Untersuchungen*, 1895.

些文件涉及一种信托人将土地移转给受托人的仪式。信托人移转给受托人的不仅是相关土地,而且,按照伦巴第规制财产权让与的习惯法,还有信托人自己的地契和他所拥有的前任们的地契。如果信托人是法兰克人,他则会使用诸如嫩枝、刀、土块、树枝和手套这类的法兰克式的公开转移占有的代表性符号。

我原以为英国律师会给出上述论述。土地被转让给受托人。他当然地享有一种物权(*ein dingliches Recht*)。他享有财产权利。在中世纪,他就会成为"转让财产的对象,被授封土地并享有占有权"(*feoffatus*,*vestitus et seisitus or feffé*,*vestu et seisi*)。*die Erwerbsurkunden*,即"各种土地产权证明书"则自然要交付于他。但是我们必须继续拜读舒尔茨博士就此问题的论述。

正如我们业已指出的,受托人就像法定继承人那样对分派给他的有形物享有属于他自己的物权。这种权利的本质是什么?首先,我们必须关注许多这样的文件,他们使我们确信受托人在这里享有完全的财产权,他可以从那些受托财物中受益并对它们加以处置而不会受到其他人的财产权或约定权利的约束。在所有这些情形中,信托人想要受托财物通过受托人的自由处置被用以为其亡灵服务,因此受托人也就摇身一变成为真正意义上的处分人(*dispensator*)。 80

然而,这并非一般情形。受托人所具有的通常并不是:

处置受托物的完全自由的权力,毋宁是有着一定限制的转让财产的权利。在这里,与上文所勾勒的完全意义上的处分人所处的法律地位不同,他所处的地位较低一些。但是这种限制存在于哪些方面呢?我们在此处可以跳过受托人是否受到了债法的限制这个问题。这个问题涉及私法是否规定他负有对于信托人或其继承人或其他任何人的义务。这里的问题毋宁是受托人的权利是否受到来自于财产法的任何限制。对于这一问题,答案是肯定的。

于是舒尔茨博士进一步将受托人的权利解释为:

> 财产权,但是是一种服从于一定条件的财产权;它是一种附条件财产权(*resolutiv bedingtes Eigentum*)。当受托物被用以实现非信托人所指定的目的时,或者当出于种种原因,信托人所指定的目的变得不可能被实现时,所设定的条件就会产生效力。结果,受托人的财产权利(proprietary right)就会终止,并在无需让与的情形下归于信托人或其继承人。后两者又通过物权诉讼(财产请求权)来重新占有受托物。

现在,这并非英国受托人的真实写照。他的权利并非附条件的财产权。然而我为了为后文埋下伏笔才将其引用于此。而且,对那些要研习英国"衡平法"的人而言,接下来的部分是非常具有启发性的:实际上舒尔茨博士的一些话本来可能是讲14或20世纪的英国的。

81　　　　这种未决条件所固有的对于受托人所有权的那种限制也能够作用于依据相同的条件取得该财产的第三人……这预示着这种对于财产权的限制是众所周知的(公开性的),使限制得以公开的方法便是每一位取得财产的第三人都会心甘情愿地接受这种条件,而不论在特定情形中他是否真的知晓这种条件。现在,在涉及土地问题时,伦巴第人也可能从他们的部落法律中预先知道一种财产转让形式,这种形式在财产转让发生(在被转让的土地之上进行交易,即 *in mallo*)的那一刻起就使得转让行为足以被本部落的其他成员知晓。但是在我们这个逐利的时代,土地产权证明书的移交迄今为止都是主要的形式。而且在所有那些为了安排身后之事而做的形式上的赠与——其中也包括信托——之中,它绝对是唯一形式。通过地契的转让实现的财产权转让,单凭证书转让这一个原因就足以为公众所知了……所有那种要想通过权利继受的方式(derivative title)而取得土地的人通过查看转让人从其前任产权所有人那里取得的地契就可以得到足够的信息。在转让地契的同时,地契所对应的土地也会一同转让以作为长期的合法性证明,这甚至是从很早以前流传下来的惯例,而且,由此可推出,地契不仅仅指转让人的地契,还包括转让人手中所持有的前任权利所有人的所有地契。因此,那些想要从受托人那里购买土地的人通过查阅有关其土地的所有已经终止的地契,便立刻能够查明卖方的受托人身份,亦即其权利的那种附条件的特性。但是,如果他违反有法律效力的惯例没有去查阅这些地契,那么如果地契所记载的条件出乎意料地产生与其不利的效果,那也是合情合理的;他因此而承受的损失就是应当的。

但是我们得到了什么?——一个英国人可能会这样问——为什么我们的"推定告知说"(doctrine of constructive notice)就是支撑我们所建造的信托大厦的基石?他还会说,这些伦巴第人似乎做得太过,而且我们并非离不开附条件财产权。但是,土地产权的转让当然是通过地契的转让来实现的。而且每一位审慎的土地购买者都会期望查看买方手中的并在交易完成之后就会移交给他本人的地契。"但是,如果他违反法律规定的方式没有去查阅这些地契",那么如果他被视为对如果像理性人那样行为就本应发现的所有情况心知肚明,那也是合情合理的。他被"推定知道"所有情况。"他因此而承受的损失就是应当的。"

在离开伦巴第之前,我们必须看看下面这段话。

国家、信托与法人

　　然而,这种说法只是适用于不动产。使第三人知晓关于动产转让的限制性条件的机制极为缺乏,其他日耳曼法律部门也是如此。在[管理]动产时,就如同在管理土地时一样,遗嘱受托人在客观上肯定会受到信托所规定之目的的约束,只具有附条件的财产权。但是,如果他已经将受托动产转让给了不适合的人,那么即便后者在取得该动产时已经知道事情的原委,信托人的继承人也没有任何针对第三方占有人的补救措施。在有关不动产的情形中,所有第三人之所以要遵照这种条件的那种原因在这里并不适用。如果被托付给受托人的动产由于一次违反信托的行为而已经不再处于其占有之下,并因此不再能够适用返还财产之诉,亦称为"你的占有是非法的"(*Malo ordine possides*)。随之取而代之的补救渠道便是以获得赔偿为目的的对人之诉。

　　英国批评者可能会说,上述规定还是不够合理。如果能够证明第三方占有人[*er drine Besitzer*]实际上知道特定"信托关系",在我看来允许他无视它的存在是不公平的。如果这些动产不再能够被追回,那么信托受益人的诉讼请求必须体现为一种以受托人为被告、以获得赔偿为目的的纯粹对人之诉(*persdnliche Schadenersatzklage*),这在我看来同样是不合理的。但是,最值得关注的是,我们要看到我们的伦巴第朋友们在这些非常古老的时期就作出了这样一种为我们所熟知的成就。不应该将"推定告知说"从土地领域推广致动产领域。⑤

------

　　⑤　我知道舒尔茨将伦巴第受托人的这种权利建构成"附条件财产权"的这种做法是有待商榷的。参见,Caillemer, *Exécution Testamentaire*, Lyon(1901), 351。在我看来,卡耶梅(M. Caillemer)在这本优秀的著作中对于英国的许多论述既新鲜而又有说服力。

II

现在我们可以把目光转向 14 世纪的英国。首先请允许我回顾一下当时英国法的一些一般性特征,尽管它们可能广为人知,但是它们依旧值得铭记在心。

一道又深又宽的鸿沟横在不动产和动产之间。在英国,这道鸿沟比其他国家更为深宽。这部分是由于我们严格的长嗣继承权,部分是由于教会主张自己对死亡自然人——无论他在死亡之时是否立有最后遗嘱——的动产具有专属管理权的努力获得成功。这种古老的日耳曼信托制度(*Germanic Treuhandschaft*)的一个分支已经成为一套欣欣向荣的稳定制度。英国这种最后遗嘱是一种必须要有执行人的遗嘱。如果没有遗嘱或者没有执行人,主教将会指定一名"遗产管理人"来填补这个空缺。这个遗嘱也就不再是那种古老的死后赠与(*donatio post obitum*),但是在教会法规的作用下,它呈现出一种真正遗嘱所具有的特征。这个过程——它使得遗嘱执行人成为死亡自然人的"私人代表",代表权限遍及死亡人不动产之外的所有财产——已经进行到纵深阶段。随着时间的推移,这个过程使得英国遗嘱执行人与罗马法中的继承人相类似。在晚些时期,当严格意义上的信托得到发展时,这两种同源的法律制度开始相互影响。出于种种目的,我们开始认为遗嘱执行人与受托人极其相似。然而,在严格意义上的信托登上法律舞台之时,英国人已经能够为其动产订立真正意义上的遗嘱(true testament)了。而在那时,遗嘱执行人和遗嘱指定的遗产承受人之间的关系并没有得到世俗法庭的关注。

至于活人之间的交易,我们并不能够说有很大的必要设立一种新的法律制度。在 14 世纪,我们英国法的这一部分的确并不是

83

很发达。但是它依旧满足了一个对商业几乎一无所知的社会的需求。我们将顺便指出,现在的语言常常使用的一个术语当被用于另一个语境中时,就会指出真正信托的雏形:这个术语在拉丁文中就是 *ad opus*(为了……的用益),在法语中就是 *al oes*。常常有这种说法,即,一个自然人为了他人的用益(*ad opus alterius*)而拥有财物或接受钱款。但是,普通法正在逐渐获得诸如寄托、无偿寄托之类的一些足以应对这些情形的范畴。我们的这一部分法律并不成熟,还能够进一步发展。

然而,英国土地法却非常发达,而且它在每一个环节被一套复杂的诉讼和令状体系加以固化。一个精妙的"地产权"体系——我不知道这一术语是否能够被翻译——被精心构建起来:"非限定继承地产权、限定继承地产权、终生保有地产权、剩余地产权、回复地产权等";并且每一种"地产权"都有相应的令状加以保护。即使现在的法官没有过去的法官那么保守,他们也会发现很难在这些熙熙攘攘的地产权之中加入新的分子。我们可能会特别注意到舒尔茨博士在伦巴第发现的一种"附条件的财产权"广泛为人所知而且发挥着很好的作用。英国所有的有关留置权的法律都受到这一观念的支配。它正在竭尽全力发挥着自己的效用。

然后,在 14 世纪后半叶,我们看到一个新兴法院正在为生存而拼搏。它就是衡平法院,它的名字总是与信托密不可分。这个古老的观念——当按普通程序进行的司法未能实现正义时,还存在可以由国王执行的按非普通程序进行的司法——正在结出新的果实。在民事(*privatrechtliche*)案件中,人们来到御前大臣面前述说冤情并请求他"看在上帝的份上,以慈悲为怀"(for the love of God and in the way of charity)来调解纠纷。他们所抱怨的并非普通法具体法规的任何缺陷而是不知为何自己就是不能得到公正的对待。他们贫穷而又无助,他们的对手富裕而又有势。郡长执法不公,陪审员腐败堕落。但是,无论特定案件在刑事司法中可能会被如何处理,在民事诉讼中只要为反复无常的不按通常程序进行的司法管辖权留下一丁点儿空间就绝对是不合理的。当人们发现了一种可供御前大臣处理的事情,一种人们普遍赞同他去做的事情,反对干预普通法律程序的呼声越来越大。我认为或许可以这样讲,如果是衡平法院挽救了信托制度,那么信托制度也挽救了衡平法院。

现在我们来到了信托制度的源头。英国人不能通过遗嘱将自己的土地遗留给后人。在 12 世纪,在有关土地的情形中,所有有可能发展成立遗嘱权力的制度萌芽都被无情地连根拔起。但是英国人想要通过遗嘱来将自己的土地遗留给后人。他想要为自己罪恶的灵魂得到幸福做准备。他还想要安顿好自己的女儿和较年轻的儿子。这就是信托制度的根源。⑥ 但是,更进一步,我们会注意到,在离世之时,法律对他甚是苛刻,当他是一位重要人物,苛刻程度更会加剧。如果他将土地遗留给一位成年继承人,那么将会有一笔继承金要被缴纳给领主。如果他将土地遗留给一位未成年继承人,那么领主可以取得该土地的收益,也许这种状况要持续 20 年,并且出售该继承人的婚姻。然后,如果他没有继承人,他的土地会重新回到("复归")领主手中永远归其所有。 85

受托人再一次成为求助对象。土地所有者将自己的土地转让给一些朋友。他们将"为了他的用益"(*a son oes*)而保有这些土地。在他在世时,他们将让他享受土地的收益,而他可以告诉在自己死后他们如何来管理它。

我说土地所有者将其土地转让给一些朋友,而非一个朋友。这一点颇为重要。如果只有一位所有者,即一位不动产受让人,他

----

⑥ 我并不是否认导致信托产生的其他一些因素。但是,相比较而言,它们极其次要。

可能会死亡,于是领主就会主张领主的一般性权利:收取继承金(*relevium*)的权利,对继承人的监护权,出售继承人婚姻的权利(*maritagium haeredis*),土地复归权(*escaeta*),所有这些权利都随着时间的推移逐个产生。但是在这里,德国法中的共同共有权向我们伸出援手。五位或者十位朋友以共有人的身份来接受土地。当他们中间有人死亡时,并不发生继承,而只发生继承份额的增加(accrescence)。领主不能主张任何权利。如果受让人减少,那么在引入新的受让人时的确要审慎,而且这项工作可以通过土地的转让和再转让来完成。但是,只要在这一问题上稍加谨慎,领主就很难有机会得到什么东西。

眼下有一个原则在过去曾很好地为我们服务而现在也正在很好地为我们服务。共同共有权原则使我们能够垒起(如果我可以这样讲的话)一道不会总是需要修葺的信托人人墙(wall of trustees)。我在后文将展开论述的那样一些"慈善性质的"信托在设立伊始就有为数众多的受托人,就算过了许多年,它的文书也不一定需要更改。可能会有两三个受托人死亡;但是并不发生继承,而只发生添附;曾经为 10 人共有的东西现在为 8 人或 7 人共有;仅此而已。⑦

我应该想到,在一个长期以来一直对罗马法有着认真研究的国度,没有必要再用我去指出 14 世纪的英国人发现这种机制的地方并非罗马法书籍;但是我们最好注意到,令人百思不得其解的是,在最早记录了我们这个新生法律制度的那些文件中,没有任何有关信任、信托或者信托遗赠(*fides*, *fiducia*, *fideicommissum*)的讨论。相同的情形同样发生在英语术语"trust(信托)"身上。所有的

---

⑦ 我们的"共同共有权"并不是德国法中的共同共有权(*Gesamthandschaft*)在形式上的严格化。"共同共有人"的每个人都拥有可以在生存者之间转让的份额;但是他不能遗赠其份额。

一切都是在"为了……的需要（*ad opus*）"的名义下进行的。在古法 86
语中 *ad opus* 变成了 *al oes*，或者 *al ues*，或者其他类似表述。在有拱
桥的斯特拉特福（Stratford-atte-Bow）的退化了的法语中，我们可以
见到许多种不同的拼写方法。饱学之士常常重新使用拉丁文 *p* 并
写下 *oeps* 或者 *eops*。最后，在英国人的口中（英国人不太会读法语
中的 *u*），这个单词被同法语 *use* 搅在一起。"ad opus meum"在英语
中就是"to my use（为了我的用益）"。

　　如果我们可以的话，寻找一种新生制度或新兴观念进入法律
领域的临界点则总会是有意义的。迄今为止，我们的"用益分封"
制度的早期历史还几乎是学术处女地：我担心全面透彻地探究它
的这一殊荣只能有待于某位法国或德国学者来获得了。然而，几
乎毫无疑问的是，这种新的实践首次出现于社会中的最上等、最尊
贵的阶层之中。我将给出一个早期的案例。这个案件中的"封地
授予人"是冈特的约翰（John of Gaunt）。他是一任英国国王的儿
子，其本人曾是卡斯提尔（Castile）*名义上的国王。这次信托的受
益人之一是其子亨利，他将会成为我们的亨利四世国王。

　　在 1399 年 2 月 3 日，"年迈的冈特的约翰，兰开斯特（Lancas-
ter）由来已久的统治者"立下了自己的遗嘱。⑧ 在其中，他处分了自
己的动产。他指定了 17 位遗嘱执行人，在他们中间有两位主教和
三位伯爵。在这份遗嘱之后他还补充了一份"遗嘱补正书（Codicil-
lus）（他如此称呼它）"，其开头如下：

　　　　此外，我约翰，英国国王之子，兰开斯特公爵，为了自己的
　　　需要而购买了和已经购买了（have bought and have had bought）

----

　　*　古代西班牙北部一王国。——译者注
　　⑧　*Testamenta Eboracensia*（Surtees Society），vol. 1. p. 223. 在同一卷的第 113 页可
以发现一个更早的例子，the will of William, Lord Latimer（April 13, 1381）. 还请参见，
J. Nichols, *Royal Wills*（1870），pp. 91, 120, the will of the Earl of Pembroke（May 5,1372）
和 the will of the Earl of Arundel（March 4, 1392—1393）。

各种各样的贵族领地、采邑、土地、保有物、地租、役务、所有物、土地复归权及教会的圣职推荐权以及这些财产的附属权利……于是我已经将这份清单附于我这份遗嘱，在其中包含有我关于上述贵族领地、采邑、土地、保有物、地租、役务、所有物、土地复归权及教会的圣职推荐权以及这些财产的附属权利的最后遗嘱……

他接着安排了如何处理这些土地。例如：

此外，我要我最亲爱的内维尔（Robert Nevill）爵士和加斯科因（William Gascoigne）爵士，我最亲爱的拉德克利夫（Thomas Radcliffe）绅士和科特林（William Ketering）绅士，以及我最亲爱的依照我的命令被授予位于约克郡的巴劳德斯维克（Barnoldswick）的领地的兰利（Thomas Langley）执事每年向我的遗嘱执行人们支付……

87　简而言之，一定数额的钱款将被支付给遗嘱执行人，他们将尽责尽力地使用它们，而且：

为了达到这一目的，应该在上述领地上为我最爱的长子，赫里福德（Hereford）的公爵亨利及其直系血亲继承人设立一项地产权，在刚才提到的亨利没有后嗣时，该领地的剩余地产权⑨将归属我的普通法上的法定继承人。

然后我们来看最后的结尾文字：

此外，我希望所有其余一些为了我自己的用益而购置的并且我为了达到这一目的而授予他们保有的贵族领地、领地和土地及其附属物在以后被赠与（如果在我有生之年没有出现涉及它们的新法令）前面提到的我的儿子托马斯（Thomas），

---

⑨　这是一种候补资格（Anwartschaft）。

由他及其直系血亲继承人拥有;如果他没有后嗣,该领地的剩余地产权将归属于前面提到的他的兄弟约翰及其直系血亲继承人;如果约翰没有后嗣,该领地的剩余地产权将归属于前面提到的他们的姊妹乔安妮(Joanne)及其直系血亲继承人;如果乔安妮没有后嗣,该领地的剩余地产权将归属于我的那些有资格继承兰开斯特的合法继承人:我一直希望那些将会拥有地产权和权力的人在律师们的建议、意见和指导下将最彻底地执行这份附录中的所有我这些意愿、意见和处分不动产的遗嘱。

我们看到整个事件的来龙去脉。公爵把不同的土地转让给由朋友们和侍从们组成的不同的当事方。当他感到自己大限将至,他公布自己的遗愿。这些遗愿分为两个部分。他想要增加他的遗嘱执行人将会为了他的灵魂得到幸福而开支的基金,而且他还想安顿一下他的年轻子女和(如果有的话)私生子女。

这种新风尚显然曾飞速传播。应该会有许多遗嘱被结集出版,只是现在我们没有那么多;但是在那些已经被出版的遗嘱中,对于为了立遗嘱人的"用益"而保有的那种土地的提及在 14 世纪最后一些年里骤然出现并从此经常出现。我们不得不假定,这一实践在得到法律保护之前已经存在了一段时间。但是,这个时期似乎不长。在 1306 年至 1403 年间,产生了需要御前大臣的介入这种需求。⑩

"普通法法院"这种古老的法院本来会很难给出任何救助。　88
正如业已指出的,英国的土地法体系因太过早熟而僵化。在议会没有通过立法引入新的物权(dingliches Recht)时,任何对财产权(Eigentum)的修改将会是不可能的。在我们手头的资料中,我们

---

⑩　*Select Cases in Chancery*(Selden Society),p. 69.

国家、信托与法人

没有看到任何试图通过采用在出现附条件财产权之时就会被起用的术语来满足新情势的努力。⑪ 然而，我们发现，如今当将要成立合同之债（obligatorischer Vertrag）时就会被使用的那些用语在当时并不存在，这确实怪异。没有要求受托人必须正式承诺将遵守信托的强制规定。一开始，人们似乎认为这样一份合同——它使受托人必须遵从设立信托之人的意愿，使接受封地者必须遵从封地授予人的意愿——并非所需之物。

此外，我们很可能还会感觉到，尽管或许只是稍微感觉到，如果这些古老的法院一旦开始准备有所作为，它们就不得不面对一个重大的政策问题。权贵们十有八九各有打算。他们想要订立遗嘱。但是，他们是"领主"，他们的"封臣"并不是为了对他们有利才订立遗嘱的。而且，在英国独有一人从对这种新事物的全部压制中获得诸多好处而没有什么损失，他就是国王，因为他总是"领主"而绝不会是"封臣"。公开讨论这个问题本可能使下面这一点变得一目了然，即，如果土地所有者，尤其是那些权贵们，要订立遗嘱，国王就会有要求赔偿的正当权利。即使中世纪的英国人也必定曾看到，如果国王不能"自食其力"，他就只能靠征税为生。国家必须有税收。因此，我们可能会说，这些古老的法院所能为信托这个新生儿做的最大善举就是另寻他路。确定无疑的是，很久以前，一些伟大的英国律师就已经在这种崭新的实践中花了巨大的精力。我们已经看到一位作为冈特的约翰的受托人的名为加斯科因的人。他当时已经是一位知名的律师。他将出任英格兰首席大法官并因被莎士比亚写入剧本而闻名于世。当托马斯·利特尔顿爵士（卒于 1481 年）在一本极为著名的论著中阐述英国土地法时几乎没有

---

⑪　这并不完全真实。一些人试图借助"条件"（conditions）这个术语来达到这一目的。好像爱德华三世自己就做过这样的尝试。但是，这种"条件"机制本来就非常难以操作。

提及"用益受封";但是当他订立自己的遗嘱时,他会讲到,"我还要求我的［一些土地的］用益受封人妥当地将地产权授予我的儿子   89
理查德·莱特尔顿(Richard Lyttelton)及其直系血亲继承人"。

在我们思索国王的利益藏身何处时,颇感意外的是,他的首要大臣,即御前大臣,迈出了重要的一步。然而,极其可能的是,这一步是在未曾计算任何得失的情况下迈出的。⑫ 我们可以假设一起有关诽谤的案件。一些人因公然的不诚实行为而具有过失并受到了所有正直人士的遣责。这里就有一个机会让一种法院介入。而这种法院曾被交代过,只要一个案件可以在古老的普通法法院得到处理,那么它就不能介入其中。这既涉及政治学,也涉及法理学。我想知道英国御前大臣最初是否认真思考过这种新兴法律制度的"法律性质",或者是否问过自己他正开始谱写的英国法的新篇章是会被归入物权法还是债法。在某一起有关诽谤的案件中,他迫使受托人像诚实正直之人那样行事。人往往是先行而后思。

有一段时间,我们看见人们在一些重要问题上的疑虑。例如,我们听到有人质疑信托能否被用来对抗唯一受托人的继承人。正如业已指出的那样,人们通常通过一些措施来防止这种问题的产生:防止土地落入单独的某个人之手。只要受托人组成的人墙得到妥善的修缮,就不会发生继承。但是,在大体上,我们新兴的法律制度似乎很快就得到了大多数人的接受并以势不可挡之势朝既定目标前进。

---

⑫　在某种紧要关头,国王自己想要立遗嘱留下一些土地,这可能具有决定性重要意义。爱德华三世曾经有过失败的尝试。在 1417 年,国王亨利五世把大片的土地分封给几位接受封地者(包括 4 位主教,1 位公爵和 3 位伯爵)并立下了以他的兄弟为受益人的遗嘱。参见, Nichols, *Royal Wills*, 236。

III

接下来我们讨论一下信托受益人（*Destinatär, cestui que trust*）的权利。[13] 暂且不问那些权利所针对的对象是谁，我们可以先弄清楚在其效力范围内那些权利是如何被看待的。而我们很快就看到在那一范围内它们被视为常见于英国中世纪土地法中的财产权或者财产权的一些特性。信托受益人拥有一种"地产权"，但它并非在土地上，而是在"特定用益"上。这种地产权可能是"非限嗣继承地产权、终身保有地产权或剩余地产权"等。我们可能会说"特定用益"被变为了一种无体物，即一种无形的土地；在这一无体物之上，你可以拥有所有的你在真正的有形的土地上拥有的那些权利，即那些"地产权"。而且随着时间的推移，一些动产和纯粹的权利主张（*Forderungen*）也成为信托的对象，而且可以说我们整个财产法都焕然一新：一个新的并在一些方面经过修订的版本。所以我们说，在诸如继承和转让的所有问题上，御前大臣的衡平法都将追随普通法。

至于权利所针对的对象这个问题在很久以前就已有定论。最早的信托起初是信托的创设人为自己设立的；他不仅是信托的创设人而且也是信托受益人。但是他在获得御前大臣的帮助时的身份并不是信托合同的当事人而是信托受益人。御前大臣在处理这些案件时所采用的理念并不是合同理念：或许是因为那些古老的[普通法]法院声称要强制履约。具有诉权的就是信托受益人，而在信托被创设时，他可能还没有出生。这一点之所以重要是因为，

90

---

⑬　在最初，这个用语应该是 *cestui a qui oes le feffement fut fait*[为了他的用益而授予封地者]，然后简化为 *cestui que use*（保有地受益人）。于是有了 *cestul que trust*（信托受益人）这个用语。

出乎人们的意料，在一番踌躇之后，我们的普通法法院采纳了这一规则——在涉及以第三方为受益人的合同的案件中，第三方没有诉权。

但是，信托受益人并不具有真正的所有权，亦即真正的物权。在通常的案件中，受托人被赋予不受限制的、无条件的所有权。如果御前大臣试图赋予信托收益人真正的物权，那么这个新兴的法院就不是在补充那些旧有法院的工作，而是在破坏它。

这将我们引到了这个关键的问题。"信托受益人的权利可以被用来对抗什么人？"我们看到它曾被用来对抗原始受托人。接着过了一段时间，我们看到它对抗从受托人那里继承了受托土地的人；说得更一般性一些，我们看到它曾对抗所有那些在前任信托人死亡后凭借继承权充任了受托人之职的人。但是它能否对抗在一次违反信托的转让行为中从受托人那里得到土地的人呢？在那些旧有的法院看来，这样的一个人取得的是完全且不受限制的所有权：不打任何折扣。问题是，尽管他是所有人，然而是否可以强迫他为信托受益人的利益而占有这块受托的土地。不久我们就得知，所有一切都得取决于他在取得所有权时的"道义感"状态。那是一个有关"知晓"（notice）的问题。在 1471 年我们就已经得知这一点了。"如果我的受托人将受托土地转让给第三人且该第三人非常清楚受托人是为了我的用益而拥有该土地的，衡平法院将会对这二者都进行处罚以实现对我的救济：既处罚受托人也处罚购买人：因为他购买我的土地是出于故意。"⑭

那就是支持着一个庞大结构的基础。御前大臣刚开始他的工作时所采用的就是过错故意这一观念。如果任何人在知道特定土

91

---

⑭　Year Book，II Edward Ⅳ，folio 8："Simon feoffee de trust etc. enfeoffe un autre. que conust bien que le feoffor rien ad forsque a monuse，subpoena girra vers ambideux；scil auxibien vers le feoffee come vers le feoffor... pur ceo que en conscience il purchase ma terre."

地之上设有以我的用益为目的的信托的情形下取得了它的所有权,那么他就做了有违良知之事并且必将被看做是我的受托人。平心而论,这块土地是"我的地盘"。

在这一点得到确信以后,律师们就会对下述情形习以为常,在"如果他知道"出现不久之后就又有了"或者本应该知道",或者一定程度的过失被等同于欺诈。"实际通知"旁边被安置了"推定告知"。

现在我们可以再一次来看看舒尔茨博士关于伦巴第人的论述:

> 现在,在涉及土地问题时,伦巴第人也可能从他们的部落法律中预先知道一种财产转让形式,这种形式在财产转让发生(在被转让的土地之上进行交易,即 *in mallo*)的那一刻起就使得转让行为足以被本部落的其他成员知晓。但是在我们这个逐利的时代,土地产权证明书的移交迄今为止都是主要的形式。

经过一些更改——解释这些更改将会需要很长篇幅而这样做对于实现我们的目的并不是很重要——上述说法不仅会适用于诞生信托时的英国,更会适用于现代英国。购买者在支付价金并取得土地之前将调查卖家的产权。他将会要求卖家出示可以证明他的所有者身份的地契并对其加以调查。而且除非在买卖合同中有过特别规定,否则出售土地者负有证明自己的所有权为真的法定义务。这种具有法律效力的惯例——舒尔茨博士就是这样称呼它的——使得衡平法院能够为如何判定土地购买者是否存在过失,或者说给何为审慎购买者的行为,建立一个外在的客观标准。土地购买者会被期望去获知(而且他被"推定告知")如果像一个审慎购买者那样行为就本应该获知的所有那些关于信托受益人的信息。"但是,如果他违反有法律效力的惯例没有去调查这些地契,那么如果证书上所记载的条件出乎意料地产生与其不利的效果那也是合情合理的；他因此而承受的任何损失都是他自己造成的。"　92就是如此。此类购买者自身成为受托人。我们可以说他由于违法行为或准违法行为而变成了受托人。如果他的过错不在于欺诈，那么就在于那种与欺诈相等同的疏忽。他做了掩耳盗铃之事。

　　御前大臣不能够创设真正的物权。受托人才是所有人。不得不承认的是，如果那位从受托人那里取得所有权的购买者不仅不知道信托收益人的那些权利，而且这种无知状态事出有因，那么就必须让他继续享有他已经获得的所有权。如果他曾像审慎购买者和理性人那样行为，那么"他的道义感就没有受到影响"而且御前大臣的衡平法对他没有任何效力。但是衡平法院将关于审慎的标准提得越来越高。坐在衡平法院高堂之上的法官们都是创设信托的高手。我们可以说他们离老远就能嗅到信托的气味，而他们往往认为他们的这种敏锐嗅觉只要是理性人都会有。他们动辄推定购买者知晓所有这类事实，也就是，如果他曾经对那些他曾见到过或者本该见到过的地契所显示出的所有迹象进行深入调查，那么他本该会发现那些事实。

　　在最近几年出现了有利于购买者的形势变化。我们被告知，有关审慎的标准将不会被提高，或许还将稍微有所降低。在英国，任何人要在没有以"推定告知"的方式知晓影响特定土地的信托的时候就取得那块土地，那仍然非常棘手。我几乎可以说，这种情形从来没有发生过，除非在受托人犯了伪造文书这种重罪的时候。

　　仍需注意到的是，与其他方面一样，在这一方面，有偿转让和无偿转让之间被划上了清晰的界线。即使一个从受托人那里无偿得到土地的人在取得土地时并不知晓信托的存在，那么他也会受到信托关系的约束。在他知道赠与是在违反信托的情形下作出的，再让他占有受赠土地就会"有违道义感"。只有"有偿转让中的购买者"才能够不用理会信托受益人的权利主张。

我们还看到,法律规定受托人的债权人不能强迫受托人用其凭借信托而保有的财产来还债。然而,信托受益人的债权人却可以将那种财产视为自己财富的一部分。如果我们假设受托人和信托受益人这两方都破产了,那么这种财产将会在信托受益人的债权人之间而非受托人的债权人之间分割。几乎不用说,这一点甚是重要。

所有这些结果并非短期内能得到。这种新兴法院的衡平法通过不断地确立先例来朝前发展,速度虽然缓慢,但是总是朝着同一个目标:亦即,对信托受益人的权利进行全方位的强化。例如,在我们现在的这个语境中,注意到下面这一点不无意义,即,人们曾经普遍认为信托受益人的权利能够被用来对抗某个取得该受托土地的法人,因为法人没有道义感,而道义感是衡平法管辖权的基础。但是,这个从外国法人拟制理论的纯粹演绎遭到了长时间的忽视,将法人视为受托人是最常见不过的事了。

但是,或许对这种法律制度的进化的最佳观测点是在其他地方。如果唯一受托人在死亡时既没有留下遗嘱也没有继承人,那么信托受益人的权利就应该消失,这在现代英国人看来是彻彻底底的不公正,实在是不能容忍。然而,如果特定土地的信托受益人,即该土地"衡平法上的所有人",在死亡时既没有留下遗嘱也没有继承人,那么受托人会因此为了自己的利益而占有该土地。但是,这种只将善意观(idea of good conscience)作为自己工作唯一指导思想的法院无法得到我们现在所认为的正确结果。在第一种情形(受托人死亡)中,受托土地退回给了(复归)国王或者其他某位封建领主。他没有通过受托人或者通过信托的创设主张任何权

93

利,而且衡平法对他没有任何效力,因为他的道义感是清白的。⑮
在第二种情形(信托受益人死亡)中,信托走到了尽头。受托人成
为所有人,再没有其他要说的。国王和封建领主都不是信托受益
人。然而,关于这两种情形中的旧有法律规则都被现代立法颠倒
了过来。

从此,我们有了"衡平法上的所有权"这个观念。假设某人在
衡平法上是一块土地的所有人("完全保有地产权人"),那么他并
非也是"普通法上的所有人"这一点不会对他造成什么影响。正如
我们所说的,"普通法上的所有权存在于受托人处"。他所面临的
唯一一个严重的危险就是,这种"普通法上的所有权"可能会被这
样一个人得到,该人在不知道(无论是实际不知道还是推定不知
道)他的权利的情形下,通过善意有偿的方式得到它。这种事情并
不常见。在提供法律咨询或组织诉讼材料时,从业律师必定常常
会想起此类事情;但是它们仍旧甚少发生。我相信,英国人通常会　94
认为"衡平法上的所有权"就只是纯粹而简单的所有权,尽管它受
到了一种技术性的且有些含糊的有利于善意购买人的特殊规则的
限制。一位法律教师会告诉他的学生,他们千万不能以这种方式
来思考,或者无论如何绝对不能从一开始就以这种方式来思考。
他可能会告诉他们,无论在历史上还是归根结底,信托受益人的权
利都不是真实的,对物的,而是约定的,对人的:它们只能有效地对
抗那些由于某种特定原因而不得妨害它们的人。但是按照赫尔
(Herr)教授自己的看法就是,许多人不得妨害这些权利以至于在

---

⑮　在国会介入之前,关于这一问题的法律在某种程度上曾是不确定的。

实际上它们几乎具有像所有权那样的重要性。⑯

并非所有的情形都如此。让我们假设特定受托之物被转让给一个不会受到信托的强制约束的人。这种情况可能会发生在土地上；它更容易发生在涉及动产的情形中，因为（依据舒尔茨博士所给出的原因）衡平法院不能将其推定告知说（doctrine of constructive notice）推广适用到动产的转让上。现在我们能为英国的信托受益人做的事就只能是赋予其一种向不诚实的受托人要求赔偿的单纯诉权吗？这并非总是一种非常有效的救济方式。不诚实的人往往身无分文，无法偿还债务。

衡平法院力图为他所钟爱的信托受益人做更多的事情并取得了成功。我不能用抽象的术语来描述它所做的一切，但是我或许可以说它将"信托基金"变成了一种能够以不同的方式"被投资"的无体物。请注意"投资（investment）"这个隐喻。我们认为"信托基金"能够在维持自己的身份的前提下改变自己的外观。今天它表现为一块土地；明天它可能就是钱袋里的金币；接着它还可能成为一笔永久性债券、铁路公司的股份或者秘鲁债券。当一切进展顺利，投资会常常变换；受托人被赋予了改变的权力。自始至终"信托基金"保持了自己的身份。我们会说，"价款取代了物品，物品又取代了价款"。但是，即便不是一切进展顺利，这个观点还是行得通的。假设一位受托人卖掉受托土地并打算滥用卖地款。卖地款被以现钞的形式支付给他并被装进了他的口袋。"在衡平法上"这些现钞属于信托受益人。受托人用这些现钞购买了一个公司的股

95

---

⑯　在理论讨论中一些论者甚至自行将信托受益人称为"真正的所有人"（real owner），而将受托人的所有权说成是"名义上的"和"虚假的"。参见 Salmond, *Jurisprudence*, p.278。我想套用一位伟大的美国教师的更为精辟、更为准确的话："即使衡平法想要创设对物权，它也没有那个能力，而即使它有能力，它也不会想要去创设。"（Equity could not create rights *in rem* if it would, and would not if it could.）参见 Langdell, *Harvard Law Review*, vol. I, p.60。

份;"在衡平法上"那些股份属于信托受益人。受托人破产了;那些股份将不会成为会被债权人分割的财产的一部分;它们将属于信托受益人。然后,如果受托人再一次将"信托钱款(trust money)"同他自己的钱款相混淆,我们就会被教导着去说,只要有可能的话,我们必须假定他是一个诚实之人不会花他人的钱。"信托基金"这个存在于每一次投资中的观念并非总是非常轻松就得以实现。而且我个人认为,该观念没有公正地对待受托人之债权人的权利。但是它是英国法律体系的一个重要环节。衡平法院极力防止它的宝贝信托受益人沦落成为一个纯粹的债权人。我们应该知道信托受益人常常会有两种以上的寻求救济的途径。他既可以追索受托土地,也可以起诉转让受托土地的受托人。只要他还没有得到自己曾失去的东西或者它的等价物,他就可以自行决定以什么顺序来使用自己的那些权利。

为了我们的描述能够完整,我们还必须指出,受托人已经被要求不仅要诚实还要谨慎。一般人认为这个要求太高了,而在英国,后来的立法并没有明确地将其降低,而是赋予法庭一种自由裁量权,使其可以从宽处理那种犯了错误或者做过不明智的行为的诚实之人。在过去的英国,因为"技术性违反信托"和朋友子女的起诉而丧失受托人资格的诚实之人比比皆是。然而,直到最近滥用钱款或其他动产的不诚实的受托人才被以犯罪论处。这里自然就出现了一个难题,因为"在普通法上"受托人就是所有人,而一个犯偷窃罪的人偷的不可能是既为自己所有又为自己所占有的东西。但是,半个世纪以来,一直存在着具有犯罪性质的违反信托行为,这我们都知道。尽管我们不称其为盗窃,但是它会受到严厉的惩罚。

总而言之,如果一位外国法学家调查了英国信托受益人的处境,那么他肯定不会认为信托受益人没有受到充分保护。我倒是认为他会说这个幸运的家伙，这个被英国法理学宠坏了的小东西，一直备受偏爱，一些本应该受到严肃对待的法律原则和特征都因为他而遭到违背。那些懂得英国"非法人团体"是如何得以在受托人的庇护下生存和繁荣的人将会知道信托受益人的权利远远优于纯粹由允诺产生的利益，尽管我们绝对不能称它为真正的合同所有权（*dominium rei*）。

IV

即使对已经出现过的对于英国信托的形形色色的运用做一个总体性的描述也会花费许多笔墨。我们都知道，一旦一套法律制度得以确定，它并不会因为原来的功用不再被需要而死亡或者萎缩。信托得以创立的原因可能是土地所有者想要订立遗嘱却不能这样做。现在制定法赋予他们订立遗嘱的权力。但是，此刻信托已经找到了其他的工作并继续存活。讲述亨利八世的所作所为是件费时费力的事。他当时正在丧失自己的封建岁入，并因此作出强烈反应。这种反应产生了巨大危害，而我们在今天都感受到了这种危害。但是就像我们现在看到的，他所做的一切就好比螳臂当车。大车飞驰而去，带着一阵尘土。

信托制度不久就变得非常繁忙。有一段时间，它主要负责处理"家庭财产协议"。关于"家庭财产协议"，我只需指出一点，信托由此开始服务于有钱有权的阶层：能够支配最好的法律咨询和最高超的法律技术的大土地所有者阶层。无论我们是否喜欢这个结果，我们都必须承认顶级法律技术曾被用于订立这些关于大批土地的地产权的"协议"。能够想到的所有手段都被用来界定受托人的义务。有时，比如在早期的一些案例中，受托人可能仅仅只是一种单纯所有权的保管人，只需要一直保有着它直到它被取走。有时他们会履行许多复杂的义务并拥有宽泛的自由裁量权。于是,可以这样讲,这种"协议"从上等阶层流入下等阶层:从拥有土地的贵族阶层落入拥有金钱的新兴阶层,直到最后任何拥有丰厚家产的男女结婚时如果没有签订"夫妻财产协议"都变得极不正常。有关钱款或投资基金的信托变得同土地信托一样寻常。可能有必要指出,导致这一结果出现的原因,至少是部分的原因,就是极度的遗嘱自由。英国法已经彻底摆脱了特留份(legal portion),为了未来婚姻将产生的子女而设立的信托就是它的一种替代物。但是,在这个领域,我们所要注意的是,信托成为英国法中最为常用的一种制度。几乎每一位有钱人都是信托人:尽管常见的信托可能会被分成一些类别,然而在冗长的信托文件中存在有各式各样的细节(受托人不得不严格地遵照它们);而且订立特殊信托的广泛自由既得到法律的承认也存在于实际当中。给信托分类的难度与给合同分类的难度一样大。

97

　　我非常清楚所有这些都有其负面,我并不是只为它唱赞美诗。但是,不容我们忽视的是,由于我所称的社会实验,极大的一片领域得到了保护。我来举例说明。在1882年,英国婚姻财产法发生了革命性变化。但是这次变动并非轻举妄动。在其之前已经有了一个长期实验。在早先一段时期,英国婚姻财产法曾变得僵化,并且非常不利于妻子,在动产方面尤为如此。不存在共同所有权。新娘的动产变为其夫所有之物:如果妻子获得某物,那么她就是为其夫而获得。现在婚姻财产法不会轻易被改变,因为它已经得以定型。要说服立法者去改变这么一个关键性制度并非易事,而且我们也不要一厢情愿地以为法院的司法实践会缓慢却终究会大幅度地改变它。我们没办法一小点儿一小点儿地将所有权从丈夫那里移交给妻子。

　　就在这时我们得到了信托的帮助。我们现在所谈论的并非严格意义上的所有权。一些受托人将会成为所有人。我们只是去谈论他们的义务。如果作出足够清晰的规定,我们约束他们将基金收益交与妻子本人并换回书面收据还有什么困难吗?而且这种约束一旦开始,它就会被进行到底。它是一个长期的过程;并非一连串成功的实验。时机终于到来,四个经过检验的单词"for her separate use"(为了她的专门用益)可以给予已婚妇女以财产,她是其"衡平法上"绝对的女主人;而如果没有其他的指定受托人,她的丈夫就不得不充任受托人。于是,对也罢,错也罢,我们最终得出结论,整个这场实验产生了令人满意的结果。我们有关夫妻的法律经历了一场革命。但是,尽管这场甚是巨大,然而它实际上只不过是将那些长期以来一直被用于有钱人婚姻的规则推而广之地适用于所有人的婚姻。

但是,只有以英国人在漫漫历史长河中创造那些形形色色的机构时所具有的自由为参照,才能最清楚地看到信托制度所保障的这种行动和实验的自由。

98 　　一旦我们开始进行——但是我们并没有这样——法学思辨,这个问题——英国法是否知道或者以前已经知道外国律师所谓的那种自治性机构——就会在我们中间被反复讨论。几个世纪以来,我们一直认为有关"独体法人"的法学思辨属于有关法律技术的观念。我们首先将其适用于堂区教堂的主持牧师。自宗教改革以来,我们便也将其适用于主教和其他一些宗教界显要人物。我们还努力将其适用于我们的国王和王室,我认为这一举动给我们带来了很大麻烦;在现代,制定法规定我们应该将其适用于一些中央政府官员,例如,邮政总局局长。在我看来,它是一个极其不适当的理念:一次失败的人格化尝试。经过考察,我们发现我们的"独体法人"不是一位自然人就是一个法律怪胎(juristic abortion):一种基金会(*Anstalt*)和自然人(*Mensch*)的杂种。中世纪的英国律师都是坚定的唯实论者(realist)。他们会将土地所有权归属于某位自然人或者某个由多个自然人组成的团体,但是他们不会将其归属于任何诸如人格化的教堂或人格化的显贵身份之类的非实体物。他们会说,当堂区教堂的堂区长死亡时,在附属于教堂的土地没有所有人的那段时期,存在着权利间隙。他们认为,财产权处于归属待定状态(in the clouds),或者说,落入法律的掌管之中(in the lap of the law);它只能被闲置(in abeyance);也就是说,它只能被期待(in expectation)。而我并不认为英国律师有资格说这不是当今英国法的正统理论。在实践中,这个问题并不重要。在过去的很长一段时间,我们的这部分法律已经停止了发展,而我希望不要再让我们见到任何新的"独体法人"。⑰

　　我们没有必要去发展"自治性机构"观(the idea of an "autonomous institution"),因为长期以来我们已经将非自治性机构(non-autonomous institution)ⅶⅰ发展为了一种高度完善的主流制度。我认为,与德国法学论著中的"Anstalt"或"Stiftung"(基金会)这两个单词意思最切近的英语术语就是"charity"(慈善团体)。我们的"慈善团体"观念很有可能不会涵盖为德国律师所知的所有基金会(Anstalt 或者 Stiftung)。但是从远古时期它所涉及的领域就极其广泛。例如,一个英国法院最近作出的一项判决认为那种纯粹为了促进体育事业的机构不是"慈善团体"。每年一度的帆船竞赛颁奖活动不是出于"慈善"目的。然而,"对于活体解剖的绝对抵制"就是一种慈善目的,尽管它间接地违反了一项国会法令,尽管判决这个问题的法官会被彻底说服,认为这种所谓的"慈善团体"将带来的危害会远远大于其将带来的好处。英国法官一直极力避免严格地界定"慈善团体";或许我们可以说任何目的——只要一个理性

99

---

　　⑰　见前文,"The Crown as corporation", pp. 32—51。

人认为它能为公众或者某一人数众多的、组成人员不确定的阶层带来直接利益——都是"慈善"目的。在为了道德和宗教的目的而设立的信托中会允许某种例外的存在。但是，那些过去曾坚定地追随英国国教的法官却不得不同意那些旨在维护天主教、长老派（Presbyterianism）以及犹太教的教派利益的信托也是"慈善性质的"。

我们在很早以前便顺理成章地对慈善性信托予以强制执行。以人为受益人的信托蜕变为以某种用途（Zweck）为受益人的信托。请不要忘记，我们并不是在谈论真正的所有权。所有权应该有一个所有人。我们不能将所有权赋予人员构成不确定的一群人；依据我们英国人的看法，我们也不能将所有权赋予一种用途（Zweck）。我并不否认在英国存在着为数众多的专用基金（special purpose funds / Zweckvermögen），但是它们的所有人总是自然人或者法人。然而，就信托而言，作出转变并非难事。你可以从为了使我儿子受到特定方式的教育而设立的信托开始。你可以轻松地将这个信托逐渐地转变为以所有邻里孩子的教育为目的的信托，尽管在这个转变过程中确定的信托受益人会消失而只留下一种用途。⑱

无论如何，在 1601 年，英国已经有了许许多多的专用基金，存在了一大堆非自治性基金会（unselbstständige Stiftungen）。同年出台的一部重要制定法成为英国慈善信托法的根基。ᵛⁱⁱⁱ创设慈善信托的行为有了直接的法律支持。人格问题不再是非解决不可的问题，在很长一段时期，法院对"慈善"信托的创设者给予了绝对的支持。这一点尤为确定，即，只要出于"慈善性"用途，就不存在有关

---

⑱　在这些古老的案件中，衡平法院强制执行信托的条件似乎只是任何与特定"慈善"信托有利害关系的人的控诉而无需任何国家代表（representative of the State）出席这种诉讼。

"永久权(perpetuity)"的麻烦。这一问题的重要性不是三言两语能够说清楚的。但是,可以指出的是,就连英国人在设立普通的私人性信托时也发现,法律对他的那种将收益给予许多未出生受益人的权力有一些限制;在被我们称作"禁止永久权规则(the rule against perpetuities)"的法律中明确地规定了这些限制。确定无疑的是,只要有"慈善团体",就不会有有关"永久权"的麻烦。⑲

100

我的读者会认为英国律师肯定必须要创造或者找到某种法律上的人——"慈善"信托的收益会理所当然地归属于他,而他会是信托受益人。但是并非如此。不言而喻,发生在信托关系之外的诉讼(external litigation)中——例如,如果由受托人占有的一块土地面临一个对抗的权利要求——信托的利益就由受托人全权代表。于是,如果有必要起诉受托人以强迫他遵照信托行事,总检察长就会出面。我们发现这种说法由来已久,即,总检察长是代表作为英国的家长的国王(the king as the father of the country)介入纠纷以达致此一目的的。但是我们没有任何理论可以使国家成为慈善信托的真正受益人。天主教徒、卫斯理公会教徒(Wesleyans)和犹太教徒肯定会感到惊奇,如果他们被告知他们的大教堂、小礼拜堂和犹太教会堂在某种意义上都是公共财产。我们并不擅长于构建法学理论,但是,在我看来,在德国教科书提供给我们的林林总总的概念中,专用基金与我们关于英国"慈善团体"的理念最为接近。

不可否认,存在严重的滥用信托的现象。悲惨经历逐渐使我们相信只靠公诉人——他也是在得到某个碰巧发现受托人没有履行自己的义务的人所提供的线索之后才临时行为的——的非常规的提议而启动的法律监督是不够的。自1853年以来,此种监督一直是由慈善事务委员会(Charity Commissioners)这个中央部门提供

---

⑲ 英国人可能会说 §2109 of the B. G. B.中就有德国的"禁止永久权规则"。它比英国法中的对等物还要严格。

的;但是它起到更多的是监督作用而非管理作用(control)。而且,新成立的慈善团体(*Stiftungen*)非但没有经过任何审查,我们在1891年反而废除了一部自1736年以来一直阻止人们通过遗嘱将土地赠与"慈善团体"的法律。[20]

我了解到在有关非自治性基金会的问题上,德国法律理论中有一种受托人(*Treuhänder or Fiduziar*),他在许多方面就好像英国法中的受托人(trustee)。我认为雷格斯贝格(Regelsberger)博士的《潘德克顿》(*Pandekten*)一书中的几句话或许可以帮我将一个重要的问题开放出来。

101

> 此外,有一些充分的理由来主张专用基金是不可能落到受托人的债权人手中的,这些债权人的权利跟专用基金本身没有干系。而且,在受托人破产时或财产被没收时,为了专用基金的利益,一种财产暂管权(right of sequestration)会被主张,因为尽管接受财产者也是财产权利的持有者,然而他充当着这两个角色仅仅只是为了他人的利益。[21]

现在在英国这些情形并非只是一些有可能成为事实的主张:它们就是显而易见的基本事实。受托人的债权人与信托财产沾不上半点关系。我们的独立制度将自己隐藏在一道墙后面,修筑这道墙就是为了英国人中最有钱有权阶层的利益:它同公爵和百万富翁一样安全。

但是这堵墙有待于修缮。

> 权利主体(雷格斯贝格指出)——在一个非自治性公共机构成立之时该机构的专用基金就被移交给他——通常都是一

---

[20] 在一些情形中,土地必须被出售,但是"慈善团体"将会得到钱款。

[21] *Pandekten*, 442.

位法人,因为只有法人才能提供一种恒久的支点。㉒

我们发现事实并非如此。由于法人的持久性,它也必定是充当受托人的适当人选。但是这是一个便利问题。如果受托财产价值不菲,借助德国的共同共有权和依然健在的受托人被赋予的那种指定新受托人的权力——它还可能被赋予给信托受益人或其他人等[例如,当时的天主教主教教区主教(the catholic bishop of the diocese)]——用微小的代价就能获得极大的持久性。有一些极端案例。比如,有这样一个唯一受托人,他本人远在非洲中部却以流浪者的身份在英国有着土地所有权。法院能够给他发一道命令("一道财产转移令"),将该土地所有权从他那里移转给某位更容易联系的人来掌管。我们已经费了很大的气力来讨论这个问题。我绝对不是说我们英国的所有制度设计都是一流的。就法律的发达程度而言,我们没有理由感到自豪,但是我们知道如何使屋顶不透风雨。

在这里应该注意到,许多要改革英国"慈善团体"的人经过深思熟虑都认为"慈善信托"应该被委托给"自然人"而非法人。据说人在以自己的名义做事时要比以一个法人的名义做事更加尽职尽责,而且这种说法是依据长期经验而得来的。这个流行的观点产生了效果,国会想出了形形色色的权宜之计去简化所有权移转,只要终有一死的人还是非自治性基金会的主要成分,这种移转就是不可避免的。有些情形会惊呆那些理论家。在那种涉及某些宗教场所的情形中,我们会看到仅仅通过一次大会——一种由不信奉国教者组成的非法人性质的集会——投票所有权就被从一组人那里取走转而赋予另外的一组人。㉓ 那些只涉及私人问题的法律规

102

㉒ *Pandekten*, 341.

㉓ Trustees Appointment Acts, 1850-69-90.

则当然无法对此给出解释。但是这并不会难倒我们。

这使我们看到这一点,在此处信托制度成为一种符号。我们英国人口中的"宗教自由"所意指的所有含义都被同信托的产生密切联系起来。当需要一定容忍的时代到来时,信托制度已经做好准备去满足那些勉强得到容忍的教派(barely tolerated sects)的所有需求。这些教派不得不向国家提出的全部请求就是公开传播其教义的行为不会被判为违法。

为了做对比,请允许我引用欣希乌斯(Hinschius)博士的一段话:

> 作为这种新形势的结果,早期的英国国教开始容忍其他一些个人性宗教团体。英国国教在当时不能将那些团体视为纯粹私人性的协会,因为它认为宗教对国家至关重要。据此,它宁愿认为,在一定程度上这些协会应该被视为公法上的法人,但是反过来国家又要在各个方面对其加以控制和干预。[24]

然而,那些在欣希乌斯博士看来不能做的事在英国却恰恰是很容易办到的简单事。在 1688 年,如果需要在绝不容忍非国教和成立由国教徒组成的法人,甚至成立"公法法人",这二者间作出选择,那么毫无疑问,那些最具影响的联邦制国家在今后的很长时期都不会容忍它们,因为,在英国,和其他国家一样,具有法人身份就意味着特权和特殊优惠。然而,在非国教徒中,有许多人认为,如果他们的宗教事务要受到国家的控制,那么甚至容忍都需要高价购买。但是,如果能够说服国家做到这种最低程度的容忍,也就是,废除一些破坏非国教的法律,去宣布"你们将不会因为不去堂区教堂受到惩罚,你们也不会因为去自己的礼拜堂而受到惩罚",那就已经足够了。信托制度会完成剩下的工作,而国家和联邦制

---

[24] Marquardsen's *Handbuch des öffentlichen Rechts*, B. 1, S. 367.

国家不会被指责为主动参与异教并导致教会分裂。信托制度会很快做完剩下的工作。我曾听说一些最早期的非国教徒的"礼拜堂"的信托契据上有着这类条款，它对一旦《信仰自由法》(Toleration Act)被废除应该如何处分"礼拜堂"的那些建筑也做了规定。在稍加犹豫之后，法院强制执行了这些信托，甚至还认为它们是"慈善性质的"。

于是现在在英国存在着犹太教堂、天主教大教堂和其他不计其数的教派的教堂和小礼拜堂。它们都由自然人担任的受托人所有。

现在我对我们英国人对待所有这些教会的方式了如指掌，唯一例外的就是这种"由法律规定的"方式，它在一些采取外部视角的观察者眼里显得荒诞不经(而且在美国和重大的英国殖民地甚至没有必须用这种例外方式)。当他们得知像罗马教会这样的"历史悠久的组织与私人协会——比如，体育俱乐部——处于同等地位"，他们感到不可思议。㉕但是当他们嘲笑我们时，他们的牢骚或警告的主要内容却并不是我们没有给这个历史悠久的组织舒适的生存空间，而是我们将它安顿得太舒适了。

我已经说过英国的"慈善团体"就像德国的 *Anstalt* 或者 *Stiftung*；但是，正如这样一个国家——这里的人们可以随心所欲地创设这种"慈善信托"——的人会期望的那样，制度性因素和合作性因素令人眼花缭乱地交织在一起。而且这种交织状态从一开始就有慈善团体已经存在了。英国法院没有必要非得对这些慈善信托进行严格的分类，它们所处理的都是单个的信托。并非每一个信托都会面临是慈善团体(*Anstalt*)还是合作组织(*Genossenschaft*)这个两难境地，尽管我认为英国人的慈善团体观就蕴涵着那种被称

㉕ Hinschius, op. cit. S. 222—224.

为制度性要素的东西。这一点在宗教界似乎尤为明显。在那里存在着被用作宗教活动场所的土地和建筑物。在这种情况下,站在信托人背后的会是什么人或东西呢?我们是应该回答慈善团体(*Anstalt*)?还是应该回答协会(*Verein*)?

　　我们没法给出一般性回答。我们必须要翻阅"信托契据"。我们既可能发现事实上受托人就是一种自动装置[控制开关掌握在天主教主教或卫斯理公会派(Wesleyan)的中央委员会(central council)手中],还可能发现受托人有着宽泛的自由裁量权。一定程度的用途是必需的,因为否则的话信托就不会是"慈善性质的"。特定建筑将会被用于公开的礼拜这一事实就可以满足上述要求了。然而,如果我们问到,谁将在那里布道?他将给哪些人布道?他将由谁来任命?谁又能将他解职?那么我们就会面对各种形式的组织,从中央集权的君主专制政体到分权的民主政体,再到独立的教众自治团体。众所周知,英国不信奉国教的新教徒之间的分歧,与其说与教义有关,毋宁说是与教会管理有关。但是,在英国信托制度的协助下,他们所有人都发现自己关于教会管理形式的各种理想得到了实现。

V

　　这将我们带到了我们的"非法人团体"跟前。我首先要以卫斯理公会教徒为例。他们拥有一套极为复杂并高度集权的教会章程,它的基本纲要可以见之于约翰·卫斯理(John Wesley)在1784年签署的一份契据。在其中他公布了一些信托,通过它们,他占有着一些遍布于英国各地的被转让给他的土地和建筑。现在我们在英国所有的城镇和许多的村庄里都能见到卫斯理公会教派的小礼拜堂。一般而言,每一个小礼拜堂都有自己单独的受托人,但是所有这些小礼拜堂的信托契据都采取同一种格式。这种格式于1832年出自于一位著名律师之手,我所见到的它的打印稿长达四十多页。这些信托契据构成了一套管理体制,它的中央集权程度如此之高以至于罗马教廷也可能会为它感到骄傲,尽管它的中枢机构不是教皇,而是委员会。

但是,我们千万不能再在那些涉及"慈善信托"的情形上费太多笔墨了,因为,正如已经指出过的,在这些情形中对于由法律上的人来担任的信托受益人没有迫切需要。如果我们愿意,我们可以认为慈善用途充当了法律上的人在普通私人性信托中所充当的那种角色。然而,当我们将"慈善团体"这个广大的领域暂时搁置时,关于人格的问题必定——我们也可能会辩解到这只是推论而已——会浮出水面。在这里将不会有任何用途因为"对公众有利"而受到保护。这里也不会有代表"国家家长"的公诉人的介入。因此,肯定不存在什么既是自然人又是法人的信托受益人吗? 只有在合作组织被赋予人格之后,或者只有在它永远总是被视为代表一些自然人的集体名称时,我们才可以为它设立信托吗? 我相信我们的回答应该会是,在理论上我们不可以,但是在实际上我们可以。

如果我们进一步追问理论和实践之间为何会有这种背离现象,那我们就触及了我所认为的信托制度的最大优点。它被用来保护这种非法人性质的合作组织免遭一些缺乏充分论证的个人主义理论的攻击。

我们应该都不会否认,如果慈善团体或者合作组织想要生存和发展,它就必须要得到法律的保护以防外敌侵袭。然而,以往的经验似乎表明它可以生存和发展,尽管律师们所持的仅有的那些关于其内部事务的理论并不完善。我将对这两个事实加以论述。

我们的慈善团体或合作组织,或者不管它是个什么东西,不得

105

不生活在一个邪恶的世界里：一个充满着盗贼、无赖和其他坏人的世界里。除过各种邪恶之物外，还会出现一些毫无根据的权利主张需要驳斥。邻居或者国家都可能作出这种权利主张。这个敏感的存在物必须要有一套坚固的外壳。现在我们的信托制度提供了这套坚固的外壳。如果被偷盗，盗贼将会因偷盗罪而被判刑，不用搬出信托来说事。如果存在边界纠纷，那土地占有人就会起诉或应诉。在这里需要注意的是，在信托制度的形成时期，所有这些外在诉讼都受到了法院的处理但却丝毫没有提到信托。当时处理这些案件的法官，如果我可以这样说的话，仅仅只能看到由受托人组成的人墙而看不到墙后的任何情况。因此，在特定信托面临外敌时，有关人格的问题并不会出现。这个结果的产生源于许多天才的设计。

但是如果存在这种坚固的外壳，那么就不再急切地需要法律理论。在法学被要求去搞清楚这个硬壳里面到底藏的什么东西时，好几年，或者好几十年，甚至好几百年都已经过去了。而且，如果藏在硬壳里的是某种合作组织，那么它在被迫向一个公共裁判机构说明自己的组织章程之前，可能会一次次地缓慢且悄无声息地改变自己的形式。尽管会出现分歧，但是争论各方将非常不愿意引入警方。在涉及宗教团体的情形中，这种不愿意可能会达到极点。英国人是个好讼的民族，而宗教界人士又总是会有大量的纷争。他们仍然不情愿让加利奥（Gallio）来作出裁决。[ix] 众所周知，起源于爱德华一世时期的英国"判例汇编"如今堆积如山。英国人生活的几乎所有方面都体现于其中。但是你要想从它们那里找到英国的一些没有得到法律认可的教会和教派的团体，你能得到的就只是一些散见于四处的只言片语。而其他一些协会（Vereine）——例如我们的"俱乐部"——的情形同宗教团体几乎相同。我们认为，就连为耶林所赞赏的"好斗的英国人"，在因为不同意全体会议或委员会的决议而请求法院作出判决时,也会再三思量。我之所以说"请求",是因为我相信他会使用这个字眼,因为英国人发自内心地认为协会固有着一种"司法管辖权"。而且我还相信,在没有正式法人的时期,英国人的这种思想最为坚定。所以,这道外墙一直得到了良好的修缮,我们英国人的法律教义学(legal dogmatics)可能没有任何有关未来之事的理论,可能就连总体上有缺陷且过时的理论也没有。对于我们当中的一些人来说,这似乎是一种可欲态势。尽管可以说这是不体面的,然而我们惧怕法律理论的这种惊人威力。

现在我将给出一些有关那些一直藏身于受托人人墙之后的"非法人团体"的典型案例。

我将假设一位手持旅游手册的外国游客游览我们的一个"出庭律师公会(Inns of Court)",假如说,林肯公会。[26] 他看到了小礼拜堂、图书馆、餐厅以及在晚上会关闭的大门。这个公会在很多方面都与他在牛津或剑桥见到过的学院非常相似。经过询问,他听说了一种形成于1422年之前的古老的公会章程,而且我们并不知道到底超前多少年。他得知一些法律教育方面的事务是由这些出庭律师公会来负责,而且出于这一目的还设立了一种根据协议组建的机构,即法律教育委员会(Council of Legal Education)。他得知一个人如果不是四大公会之一的成员,没有在那里得到"出庭律师"身份,他就不能在较高级别的法庭上充当辩护人。他会得知这些公会可以非常自由地规定授予出庭律师身份的条件。他会得知这些公会手中握有一种极大的,即使很少使用的,权力,它能够因某位成员做了不名誉的或不专业的行为将其逐出公会,将其排斥在法庭这种他谋生的场所之外,使其身败名裂。他会得知出现上

㉖ 在拉丁语中与英语中的 *inn* 对应的单词是 *hospitium*。

述情形时,可能会诉诸我们高等法院的法官们:但是并不是请求他们以公共裁判机构的身份来进行裁判,而是请求他们作为"来宾"去组成——我们可以这样说——公会内部法庭的二审法院(second instance)。

107　　他可能会说,我们显然有一些由公法上的公共机构和拥有特权的法人杂和在一起的怪物——而且在英国我们肯定想要这种东西。他的英国朋友则会回答,你说的根本不对;你在这里见到的只是一个连法律人格都没有的私人社团。至少我们的理论一直认为,它明天就可能自行解散,他的成员会分掉由受托人为他们保管的财产。而且,实际上,只是到最近才出现一个有着某种类似性质的公会,即古老的"高级律师"(Serjeants at Law)公会。由于不会再有新的高级律师,其成员解散了这个协会,分割了他们的财产。许多人认为一个古老协会走到解散这一步让人倍感惋惜。报纸对其竞相报道。但是,至于法律权利方面,我们被告知不存在任何疑问。

　　毫无疑问,有关这些出庭律师公会的情形在一定程度上是不正常的。在今天,没有任何一个私人协会能够获得它们曾拥有的那种权力。而且可以恰如其分地说,我们并不知道那些公会得到这些权力的方式和时间,因为这些律师协会一开始地位非常微弱,不为人所知。但是,在结束对它们的讨论之前,我们不要忘记,那些英国法官——他们接受并重述了大量有关法人的教会法知识,比如,法人拟制学说和法人特许学说(fiction theory, concession theory)等——曾是这些法人实体的自然人成员并且从不曾发现法人人格的缺乏是一种弥天大祸。我们的律师都是富有而有势力的人。如果他们想要,他们可以轻而易举地获得法人身份。他们并不想要这个身份。

　　但是我们来看看现代的情形。今天德国的和奥地利的海船让海上的人都知道一个咖啡馆老板的名字,爱德华·劳埃德(Edward Lloyd)。在 17 世纪末,他在伦敦市经营着一家咖啡馆,它得到一些海上保险商的频繁光顾。现在,自 1720 年以来,这些人不得不以纯粹单打独斗的方式来做生意。为了保护两位拥有特权的法人——它们借给了国家钱——就连海上保险商之间设立单纯的协会也不被允许。每一位保险商不得不自己办理自己的业务,只能是自己的。我们可能不希望看到这些单独的个体联合起来并最终组成有着紧密组织的团体——中世纪的人虽然不这样认为,但是 18 世纪的人却和我们持相同的想法。然而,这些人有着共同的利益,比如获取信息的利益,揭穿欺诈行为的利益和拒绝欺骗性索赔的利益。凭借一次认购和一支小规模的"信托基金",他们获得了这个"咖啡馆"的专用权。这个协会一步一步壮大。在拿破仑时代的那些大型战争中,"劳埃德咖啡馆事务管理委员会"(the Committee for regulating the affairs of Lloyd's Coffee House)成为一股重要的势力。但是直到 1811 年,这个组织依旧非常松散,那时在办理一个信托契据的必要手续时要在它上面签上 1100 多个签名。我绝不是想一一列举劳埃德咖啡馆为英国所作的一切。这个故事在德国应该更广为流传,因为它的主角,安格斯坦(J. J. Angerstein),尽管是从俄国来到英国的,但却是德国人的后裔。但是,直到 1871 年,劳埃德咖啡馆还只是一个没有丝毫法律人格(至少我们认为是这样))的非法人性质的协会。在 1871 年它得到了法人身份,出现这一转机的首要原因是这样一个大事件,在那一年从须德海(Zuyder Zee)海底重新找到了一大批财宝,这些财宝从 1799 年起就一直留在那里并已有所属——但是,由于一次失火烧毁了一些档案,没有人能说得清楚这批珠宝到底属于何人。在这样的一个协会的生命中,"获得法人身份"就是小事一桩。我们甚至不能将其与达到成年期相提并论。它更像是一个"自然人"买了一台打字机或者

108

在学习速记法。㉗

伦敦证券交易所(London Stock Exchange)的例子更具有启发性。㉘ 我们在这里看到的也是一开始的小打小闹。在 18 世纪,那些经营证券业务的人经常光顾一些咖啡馆,尤其是"乔纳森(Jona-than)咖啡馆"。他们开始成立俱乐部。他们通过按年向咖啡馆老板支付费用将那些没有被他们选中的人排斥在咖啡馆门外。在1773 年,他们搬到了一些更宽敞的房屋里。那些使用这些房屋的人每天要支付 6 便士。在 1802 年,他们斥巨资买了地皮,花重金盖了大楼,并用一份"协议契据"(deed of settlement)明确地规定了精细的章程。价值 2 万英镑的投资总额被分成了 400 股。站在受托人背后的是一大堆"所有人",他们曾投入了资金;而站在这些"所有人"背后的是人数更多的"成员"(member),他们的认购形成了被"所有人"分享的收益。然后,一幢幢大楼被盖了起来。在 1876年,一份新的"协议契据"被签署。在 1882 年,它的内部发生了巨大变化。当时的投资总额达到 24 万英镑,被分成了 2 万股。

我们不能再继续纠缠于细节。这足以表明这种团体是一种高级形式。例如,"所有人"的股份可能常常会由于私法的自然运行而被转到那种对证券交易行业丝毫不感兴趣的人手中,因此组织章程所规定的那种合作性质就会被破坏,这可能会使那种刚入这一行的人大吃一惊。但是这种危险是可以排除的。任何办法都不能阻止原始认股人一致同意股份只能被卖给证券交易所成员,而且,如果一支股份以继承的方式被转到他人之手,那么它必须在 12个月之内被卖掉。这种规定并没有阻止股份成为贵重物品。

在 1887 年,一个王室委员会得到委任对伦敦证券交易所进行评估。它采集证据,撰写报告,并提出了意见。其大部分成员建议

㉗　F. Martin, *History of Lloyd's*, 1876.

㉘　C. Duguid, *Story of the Stock Exchange*, 1901.

应该通过王室特许状或者国会法令赋予伦敦证券交易所法人身份。

伦敦证券交易所就这样被赋予法人身份了吗？肯定不是。在英国，我们没有办法赋予那种不想拥有法人身份的人以法人身份，而伦敦证券交易所的成员们就是这样的人。对于法人的"内部章程"要送交贸易部（Board of Trade）这个中央权威机构审批这一规定，已经有了评论。评论认为它极不合理（cloven hoof）。我们光从步伐就可以认出魔鬼（*Ex pede diabolum*）。[29],[x]

现在，我认为，除非我们诉诸一些英国人所谓的"纯粹技术性手段"，否则要找到任何法人可以做而无法律能力的协会却不能做的事情还真非易事。这些没有法律身份的协会进行了大量的立法活动。它在王室委员会（the Royal Commissioners）的代表在谈及"立法活动"时毫无半点犹豫。他会告诉人们这种协会是如何进行司法并强制执行了一种比法律所能达到的标准更高的道德标准。而那是一种可怕的司法。被逐出协会会导致身败名裂。也存在轻度的惩罚。用现在的用语来讲，据说协会委员会可以"作出一个判决"吊销某人一年、两年或五年的出庭律师资格。

团体对于其成员的这种"准司法"权力——"准"（*quasi*）这个词是英国律师真正喜欢的极少数拉丁文之一——被以与我们的法院进行司法的那种方式相同的方式执行，这使其看上去越发像真正的司法权力。一个被我们的某个俱乐部逐出的人——用委婉的说法就是，一个被从成员名单上除名的人——有时起诉至国家的法院。这个法院会严格遵照该俱乐部的书面"规则"中明确规定的那种程序。但是，也会有关于"自然正义"的讨论。因此这只是去 110 遵照那些保证会为每位受到指控的人提供一场公正公平的审判的

㉙　London Stock Exchange Commission, Parliamentary Papers, 1878, vol. XIX.

程序。尤其是，应该明确地给被告一个确定的罪名，而该被告应该有充分的机会进行抗辩。无论那些书面的规则会做何规定，都很难假定一个人不会使用"自然正义"将会提供给所有人的那种保护来捍卫自己的权利。从理论上讲，这些"规则"，无论是不是书面规则，都只是合同条款。在实践中，我们还会经常听到有人抱怨那些有责任主持公道的人并没有公正地对待自己。俱乐部规则这种可怕的东西在我们中间很难重新出现。[xi]

我相信在我们大部分国人眼中，英国最重要、最令人敬畏的裁判机构不是上议院而是赛马俱乐部（the Jockey Club）；而在此种情形中，我们会看到这个协会所具有的针对那些非协会成员的"司法管辖权"，他们会使用这个字眼。这个故事我不得不讲。它似乎是这样开始的，一些绅士组成了一个俱乐部，买下了一个赛马场，即著名的纽马克特赛马场（Newmarket Heath），并以他们自己为受益人将赛马场转让给一些受托人。于是这些绅士便可以决定哪些人可以被允许进入赛马场。然而，我认为，在那些被排斥在这片神圣的石南树丛（heath）之外的人看来，与受到罗马教会这个"历史悠久的团体"的开除教籍的处罚相比，他受到的处罚更为严重。"敬请离开纽马克特赛马场"（warned off Newmarket Heath）成为我们的口头禅。

请注意我所选的例子都来自于 18 世纪：如果我没有弄错的话，在那时，法人理论曾对其他国家的人们产生了极大的束缚。在英国，我们也有一套理论，它是一种非常正统的模式，但是它并没有压倒这种结社精神。在信托制度的掩护之下，有好多事情可以去做，而事情的开端可能因此非常低调。所有这些因素使得我们英国法理学杂乱无章，但也赋予了它一种实验性科学的秉性。我希望它永远不要丧失这种秉性。

但是，确定无疑的是，我们必须要有某种关于成立私人协会的法律理论,例如,某种关于那种我们在帕尔摩街(Pall Mall)上见到的俱乐部和那些奢华场馆的理论。

是的,我们有,它是一套纯粹的个人主义理论。它必定会是这样的。由于在这个情形中不存在"慈善团体"的问题,故而信托必须是为了一些人的利益,而任何为一些不确定的人(未来成员)的利益而设立信托的尝试立即会违反对家庭信托遗赠有着适度约束的"禁止永久权规则"(the rule against perpetuities)。于是我们的确没有任何工具可用,除了所有律师都知道的这几种。在受托人人 111
墙背后我们还有财产共有制(权)和合同。我们认为"依据衡平法"只有最初的那些成员才是信托受益人:他们是有着财产共有权的共有人;但是他们同时也签订合同,要遵从一些规则。

我认为这个结果并不能令人满意,因为俱乐部成员在俱乐部土地、场馆、设备和书籍之上的"衡平法上的所有权"是一种非常奇怪的所有权。(1)它实际上是不能转让的。(2)某位俱乐部成员的债权人实际上也不能凭借执行令(by execution)动它半根毫毛。(3)实际上,如果某位俱乐部成员破产,他的债权人不能从他的这种所有权中得到任何好处。㉚(4)如果某位俱乐部成员没有支付他的年度认购金,他的这种权利会终止。(5)如果他被依照会规开除会籍,他的这种权利会终止。(6)每当有新成员当选入会,旧成员的股份——如果可以叫做股份的话——就会缩小。(7)他不能主张分割这些共有财产。(8)为了将所有这些都解释清楚,我们不得不假设存在许多的默示合同——人们在签订它时都不知道自己在做什么,因为在每一次遴选新成员之后,新成员和所有的旧成员之间必定会有一个新的合同。但是,法庭之上的每位法官都

㉚　可以想象这样一种情形,当一个俱乐部将要被解散,那么对于其财产的一个平均份额的预期权利(prospective right)对俱乐部成员的债权人而言可能是有重要意义的;但是这种情形非常罕见,我找不到关于它的任何论述。一些俱乐部试图通过会规去取消破产成员的这种权利。

至少是一个俱乐部的成员,而我们知道,如果有 1000 份默示合同会被发现,那么就会得到一个尚好的结果。我们不要忘记,当哲学家们和法学家们宣布国家源于合同时,国家并没有分崩离析。

有一些迹象表明,随着时间的推移,我们可能会被迫放弃这套理论。国家已经开始像征收法人的税负一样征收俱乐部的税负。[31] 在我们制定这样一条极为一般性的原则——只要一个自然人由于他人的死亡而获得任何财产,那么他就必须给国家纳税——的时候,我们都明白俱乐部的财产会规避这种税负。这种观点简直荒谬透顶,而且实际上是行不通的,即无论何时某个俱乐部的某个成员死亡,一些本该被征收的税款都要被装入这个俱乐部的所有其他成员的腰包。于是,这种"非法人团体"的财产会像法人的财产那样被征税。这是一种进步。

我猜,在法人身份不易被得到的时期,德国法学家对借助财产共有制(权)和合同这两大工具进行的一些奇怪的操作肯定并不陌生。但是我想要指出的是,由于受到信托所提供的坚固外壳的保护,一些英国理论的不完善性很少得到认真的审视。法院偶尔还会提到俱乐部,而你在我们有关法律基本原理的书籍中却找不到任何关于俱乐部财产的论述。然而,伦敦的那些房屋、它们的地皮以及内部的物品都价值连城,几乎每一位英国律师都感兴趣于——是因为自己喜欢而感兴趣——它们其中的一者。

拿英国的非法人协会同新的德国法典中的无法律能力的协会进行对比可能极具启发。但是会让作对比者大吃一惊的第一个差别或许就是,在德国,几乎每一个可能与无法律能力的协会有关的问题都事先得到科学的论述并经过争论,与之相反,在英国,有关非法人协会的论述少之又少。我们有着一些零零散散的判决。但

[31]　Customs and Inland Revenue Act, 1885, sec. ii.

是研究它们时必须倍加小心,因为每一个判决只是处理一种类型的协会,而协会的类型却不计其数。我或许可以说,没有人试图去回答——比方说——由吉尔克博士提出来的那些问题中的一半。然而,让我再强调一遍,我们英国的无法律能力的协会多如牛毛,它们其中有的已经由来已久,有的富甲一方。[32]

这一点(在这一点上英国法也不同于德国法典)可以被明确指出,不能将英国的非法人协会比作德国的合伙。当协会是指一种普通类型的"俱乐部"时,无论如何是不能这样比拟的。[33] 我还注意到,就当前的目的而言,用来表示德文"*Gesellschaft*"(合伙)和"*Verein*"(协会)的英文分别是"partnership"和"society"。因为在刚开始出现俱乐部的时期,人们试图将俱乐部视为合伙。合伙是一种古老的既定制度,而人们试图将俱乐部这种新生事物归入合伙这一古老范畴之内。然而,这种努力已经被明确放弃。我们现在被告知,不仅俱乐部不是合伙,而且一般来说我们不能拿其中一者来论证另外一者(argue from the one to the other)。在 1890 年一部制定法给合伙下了定义:"存在于一群为了获利而共同经营一项事业的人之间的关系。"[34]这个定义不会将俱乐部包含其中。

这套学说——不能将俱乐部与合伙相等同——的最主要的实际利好在于这一事实,即,一个英国俱乐部的委员会没有在俱乐部业务范围内代表其成员签订合同的一般性权力。真正的法人责任不会被制造出来,并且,就像我会在后文提到的那样,英国法院对任何规定有限责任的企图都持反对态度。关于俱乐部有两点假

113

---

[32] 我相信英国法院作出的影响到我们的俱乐部的所有判决都会在一本小书中找到:J. Wertheimer, *Law Relating to Clubs*, ed 3, by A. W. Chaster, 1903。

[33] 否则这样做会涉及非法人股份公司(unincorporated *Aktiengesellschaft*)。但是那几乎是过去的事情。一些在很久以前就成立的协会可能仍旧会以非法人的身份来生存,例如伦敦证券交易所。

[34] Partnership Act, 1890, sec. I. 要想知道这句话的意思,参见 F. Pollock, *Digest of the Law of Partnership*, ed. 6。

设——第一,俱乐部成员事先支付他们的认购金;第二,委员会有现钱去支付所有目前开支。在理论上,这并不能令人满意。我相信下面这类情形肯定会频繁发生,即,为俱乐部提供酒品、书籍以及其他物资的供应商会很难发现另外一方合同当事人。英国法中没有规定说(在此处我们又一次跟德国法典不同)那种以代表非法人协会从事一定行为为职业的人总是自行承担责任。㉟ 我还认为这位供应商往往不得不承认他从未相信过任何自然人(man),因为,事实上,他认为俱乐部就是一个法律上的人。我只能指出以下几点:首先,丑闻尽管并非完全不为人所知㊱,然而也非常鲜见;其次,俱乐部成员很可能认为这个案例与法人责任有关;再次,伦敦的商人完全愿意为一些俱乐部大规模地提供物资。如果会有额外的花费,例如,如果要给俱乐部大楼再建边房,那么往往会以适中的利率来筹借大笔款项。我们知道一种"无个人责任的抵押贷款",它一直都是一种有用的制度。严格地说,这种借贷中不存在债务人,但是债权人可以通过许多方法获得还款:尤其是,他可以出售被抵押的土地。

违法行为能力是一个备受关注的问题,也是当下一个迫在眉睫的问题。不久前,英国的律师们很可能会反对在有关法人责任的英国法中加入规制某种与法人责任问题相类似的问题的法律。任何不属于自然人因违法行为而应承担的那些责任的责任,必定是被代理人因代理人的行为而应承担的责任或者雇主因为雇员的行为而应承担的责任。而且如果有任何责任的话,该责任必定是无限的。但是上述观点在现在遭到很多质疑。英国最高法院(上议院)最近判定工会具有违法行为能力:换言之,由工会这个非法人协会的有组织的行为所造成的损失必须用公会受托人所持财产

㉟　B. G. B. § 54.

㊱　参见 Wertheimer, op. cit. p. 73。

以外的财产来赔付。如今工会是一个有某种特殊性的非法人协会。有专门针对它的特别制定法，它们赋予它了一些——但并非全部——我们赋予给法人的那种法律身份。这个判决的得出是不是出于这个特殊因素，或者它是否是依据某个更宽泛的根据，这些都没有明确的答案。工团主义者对包括这个判决在内的一些事宜并不满意。我也说不准他们的游说会产生什么效果。有一点可以被预先指出，即，在英国，社会性和政治性因素会比法理学因素优先得到考虑。至于这个更宽泛的问题，既然已经有了一个开端，我相信吉尔克博士下面的这段话对它能够有一个很好的描述：

> 就因非法行为造成损失而应承担的责任而言，或许有一种惯例正在被用来使没有法律能力的俱乐部可以受到法人法（corporation law）的规制。[37]

我认为，英国俱乐部的成员自然会倾向于将这个案例彻底视为一个有关法人责任的案件。往往使我感到惊讶的是，从道德的角度来看，最应该具有人格者在法律上却没有被赋予人格。人们认为自己的俱乐部就是一个既正直又体面的生命体，却认为合股公司只是一种他投钱进去并从中取出红利的机器。

至于法人的这种违法行为能力，我们应该注意到，时至今日，英国法人几乎不得不为自然人之间所能犯下的所有种类的过错行为付出代价。因此，最近有一个非法人性质的公司不得不因为"出于恶意且在毫无正当或大概确实的理由的情形下"针对一个自然人提起刑事诉讼而支付赔偿金。在我们的法律理论中，我们将法人的违法行为能力同法人拟制学说相调和，我们辩解到，它是一个关于雇主（拟制人）赔付其雇员的行为所造成的损失或被代理人赔付其代理人的行为所造成的损失的案例。而且，由于我们关于雇

---

[37]　Gierke, *Vereine ohne Rechtsfähigkeit*, zweite Auflage, S. 20.

主责任的法律规定非常宽泛，所以，这样的解释并无明显缺陷。我不确定，在非法人协会的问题上，它能否帮助我们达致所欲求的结果。

115　在我看来，我们在实践中所采纳的关于俱乐部财产的学说在吉尔克博士下面的这段话中得到了很好的阐述，尽管（出于业已给出的原因）我们必须要略过一些他关于合伙的论述。㉝

　　俱乐部的财产暂时……属于……其成员；但是作为合伙财产［俱乐部财产］，它是一种，服务于合伙组织［俱乐部］的目的的，不同于其成员的其余财产的，由许多财产组成的单一体。它将由合伙人［俱乐部成员］共同占有，其股份并未被分割。它与法人的财产相类似。

于是，在英国，这种俱乐部财产与俱乐部成员的所有其他财产的这种分离状态会变得更加明显，因为，在普通法上来看（in legal analysis），这种财产的所有人并非那些俱乐部成员，而是一些受托人。的确如此，实际上，俱乐部受托人的这种财产权差不多就是一种虚假财产权，而受托人自己差不多就是委员会和全体会议掌中的提线木偶。需要注意的是，在此类信托中，受益人受到了极佳保护，因为，即使契据被伪造了，也没有人会说他买了我们的一个俱乐部会所或天主教大教堂而对于其上的信托却毫不觉察：事情能为自己讲话（res ipsa loquitur）。受托人的这种消极财产权仍然发挥着一种外部标记的作用。这种标记将所有这种财产权聚集为一种由许多财产权组成的单一体。而且，当我们记起一些伟大的法学家发现可以将这种法律上的人说成是提线木偶，一种并非不重要的类比就由此产生了。

　　俱乐部不仅可以从活人那里取得财产而且还能从死人那

㉝　Gierke, *Vereine ohne Rechtsfähigkeit*, S. 14.

里继承财产。因为,在任何时间都可以毫不费力地提名身为合伙(俱乐部)连带债务人的俱乐部成员充当继承人,遗赠给他们财产也同样轻而易举。㊴

实际上这是对我们英国法的真实写照,尽管"提名为继承人"这些字眼并不适合我们的法律体系。在此种情形中立遗嘱人需要加以小心,以免被指控为企图设立有利于一系列未确定人员(未来成员)的信托和违反我们的"禁止永久权规则"。他说得越少越好。协会实际上是能够接受遗产的。吉尔克博士的下面这句话同样符合英国的情形,尽管第一个单词显然是不适当的。ⁱ"〔联邦政府的法律所规定的(*landesgesetzlich*)〕对法人获取权利的能力的一些限制不能被进一步适用于不具有法律能力的俱乐部。"

116

因为我们的律师们已经将我在后文将论及的一部亨利八世的制定法解释得一清二楚,所以我们的不具有法律能力的协会一直都位于那些禁止法人获得土地的《永久管业法》的效力范围之外。而且这曾一度是我们的不具有法律能力的协会对于有法律能力的协会的巨大比较性优势。例如,赛马俱乐部能够获得纽马克特赛马中心的土地而无需经过国王或国家的批准。甚至在今天,如果我们的一些不具有法律能力的协会曾遵照《公司法》(Companies Acts)进行注册并由此变成法人,它们就会丧失它们拥有无限量土地的权力。㊵

至于诉讼能力,英国学说视这种"起诉与被诉"的能力为法人的基本属性之一。有时这种能力似乎的确是作为法人的独特之处表现出来的,尽管公章也是它的一个重要标志。在这套学说上我们并没有公开的分歧。然而,要知道,在为数甚多的争论当中,不

㊴　Gierke, op. cit., S. 21.

㊵　Companies Act, 1862. sec. 21.

具有法律能力的协会的那些利害关系(concerns)会被受托人全权代表。在所有涉及不动产的诉讼中尤其会这样。我们来假设有一起特定协会与邻居就地役权或边界而发生的纠纷。这起纠纷可以被诉诸至法院,由法院就像判决不涉及信托和协会的案件那样来对其作出判决。同理,如果纠纷的相对方是"在衡平法上"属于特定协会的土地或房屋的租赁保有权人(或者说,土地保有人),也可以采取相同的处理方式。在租赁保有权人和协会的受托人之间存在一种法律关系,但是在他和该协会之间却没有。一般而言,他不可能通过在一些关于协会的组织章程中找到说辞来攻击协会。然后就协会内部纠纷而言,衡平法院发展了一套关于"集团诉讼"的极富弹性的学说。它的起源与我们正在讨论的问题没什么干系。有充分的证据表明,在处理英国人能够设立的那些复杂的信托的过程中,法院不得不同意一群人中的一员有资格代表他们这个整体参加诉讼。我们对这种"代表自己和所有其他的受遗赠人"或者"代表死者的其他所有的堂(表)兄弟姐妹"或者"代表其他所有债权人"起诉的原告不再陌生。这种实践帮助了协会。我们英国人会倾向于这一观点,即,如果在许多案件中随便的一群人(例如,立遗嘱者的侄子们)都可以被他们中的一员代表,那么一个协会的全体成员(*a fortiori a Verein*)也可以被它的"官员们"代表。而我们在作出这样的主张之时,竟然没有注意到我们正在侵犯法人对诉讼能力的专属性占有。⑪

但是,非法人协会肯定对它的所有这些缺陷非常满意。我们可以做一个简单的试验。在上个世纪*的最后四十多年里,只要愿意的话,几乎每个协会都可以非常简单地取得法人身份。当我们

---

⑪　我们关于这一问题的法律现在具体体现在 Rules of the Supreme Court of Judicature, XVl, 9。

* 即 19 世纪。——译者注

打开这扇门时,我们将它打得很开。任意 7 个或 7 个以上的人出于一个合法目的联合在一起都可以成为一个法人。[42] 无需任何国家机关的批准,没有专门针对政治性的、社会政治性的或者宗教性协会的特殊规定。许多各种形式的协会都利用了国家提供的这个机会,但是也有许多对它无动于衷。我并不是指那些不会有任何财产或者只有极少量的财产的微型协会,它们多半只有一些会员(chess-men)。我也不是指那些活跃在英国各地进行游说的政治性协会,例如,关税改革协会(Tariff Reform Association)和免费食品协会(Free Food League)等。我们很难期望那些团体——它们只有暂时性目的而且并不十分确定这个目的未来的发展方向——会去关心是否具有法人身份。但是其他许多团体——它们并不贫穷,希望长期存在,也有一个明确的目的——都放弃了这个机会。例如,被我们称为伦敦式俱乐部(the London type)的那些俱乐部——它们拥有可供成员消遣时光的会所——就是如此。许多学术性协会也是如此。我亲自参加过这样一个协会,它的设立目的就是为其成员印刷和分发讲述英国法历史的书籍。[xiii] 如何处理这些书籍的版权成了一个问题,于是人们认为这个协会应该使自己成为一个法人。但是该协会的委员会——组成人员全是律师,其中有一些人还是非常著名的律师——选择了这个古老的方案,即,信托。至于那些采取这种古老方式的大宗事件,我们可以以伦敦图书馆(the London Library)为例。它在伦敦的中央地带有一栋巨大的建筑,有超过 20 万本书籍可供其会员借阅。

想要对此给出一个解释并非易事。我认为,这不是费用问题,因为为了维持由受托人筑起的这道篱笆也要支付费用。所以我认为,从纯粹金钱上的得失来解释这个现象,往往会表现为一种有利

118

---

[42] Companies Act, 1862, see. 66.

于法人身份的权衡。但是，显而易见的是，有着这样一种广为流传，尽管并非十分明确的观念，即，在将自己置于法人法（incorporating Gesetz）——无论它可能多么的宽松，多么富于弹性——的效力范围内之后，一个协会丧失它的一些自由，它的一些自治性，也不会像它在既不向国家提出任何要求也不从国家那里得到任何东西的时期那样完全掌控自己的命运。这种信念会随着时间的消逝而渐渐被淡化。但是我敢肯定任何试图把我们的协会变为法人的举动，换言之，任何注册的要求，都会激起反对的声音。然而，这样一个提议——允许法院公开将法人身份赋予那些既没有经过特许也没有登记注册的协会——不仅会激起这样的抱怨之词，即，无法容忍的不确定性被引入法律，还会引发这样的疑虑，即，提议者有一些不可告人的目的：或许就是我们所谓的"官僚主义（red-tape）"这个最糟糕的东西在作怪，或许就是为了征税和"掠夺"。

到此为止——除过在讨论伦敦证券交易所的时候——我一直在谈论那些不在成员中间分割收益的协会。我并不想去讲述英国合股公司的故事。在德国以及其他地方，它常常被讲起。但是我想提醒大家注意这样一个问题。

在 1861 年，国会使取得法人形式和法人人格成为易事，唯一的条件便是"7 个或 7 个以上的出于一个合法目的而联合在一起的人"。我认为我们有理由为这一表述的宽泛程度而欢呼雀跃，因为在英国，我们已经见过太多的折中之策，而这个规定并非折中之策。但是我们仍然可以将其描绘成投降条款（act of capitulation）。敌人就在城堡里面。

在 17 世纪结束之前的英国，人们正在试图创设有着可转让股份（shares，当时的人们用"actions"这个词）的合股公司。这个过程发展得如此迅速，以至于到了 1694 年，一位名叫约翰·霍顿（John Houghton）的人在他自己的报纸上登出了一个价格单，上面那些非法人公司的"股份"（actions）被和诸如英格兰银行这样的特许法人的股份一起登出。我们对这些公司的组织体系有一些了解，但是我们对律师和法院在处理它们的事务时所采取的方法并不了解。于是，众所周知，在 1720 年爆发了南海泡沫事件（the South Sea Bubble）。惊慌失措的国会颁布了一项法令，即使我们现在读起它，似乎还能听到透过这部法令传来的国会议员的气急败坏的吼叫。[xiv] 毫无疑问，这曾经一度阻碍了合股公司的成立。但是，时至今日，一些保险公司还存在于我们身边。尤为值得一提的是，太阳保险公司（the Sun），它在 1720 年以前就已经存在并以非法人身份继续生存至今。[43] 于是，在后来，当这场大灾难被遗忘之后，律师们开始冷静地钻研这部可怕的法令的条文，他们发现它根本没有那么可怕。比方说，它威胁要惩罚那些未经法律授权便"擅自像法人那样行为"的自然人。但是，这种罪行怎么能被犯下呢？

一段悠悠往事使得英国律师不能说组织（organisation）就是法人。他们本身就是出庭律师公会的会员。自然人能否"擅自像法人那样行为"，这似乎的确含糊不清，除非他们明确说他们是法人性质的，或者除非他们擅自使用了那个神圣的符号，即，公章。英国法不得不去从一些相对表面的现象中发现真假法人身份的基本特性。

法院这样认为，即使这部 1720 年法令中那些更明确的禁令，诸如那些禁止"发行或者假装要发行可转让股票"的规定，也并非就像乍看上去的那样严厉。在情急之下，国会跟公众谈到了许多关于危害（mischief）的问题。法官关于危害的理解很容易改变，他们会说，只要没有要造成危害的故意（mischievous tendency）就不存在违法行为。在 1825 年《泡沫法》（the Bubble Act）被废除之前，它

---

[43] F. R. Relton, Fire Insurance Companies, 1893.

的大部分利齿已经被拔光。

但是合伙人的无限责任还是被保持了下来。那是一个会被英国人完全理解的纯粹的实效问题（practical matter）。实际上，从 19世纪上半叶起，我们的一些国会法令就强烈地暗示实效问题就是整个问题的核心。时至今日，国会非常愿意授予某种权利，例如，积极的和消极的诉讼能力，即作为一个单位以秘书或出纳员的名义起诉与被诉的能力。顺便指出，这还进一步扩展了我们有关"非法人公司"行为能力的观念。这是一个盛行折中之策的时代。有这样一个有趣的案例，一家美国法院曾判决一家英国公司是法人，尽管在此之前我们国会的一部法令已经明确表示它并非法人。

如果我们的立法机构不通过一般性措施授予［公司］完全法人身份，我们的法院就同样不会放松公司成员应承担无限责任的这个规定。

但是诱因已经被引进来了。如果一个人在出售货物时明确表示他不会让任何个人承担支付价金的义务，而只是指望一些已认购的基金，难道我们不应该让他兑现自己开出的条件吗？我们的法院极其不愿相信会有人做那么傻的事情，但是他们不得不承认充分明确的表示能够排除个人责任。已经出现了诱因。若非国家做了让步，就会出现这种情形，即一些英国合股公司虽然不具有法人身份，但却签订了只承担有限责任的合同。我们知道在今天自然人在订立合同时使用"有限的"一词的这种行为并不被禁止。我们没有理由认为他们会受到禁止，如果这一个词被扩展成印刷在公司信纸页眉上的几行字。不用说，公司的经理会有充分的理由去认为公司已经适当地告知了每一位同它签约的人有关有限责任的条款，因为，如果这种告知没有被作出，那么他们自己很可能会是第一个受害者。⑭

在英国,国家于 1862 年得体地作出妥协。同时,它禁止了大型非法人协会的成立。要想成立成员人数超过 20、以营利为目的的俱乐部或协会就必须将其进行注册而使其成为法人。然而,我们可以说,这条禁止性规则几乎成为一纸空文。我甚至怀疑一般人是否知道它的存在,因为没有人想要违反它。如果特定协会的目的就是获利,那么法人形式已经证明自己远比非法人形式更为适合,以至于超小型法人("一人公司"ˣⱽ)的成立具有很大的灵活性。在这种超小型法人中,单个自然人的意志具有支配性。尽管我们不能说英国法中的这种简单的协会就是一种垂死的制度,然而它的确在飞速衰落。⑮

美国的情况又大不一样。据我所知,这种将财产托付给受托人的非法人合股公司与新兴商业公司并肩而立。我得知,任何禁止自然人成立大型非法人合伙的法律都会被认为是对合同自由的不正当干预。甚至连这种法律的有效性有时也会遭到质疑。大量的有限责任得到了一些精心设计的条款的保护。我将以下面这段取自于一份美国"信托契据"的文字为例。

121

---

⑭ 在英国沿着这条线路的发展止于这一点,因为在 1862 年法令颁布之后,那些以营利为目的的俱乐部都变成了法人。英国法已经发展到下述第一句话所描述的地步,但是我认为它还没发展到下述第二句话所描述的地步:"使俱乐部成员去承担以这样一种方式——他们中的每一位都只对自己的那部分财产负有义务,尤其是用他在俱乐部财产(Vereinsvermögen)中的股份来履行这种义务——进行的法律交易中产生的义务,是没有困难的。如果这样一个协议是有效的,那么俱乐部委员会的代表权就会被制定法限定在这一范围内,即它只能使俱乐部成员去承担一种以他们的份额为上限的义务。"(Gierke. op. cit 39.)至于我们的俱乐部,就像已经说过的,我们从法律中推不出来,委员会或者受托人可以给成员设定任何债务,即使是有一定限度的债务。

⑮ 大体而言,我们的 1862 年的法令所做的特殊规定类似于 B. G. B. 21, 22 所做的特殊规定,参见 Act of 1862, sec. 4:"任何成员超过 20 人[如果是银行业,10 人]的公司、协会或合伙,如果其目的是从事以公司、协会或合伙,或者其个体成员的获益为目标的事业,只有在注册之后,才得以成立。"我认为,在四十年间几乎没有出现那种不确定某个协会是否符合这一规定的案件。

受托人没有权力去约束持股人个人。在签署每一份合同时，受托人都应该提到有关信托的这个声明。与受托人签约的自然人或法人都应该依赖信托基金和信托财产来使自己得到合同规定的支付……因此，无论在现在还是未来，受托人和持股人，都不会有个人责任。

协会或合伙所从事的事务规模越大，这些条款就越牢靠，因为（不必说法律上有这样的要求）大宗事务自然会采用书面形式来进行。

于是发生了这些事件，它们将"信托"和"法人"这两个词密不可分地勾连起来。我无法确定是何种原因使得美国人在创建迄今为止规模最大的资本集合体（aggregations of capital）时不愿采取法人形式。[xvi]但是，我相信在过去的很长一段时间，美国法人一直对国家心存恐惧，这种恐惧要大于英国法人那种同样的恐惧。很多美国人都知道这样一个判决，这是由总检察长提起的一场诉讼，一个违法的法人被强制解散以示惩罚。在1688年光荣革命之后的英国，我们几乎没有听到过此类事件。我们可以用查理二世时期伦敦市政法人因其违法行为而遭到解散这件事情来进行反证。无论如何"信托"而非"法人"才是美国金融和工业巨头们在进行他们的大制作时选择的形式。

从那时起，变化就没有停止过。为了吸引大型的联合体，某些州（尤其是新泽西州）开始放宽它们的法人法。当公司的资本达到百万美元以上，即使佣金的比例非常适中，那也是一笔可观的收入。所有在今天美国的"信托"（在经济学家和记者们所使用的那种意义上）几乎都是——如果不全是——法人。

于是，萨利克法律中的"忠诚"（the "trustis" of the Salica）这个古老的用语获得了新含义。任何种类的资本联合体，只要它足够有实力,都流行被称为"信托"(trust)。英国人认为德国遍地都是"信托"(trusts)。

VI

现在,请允许我再一次指出,信托制度和法人制度之间的这种联系是由来已久的。它至少存在了四个世纪。亨利八世就曾经见过它。一部在他治下颁布的国会法令的序言中有着这样的一段话[46]:

> 为了……在人们的一致同意下……建立的不具有法人身份的同业公会、兄弟会、民众组织(comminalties)或公司……的用益……以信托的方式进行的土地转让……国王……其他领主以及这个王国的臣民都遭受到愈来愈多的损失和不便……为了防止土地通过转让变为永久管业。

我们看清楚了危害所在。由受托人组成的篱笆将会得到良好的维护和修缮,以便不会发生土地复归,不会出现收取继承金的情况,不会产生监护关系,因为这道篱笆背后会有一种高度关注篱笆的维护的合作组织。这种合作组织在成立时并不经过国王的批准。我认为,现在所有阅读这部法令的人都看得出它绝对旨在避免这种危害。[47] 然而,令人高兴的是,该法令也在一定程度上限制了为亡故之人设立的信托。在亨利驾崩不久,信奉新教的律师们便可以讲整部法令是为了制止"迷信活动(superstition)"而制定的。 123 或许出庭律师公会的成员在注解国王的意图时并不是非常的中立。但是在一个经典案例中,律师主张这部法令不可能意指它表

---

[46] Stat. 23 Hen. VIII, c.10.
[47] 信托的期限必须设定在20年之内,否则它就会无效。

面上的规定,因为在英国,几乎所有的镇——"镇"在这里指的是村镇(Dorf)而非城市(Stadt)——都借助受托人来拥有土地。这种表述显然不会被严格按照字面意思来解释。但是这种为了某个市政协会的用益或者为了某个市政协会的一定用途而设立的信托是由来已久并且很常见的:它就是"慈善团体"。在剑桥附近有一处名为利特格特(Rittergut)的庄园,它被专门用于支付在国会中代表剑桥郡的骑士的报酬。[48]

在这一方面,信托的创设的确不能直接补救我们所遭受的由于法人许可学说的猛烈攻击而产生的伤害。除有特权的自治市之外,我们所有的市政协会都继续处于一种低级的法律发展阶段。它们甚至出现衰退,因为当在它们之上建立起一种有特权的民众组织体制——自治市——的时候,它们就好像遭受了人格减等(capitis diminutio)。13 世纪的郡[我们发现当时的一些正式记录竟然会使用"郡过来讲到(the county comes and says)"这种表述方式]要比 18 世纪的郡拥有更为明确和更少受到质疑的人格。但是,如果英国郡从来不曾降级为政府的一种行政区,如果在格奈斯特(Gneist)[xvii]笔下的那种被称为"郡"的奇特制度中总是存在某种程度的"自治"因素,在我看来,那在很大程度上是由于信托制度发挥了作用。这种作用使我们知道如何看待那种被国王作为一种技术性有利条件来出售的法人身份。这种法人身份可能是一种非常有用的有利条件,它使人们能够直接去做在没有这种身份的情形下只能通过繁琐的方法去做的事情。但是,它依旧只是一种高度技

---

[48] Porter's Case, 1 Coke's Reports, 60:"因为几乎所有属于不具有法人身份的镇或自治市的土地都以信托的方式被转让给了本堂区的居民及其继承人,并且人们确信土地的收益会得到很好的利用,例如支付镇税,维修公路……没有一种这样的用益(尽管它们几乎在每一个镇都很常见)曾被 23 H. 8. 制定法规定为无效。"在我所知道的这些有关"集团诉讼"的最早期案例中,有一些是伊丽莎白时期的案件,在其中,一个村庄或者堂区的人们"代表他们自己和其他的一些人"起诉受托人。

术性的有利条件。在组成"团体"的过程中,在由信托人构成的篱笆后面发生了许多事情。在一般人看来这些团体与法人极为相似,并且没有人想要为这个过程设定明确的限制。

所有这些都在我们的地方政府体系上反映了出来。我们的协会和市政法人这二者之间的作用与反作用较为简单,因为我们知道公法与私法不存在任何形式上的断裂。在我们构建英国法人理论伊始,法人的标志之一就是它所具有的制定"内部章程(bye-law)(或者最好拼写为"by-law")的权力;但是,无论现在的英国人会赋予该词什么意思,它的原始含义肯定是村规而非内部章程。[49] 于是到了这样的一个时代,在那时"法人"这个名称被严重败坏,所有的改革者都把法人挂在嘴边。吉尔克对德国镇的衰败的解释大体上也适用于英国的自治市,尽管在解释英国的情形时,我们还要加上议会选举、辉格(Whig)与托利(Tory)两党的争斗以及 1688 年光荣革命对自治市"特权"的认可。要不是因为侵犯了自治市的那些被视为"既定权利"的"特权",一位国王也不会因此丢掉了自己的王位。市政法人既腐败堕落又神圣不可侵犯。为了使地方政府不用创设任何新的法人便可以正常运行,各种机制都曾被采用过。出于各种目的而被依法设立的由"一些官员"或"受托人"组成的团体遍及各处;但是人们却极力避免赋予这些团体法人身份。到目前来看,私人性信托和慈善性信托得到了发展,以至于英国法中有许多原则可用来处理这些"具有公共性质的信托"。但是在自治市法人得到大刀阔斧的改革并且法人身份和特权之间的勾连被一刀斩断之前,不可能产生巨大的进展。

124

49　Murray, *New English Dictionary*. 我的读者们会注意到,在英语论著中"Statute"(制定法)几乎总是指 Gesetz(国家的制定法)而很少指 Statut(内部章程)。只是在涉及大学、学院、大教堂牧师会等机构的情形中,我们用"Statute"来表示 Statut。在其他情形中,我们必须叫"内部章程"(by-laws),"协会的备忘录和条例"(memorandum and articles of association),并且随着我们所称呼的团体的性质的不同而变换着叫法。

在整个这段漫长的历史中，在一些可能会困扰外国观察者的术语和用语的使用上存在一定的随意性，这也是正常现象。我非常理解他会吃惊地发现这一事实，即，我们的自治市是（或者，严格地说，市长、市政官和自由民是）法人，而我们的郡，在历经所有的改革之后，仍然不具有法人身份，而郡委员会（county council）却是法人。但是，尽管英国现代制定法在郡和自治市之间确定了一些重要的区别，然而我还是非常怀疑我们是否能够从刚刚提到的那一种差别中推导出任何实际结果，而且我确定它与任何重大的原则都不一致。

我必须结束这片洋洋洒洒杂乱无章的文章。但是我对雷德利希博士所评论的我曾经做过论述的地方性社团（*Kommunalverbände*）还是讨论得很少。然而，我认为，我能为那些出于多种原因能够比我们自己更好地认识我们的人做的一件小事，就是指出下面这一点，即，不具有法人身份的地方性社团不是一种可以被单独研究的孤立现象，而是一个巨大问题束中的一个分支。自从我们开始从教会法学家那里借来了法人理论，我们就一直面临着这个问题束。这个技术性机制——它使得许多种类的"非法人团体"的生存成为可能，甚至使它们生存得很舒适——值得所有那些想要研究英国人的全部或一部分生活的人去关注。外国观察者应该特别谨记的是（请允许我斗胆给出这个建议），英国法并不能顺理成章地被分为许多个这样的部分，它们相互独立而且每一部分都能够被在无视其他部分的情况下被掌握。作为一个整体，英国法的结构可能并不精巧，但是它的确是一个整体，每一部分都与所有其他部分紧密联系。例如，在我看来法学家不能够主张既不是法人也没有法律人格的英国郡只能是一个"被动的"社团，除非他已经考虑过是否要把同样的观点适用于这样一些机构，比方说，罗马教会（就像英国法所规定的那样）、卫斯理公会（Wesleyan "Connexion"）、林肯出庭律师公会、伦敦证券交易所、伦敦图书馆、赛马俱乐部和工会。还需谨记的是,构建宏大理论现在不是并且从来也不曾是我们的强项。那些只触及表面问题的理论有时只是没有深度洞见的、借鉴而来的理论(borrowed theory),然而真正关键的原则必须到难以达到的地方去寻找。

因此,下面这个事实很容易被赋予太多的重要意义,即自从1889年我们的制定法中就有了下述言语:"在本法中以及在本法生效之后再制定的所有法律中,除非出现相反的目的,'法律上的人(person)'这一表述,包括任何由有法人身份或无法人身份的法律上的人组成的团体。"⑤我想得到,在有的国家当有人提议要将这样一个条款制定为法律时就会引起激烈的辩论;但是我可以确定地说在英国不会出现此类问题。一些年之后,许多涉及地方政府的形形色色的国会法令中都有着对于"法律上的人"的类似法律解释。⑤ 我们的一些地方政府机构,比如说,"健康委员会",就不曾被明确赋予法人身份。而且,我认为,正是为了符合它们的情形,"法律上的人"这个词才会被如此解释。可以想象以上所引述的1889年法令的片断此后可能会发挥一些作用。但是迄今为止我还没有听说它起到过什么作用。我们对这些从我们的经典书籍中流传下来的人格理论并不满意,我不知道这是否能够算作证据。

请允许我再讲一点。我认为一个外国的法学家可能会发现,在或许会被他称为我们信托观念在公法领域的扩展的过程中,有一个非常奇特、非常具有启发性的故事有待讲述。我认为,没有人会否认,无论如何在过去,那些肇始于私法体系的观念在私法领域之外发挥了重要作用,尽管有些人可能会说发生此类事情的时代已经一去不返了。现在我们英国人已经在一种"信托"的氛围中居

126

---

⑤ Interpretation Act, 1889, sec. 19.

⑤ Public Health Act, 1872, sec. 60.

住了很长时间。这种氛围对我们的影响已经成为我们自身的很大一部分，以至于连我们自己好像都不能发觉它们。这种信托人——尽管拥有这些财产性权利，也只是为了他者的利益才如此的——无人不知无人不晓，许许多多从各种方面做的类比都以他为类比对象。请谨记，他不是寄托人。使他对信托受益人负有义务的不是合同。请谨记，他不是监护人。信托受益人完全可能是一个具有完全能力的法律上的人。还有可能根本不存在受益人，他的位置会被某种"慈善性"用途所填补。我们这里有了一种极具弹性的思想形式，所有种类的内容都可以朝里面装。于是，在一些新的地方政府机构正逐渐形成——起初零零散散出现随后通过一般性法律来组建——之时，不仅它们所取得的任何财产、它们的土地和资金应该被视为"信托财产"，而且它们的政府权力也应该被视为是以信托的方式来持有的。我们说，那些权力是"被托付给他们的"，或者他们是"受托掌管"那些权力的。在这种情形中，权利持有人（bearer of the right）的这种受托人属性在法律诉讼——它与那些起诉其他受托人的法律诉讼多多少少有类似之处——中会明显地体现出来。而且，因为可以在一些构思巧妙的制定法——它们规制这些团体的行为——中找到一些实际问题的答案，我们没有太大必要去说特定信托是以国家为受益人，还是以地方社会为受益人，或者是为了一定的用途。某些想要把我们的一些制度放进他们所划分的那些类别的理论家们会对此感到遗憾，但是它的确如此。

127

　　然而，不满足于只占领这个领域，信托制度不断扩张直到影响到政治权力的所有行使者，亦即这个政治体的所有组织机构。打开一份英国报纸，只有在不凑巧的情况下才会遇不到那种将"信托"一词适用于"王室"或者某种高级别有势力的团体的做法。我刚刚读过一份报纸，于是我现在知道，由于德兰士瓦省（Transvaal）

还没有接受代议制政体,因此其宗主国的国会就是"以特定殖民地
为受益人的受托人"(a trustee for the colony)。这里存在隐喻。那
些持这种说法的人会承认这种信托并非那种法院可以强制履行的
信托。他会说它仅仅只是一种"道德性的"信托("moral" trust)。
但是,我认为,对于一位研究政治学(Staatswissenschaft)的人而言,
法律隐喻(legal metaphors)极为重要,尤其是当它们成为政治论辩
中的常用语的时候。要搞清楚隐喻是从何处开始的也并不总是那
么容易。当一部制定法规定东印度公司以受托人的身份持有它在
印度业已取得的这种统治权力(the rule)而大英王室则是信托的受
益人,那并不是毫无意义的空话,而是对一个重大分歧的解决。就
在不久前,美国法官还在讲美国基于以古巴人为受益人的信托而
获得了古巴的主权。

　　我已经讲得足够多了,我已经讲得太多了。㉜

注　　释

　　i "信托与法人"一文最初由梅特兰用英文写成,后来被约瑟夫·雷德利
希(Josef Redlich)翻译为德文。梅特兰在给雷德利希的一些书信中讨论了有
关这个译本的问题和其他一些问题。这些书信被收录于 *The Letters of F. W.
Maitland*, ed. P N. Zutshi (London: Selden Society, 1995), volume II。特别参
见 nos. 270, 271, 273, 276, 280, 285, 294, 302, 303。

　　ii J. Redlich, *Englische Lokalverwaltung*(Leipzig, 1901). 两年之后,F. W.　128

　　㉜　给这个简单的概述附上这么多参考书目似乎与原来的目的不相称,但是下面的
这些书是关于我所讨论的这些问题的最优秀的著述:Lewin, *Law of Trusts*, ed. 10
(1898); Tudor, *Law of Charities and Mortmain*, ed. 3(1889); Lindley, *Law of Partnership*,
ed. 6(1893); Lindley, *Law of Companies*, ed. 6(1902); Pollock, *Digest of the Law of Part-
nership*, ed. 6 (1895); Buckley, *Law and Practice under the Companies Act*, 8 (1902);
Palmer, *Company Law*, ed. 2(1898); Wertheimer, *Law relating to Clubs*, ed. 3(1903);
Underhill, *Encyclopaedia of Forms*, vol. 3(1903), pp. 728—814(Clubs). 至于各种"用
益"或信托的早期历史,参见 O. W. Holmes, "Early English Equity", *Law Quarterly Re-
view*, vol. I. p.162 这篇划时代的论文。

Hirst 翻译了此书并在进行增补之后在伦敦出版。

iii 至于一些典型的公司,参见后注 xvi。

iv 也就是,《德国民法典》。见前文,"The unincorporated body",注释 iii。

v 它们被译为英文便是"反对阻止新的结构(against the inhibition of a new construction)"。梅特兰意指这种说法对 14 世纪的英国律师毫无意义。

vi 在梅特兰撰写该文之时,保罗·拉班德(Paul Laband)(1838—1918)凭借他的三卷本《德意志帝国国家法》[*Das Staatsrecht des Deutschen Reiches* (Strasburg,1876—1882)]——截止到 1911 年该书出过 5 个版本——成为德国最为著名的国家法理论家。他遭到了吉尔克猛烈的批判。然而,他最初专攻中世纪德国法。霍伊斯勒(Andreas Heusler,1834—1921),巴塞尔大学的德国法教授,正是在批判他有关所有权诉讼(proprietorial action)的研究 ——即《所有权诉讼》[*Die Vermögensrechtlichen Klagen* (Königsberg, 1869)]——的基础上,写出了自己的不朽著作《德国私法制度》[*Die Institutionen des deutschen Privatrechts* (1885—1886, pp.376—396)]的重要章节。这场争论起源于这个问题,即,罗马法中的这种以物权诉讼和对物权为一方而以对人诉讼和对人权为另一方的至关重要的区分是否曾经在中世纪德国法中扮演了相当的角色。正如梅特兰这里的引文所显示的那样,拉班德认为所有德国法中的诉讼都决定于原告所追求的那种目的、行为或者疏忽(omission),而非决定于一种在对人权和对物权之间作出的覆盖整个法律领域的具有高度条理性的区别所发挥的作用。因此在拉班德看来,作为一种法律文化,德国法的系统性没有那么高,因为在其中诉讼的目的是最为重要的,而原告的权利只被放在次要位置考虑。霍伊斯勒在《德国私法制度(卷一)》(pp.376—396)中反驳了拉班德。霍伊斯勒认为在对物权和对人权之间所做的这种区分被适用到了德国法的所有法律渊源之中。在围绕这一问题——新德意志帝国(new German Empire)是否需要一部具有所有罗马法学家通过法律编撰这一理念(the notion of codification)所意指的那些特性的新法典——展开的争论中,对于中世纪德国法的评价是个重大问题。到了梅特兰撰写"信托与法人"的时候,这一方面的争论已经因为《德国民法典》的出现而盖棺定论。梅特兰明智地在大体上将自己置于这场有关德国法的争论之外。出于一些在文中已经充分说明的原因,凡是涉及中世纪英国法,他都明确地站在拉班德这边。

vii 德国法中这种区分会对那种受捐赠机构(endowcd institution)的财产所有权产生作用。一个非自治性机构并不享有捐赠给它的那种财产的所有权。实际情况是,这种财产被移交给只对机构的创始人负有义务的受托人。自治性机构依据法律身份而具有所有权。在德国法上,这种法律身份只能由国家来赋予。

viii 这就是 43 Elizabeth I c.4.

129

ix 参见 Acts 18,vv. 12—17。加利奥(Gallio)是罗马的统治者。科林斯的犹太人(Jews of Corinth)向他控诉保罗(Paul)传播异教学说。他拒绝作出裁决,理由是这个问题应该交由犹太人去解决。

x "我们光从步伐就可以认出魔鬼"这是对"Ex pede Herculem"(光从步伐就可以认出大力神)这一表述的调侃。

xi 梅特兰是在拿那些表述不同种类规则的德国术语进行语言游戏,比如国王规则(kingly rule),贵族规则(aristocratic rule),等等。

xii 梅特兰的意思是"联邦政府的法律所规定的"(landesgesetzlich)这一术语在英语中没有完全与其相对应的词。

xiii 这就是塞尔登协会(the Selden Society),创立于 1887 年,"旨在鼓励对英国法的研究并促进对英国法认识"。用 H. A. L. 费希尔的话就是,这个协会就是"在梅特兰的热心关注下创立的,它是他所有成就中最重要的一者"(Fisher, *F. W. Maitland*, p.52)。在梅特兰在世期间,协会发行了 21 卷书籍,其中有 8 卷是他自己的成果。

xiv 这部法令是 6 George I (1720),后来被 4 George IV c. 94(1825)废止。用 Holdsworth, *A History of English Law*(7th edn, 14 vols., London, 1956), vol. VIII, pp. 220—221 中的话来讲,泡沫法案"特意让合股公司难以采取法人的形式……"

xv 参见"序言",注释 viii。

xvi 那些想要在不违反存在于美国的各种禁止卡特尔和其他限制性从业活动的法律前提下将它们的利益联合起来的法人组成了一些托拉斯(Trust)。第一个这种托拉斯是由美孚石油公司于 1882 年创设的。其他一些行业很快也如法炮制了一些托拉斯联合体(trust combination)。这些行业包括钢铁行业、铜业、皮革行业、橡胶行业、邮政业以及电信企业。在电信企业中,美国电话电报公司(AT&T)在梅特兰撰写此文时(1900年)已经有了2.5亿美元的投资额。这些托拉斯的成立是凭借这样一种法律机制,它允许各种各样的法人可以签订合同,将它们的证券转让给一些负责这种作为一个单一的公司的新法人实体的受托人,这样做的意图往往在于取得在某个行业的特定领域的主导地位甚或是垄断地位。尽管,不久之后,在美国,"托拉斯"(trust)这个术语便成为任何意图垄断市场的大型商业或工业企业的代名词。紧随着托拉斯出现的便是旨在压制它的反托拉斯立法(anti-trust legislation),这最终促成了1800年的谢尔曼反托拉斯法(the Sherman Anti-Trust Act)的问世。然而,这部法令表述含糊,各个法院对它的态度随机性很大,结果直到20世纪早期,它在阻止托拉斯和垄断性从业活动的蔓延上收效甚微。受这部法令影响最大的并非大企业而是工会和其他的劳工运动,它们,就像在英国,曾经寻求利用这种信托机制去保留它们的身份并规避那些规制单一法人的禁止性法律。

  xvii R. von Gneist, *Selfgovernment, Communalverfassung und Verwaltungsgerichte in England* (Berlin, 1871).

附　录

梅特兰的资料来源和缩略语

梅特兰在给这些论文做脚注时显然期望他的读者是熟悉他所指的一系列法律资料的。我们将这些脚注保留原样,作为这些论文不可或缺的部分。依据现代标准,梅特兰所给出的资料来源几乎没有一个是详尽的,但是它们中的许多还是不需要加以说明就可以明白的。然而,梅特兰已经用了一系列缩略语——并不是所有的缩略语都采取了一致的标准——来指代一些最为重要的文献和资料来源。下面是一份有关这些缩略语的术语表。

后面紧跟着君主姓名的1,2,3等数字(例如,39 Hen. VI)指正被讨论的君主的统治年份。当这样的词目后面紧跟着一个 f.,这是指一部年鉴[f. 或者 fo. 代表页码(folio)],随后的缩略语指一年中的特定时期(Hilary〔Hil.〕,Easter〔Pasch〕,Trinity〔Trin.〕,Michaelmas〔Mich.〕),然后是诉讼案的编号(pl. 1,2,等等)。有时梅特兰会以 Y. B 作为参考资料的开端。当年数和君主姓名之后跟着一个 c. 时,参考资料是一部制定法[c. 代表制定法的章节(chapter),其后偶尔会有代表款项(section)的 s. 或者 sec.,代表序言(proemium 或 preamble)的 pr.]。有时梅特兰会以 Stat. 作为参考资料的开端。在"独体法人"一文的正文中,梅特兰用阿拉伯数

国家、信托与法人

字而非罗马数字去指正在被讨论的君主,并将其缩略(例如,E. 4,H. 6,等等)。

App. Cas.　Appeal Case 上诉判例汇编

J. de Athon　Athon's *Constitutiones legitime seu legatine seu legatine regionis anglicane* 亚森著《英格兰国教会教廷使节法》(首次出版于 1504 年)

B. G. B.　Bürgerliches Gesetzbuch《德国民法典》(1896)

Bracton　Bracton's *De legibus et consuetudinibus angliae*《布雷克顿论英国的法和习惯》。一个新近的版本是 Bracton, *De legibus et consuetudinibus angliae* ed. G. E. Woodbine, trans. with revisions and notes by S. E. Thorne, 4 vols. (London: Selden Society, 1968—1977)

Ch. D.　Chancery Division 衡平分庭

Co. lit.　Coke upon Littleton《科克论利特尔顿》(全名是 *The First Part of the Institutes of the Lawes of England: Or a Commentary upon Littleton*《英国的基本法律制度:对利特尔顿的评注》,首次出版于 1628 年)

C. P. D.　Common Pleas Division 皇家民事法庭

Comm.　Blackstone's *Commentaries on the laws of England* 布莱克斯通的《英国法释义》(从 1765 年到 1769 年,分 4 卷首次出版)

Dalison　Dalison's Common Pleas Reports 达利森编著的《皇家民事法庭判例汇编》,收录于 *English Reports* (q. v.), vol. 123 (这些判例汇编收录了 1486 年至 1580 年间的一些判例)

Dyer　*Dyer's King's Bench Reports* 戴尔编著《王座法庭判例汇编》,收录于 *English Reports* (q. v.), vol. 73 (这些判例汇编收录了 1513 年至 1582 年间的一些判例)

English Reports　The English Reports《英格兰判例集》,共 176 卷

（Edinburgh and London，1900—1930）

Fitz. Abr.　Fitzherbert's *La Graunde Abridgement* 菲茨赫伯特编著《判例汇编》（首次出版于 1514 年）

History of tithes　Selden's *History of tythes* 塞尔登著《什一税史》（首次出版于 1617 年）

Hob.　Hobart's *Common Pleas Reports and King's Bench Reports* 霍巴特编著《皇家民事法庭和王座法庭判例汇编》，收录于 *English Reports*（q. v.），vol. 80（这些判例汇编收录了 1603 年至 1625 年间的一些判例）

Kirchenrecht　F. K. P. Hinschius, *Das Kirchenrecht der Katholiken und Protestanten in Deutschland* 欣希乌斯著《德国天主教和新教的教会法》（出版于 1869 至 1897 年间，共 6 卷）

Lib. Ass.　*Liber Assiarum*，又名 *Le livre des assizes et plees del corone*《判例精选集》，爱德华三世时期的那些年鉴中的判例选集　xxxiv

Lit.　Littleton's *Tenures* 利特尔顿著《论保有》（第一次公开的版本是 1481 年版，随后以 *Littleton's tenures in English* 为书名出版）

L. Q. R.　*Law Quarterly Review*《法律评论季刊》

L. R.　*Law Reports* 判例汇编（有时后跟代表 Queen's Bench 的 Q. B. 或者代表 House of Lords 的 H. L. ，等等）

Placit Abbrev.　*Placitorum Abbreviatio*《高级法院判例集》，由法律文献委员会（Records Commission）于 1811 年出版，是一本判例汇编的精华本，所收录的判例都是在理查德一世至爱德华二世期间由巡回法官审理的案件

Plowden　Plowden's *Commentaries* 普洛登著《判例评论》，可见于 *English Reports*（q. v.）vols. 75（这些述评涉及从 1550 年到 1579 年间的判例）

Q. B.　Queen's Bench 王座法庭

Rep.　*Coke's King's Bench Reports* 科克编著《王座法庭判例汇编》，可见于 *English Reports*（q. v.）vols. 76—77（这些判例汇编收录了 1572 年至 1616 年间的一些判例）

Rot. Parl.　*Rotuli parliamentorum*《议会档案》，或者称为 parliamentary rolls（以 6 卷本出版于 1778 年至 1783 年期间，包括从 1278 年至 1503 年间尚存的议会纪录）

Salk.　*Salkeld's King's Bench Reports* 索尔克尔德编著《王室法庭判例汇编》，收录于 *English Reports*（q. v.），vol. 91（这些判例汇编收录了 1689 年至 1712 年间的一些判例）

Stat.　Statute 法令（后跟正在被讨论的君主的统治年份）

Y. B.　Year Book《年鉴》（后跟正在被讨论的君主的统治年份）

本书中所收录论文以前的出版情况

"独体法人"(The corporation sole)首次发表于 *Law Quarterly Review*(16,1900),pp. 335—354。

"作为法人的王室"(The Crown as corporation)首次发表于 *Law Quarterly Review*(17,1901),pp. 131—146。

"非法人团体"(The unincorporated body)在被收入 1911 年版的《梅特兰文集》之前没有发表过。该文原始手稿被收藏于伦敦高级法律研究院(The Institute of Advanced Legal Studies),在其上记载到该文首次公开是作为递交给剑桥大学厄如努斯俱乐部(Eranus Club)的一篇论文[厄如努斯俱乐部是一个非公开的学术研讨俱乐部,模仿剑桥使徒协会(the Apostles),其成员包括亨利·西奇威克(Henry Sidgwick)和亚瑟·鲍尔弗(Arthur Balfour)]。手稿上面并没有标明时间,但是它里面的资料表明它应该写于 1901 年底至 1903 年间。

"道德人格和法律人格"(Moral personality and legal personality)于 1904 年在剑桥大学纽纳姆(Newham)学院以西奇威克讲座(the Sidgwick lecture)的形式首次公开发表[《梅特兰文集》将其记载为 1903 年的 Sidgwick 讲座,1903 年是梅特兰收到邀请的时间,但是这次讲座中的大量资料提及 1904 年才出现的一些事件和文献。1904 年的纽纳姆学院通讯对于那一年度的 Sidgwick 讲座的记录也证明了这一点]。该次演讲随后被发表于 *The Journal of the Society for Comparative Legislation*,(ns 14,1905),pp. 192—200。

"信托与法人"(Trust and corporation),虽然是梅特兰用英文撰写的,但是首次发表的却是它的德文版,见"Trust und Korporation" in *Grünhut's Zeitschrift für das Privat-und Öffentliche Recht*(33,1904)。德文版的译者是约瑟夫·雷德利希(Josef Relich),而在一次通信中梅特兰提醒他,尽管自己私下印刷了这篇文章的英文版,但是从来没有打算公开发表它["Grünhut 博士将会知道我不会用英语来发表这篇论文——我印刷这篇文章是为了你和一些将会给我建议的朋友们,而当这些打印稿达到其目的之后将会'被销毁'"(1904 年 4 月 30 日致雷德利希的信,收录于 *Letters of F. W. Maitland*,vol. 11,p.281)]。

在 H. A. L. 费希尔编辑,剑桥大学出版社出版的 1911 年版《梅特兰文集》中,这些论文第一次被一并发表。费希尔的版本使用了"非法人团体"一文的手稿和其他论文的打印稿(包括"信托与法人"一文的私人英文打印稿)。

xxxvi   在黑兹尔坦(H. D. Hazeltine),莱普斯利(G. Lapsley)和温菲尔德(P. H. Winfield)编辑,剑桥大学出版社出版的 1936 年版《梅特兰选集》中,这些论文又被重印。1939 年的这个版本使用了费希尔早先的版本,但是添加了一系列编者注释,旨在使读者"及时了解后续研究"(p. vii)。这些脚注的主要是一些发表于 1900 年至 1936 年间的法学和史学论文,这些论文所关注的论题也是梅特兰所论述的一些法学论争(但是它们中大多数并没有讨论梅特兰本人)。这个版本还翻译了"信托与法人"一文中较长的德文段落,除此之外没有做其他工作。此版本似乎以法律人和史学家这类专业人士为自己的目标读者群。除了我们这本书所收入的五篇论文以外,它还收录了梅特兰在 1893 年为自己所编辑的 1305 年的议会案卷所写的导论以及梅特兰递交给厄如努斯俱乐部的题为"政治团体"(The body politic)的一篇未发表的论文,该论文被收入 1911 年版的《梅特兰文集》,在其中梅特兰批判了政治学研究中越来越多的以自然和科学为对象的类比。在那篇论文的结尾,梅特兰表达了他对"所谓的……政治科学"(title... political science)的惋惜之意。

新近出版的 *Group rights: perspectives since* 1900, ed. Julia Stapleton (Bristol: Thoemmes Press, 1996)一书收录了"信托与法人"一文的删节本。在这个版本中,奥布赖恩(D. P. O'Brien)翻译了所有的德文术语和段落。

在当前这个版本中,我们给出了自己的译文,这些译文偶尔与早先那些版本的编者们所给出的译文有实质性的差异。然而,在适当的时候,我们也借鉴了这些早先版本。

梅特兰的其他著作

梅特兰一生著述颇丰。下面所列的这些作品只占他全部作品的一小部分,它们或者同本书所收录的论文有直接关系,或者有可能引起非专业人士的兴趣。

"The Corporation Aggregate: The History of a Legal idea" (Liverpool [privately printed], 1893; IALS Library, London; All Soul's Library, Oxford; The Bodleian, Oxford).

"集合法人:一种法律观念的历史",这是梅特兰在利物浦法律研究会(the Liverpool Board of Legal Studies)的资助下所作的一个讲座的文稿。在这个讲座中,梅特兰首次讨论了关于人格拟制说及其在英国法律进化中的作用的一些问题。他还论及众多政治主题(包括对霍布斯的《利维坦》一书的卷首插画的一段简要评论)。但是这一讲座的主要关注点是地方政府和"关于村社的一些问题",它并没有将道德人格和法律人格这二者紧密联系起来,这种做法却是本书中所收录的他的这些晚期作品的突出特征。

Letters of F. W. Maitland, vol. 1 ed. C. H. S. Fifoot, vol. 2

ed. P. N. R. Zutshi（London：Selden Society，1965 and 1995）.

《梅特兰书信集》，这两卷书信集里有着关于这些论文的写作的讨论。

Collected Papers，3 volumes，ed. H. A. L. Fisher（Cambridge：Cambridge University Press，1911）.

《梅特兰文集》，费希尔认为将会吸引非专业人士的那些论文（包括"道德人格和法律人格"）在每卷目录页都用星号做上标记。

The Constitutional History of England：A Course of Lecures（Cambridge：Cambridge University Press，1908）.

《英格兰宪政史讲演录》，在本书所收集的这些论文中间接提及的一些更具明显政治意涵的观念在这部梅特兰死后出版的著作中也有讨论［尤其参见该书中题为"当代公法概略"［*Sketch of Public Law at the Present Day*（1887—1888），pp. 387—421］的那节中"'王室'和'政府'"的部分］。

A Historical Sketch of Liberty and Equality as Ideals of English Political Philosophy from the Time of Hobbes to the Time of Coleridge（Indianpolis：The Liberty Fund，2000）.

《作为英国政治哲学之理想的自由和平等的简史——从霍布斯时代到柯尔律治时代》，这是梅特兰的那篇用来申请研究员职位而被拒的论文，随之一起出版的还有"政治团体"（The Body Politic）。

研究梅特兰的著作

传记

　　存在三部专门叙述梅特兰生平和思想的书籍,但它们却大相径庭。在他去世不久,他的朋友费希尔(H. A. L. Fisher)出版了《梅特兰传略》[*Frederick William Maitland：A Biographical Sketch* (Cambridge：Cambridge University Press, 1910)]。该书实际上是一本个人回忆录,主要依据梅特兰的来往信件。菲富特(C. H. S. Fifoot)所著的《梅特兰传》[*Frederick William Maitland：A Life* (Cambridge, Mass：Harvard University Press, 1971)]是一部半官方的传记。该书叙述了梅特兰的生平,评价了他的职业生涯,其主要依据公开发表的文字,还依据了从他女儿埃芒加尔(Ermengard)那里获知的一些个人信息[赛尔登协会于 1957 出版了埃芒加尔所著的题为《女儿眼中的梅特兰》(*F. W. Maitland：A Child's-eye View*)]。较为不同寻常的是埃尔顿(Elton)的《梅特兰》[G. E. Elton, *F. W. Maitland* (London：Weidenfeld and Nicolson, 1985)]。该书对梅特兰的生平只做了简要叙述,却花了更多的气力去叙述和解释梅特兰的身后名现象以及他在史学界产生的"持续性贡献"。埃尔顿对收集在本文集中的这些论文并没有特别的兴趣,他(错误地)

将它们描述为首先是"法律论文"而非"历史论文"。

论文

尽管梅特兰的著作持续不断地受到法律人和史学家的征引，然而收集在本文集中的论文自从它们问世以来未曾得到过细致的学术分析和批判。但是，这些论文的确以各种方式充当了下述著作所涉论题的根据。

菲吉斯(J. N. Figgis)首次发表于 1913 年的《现代国家中的教会》[*Churches in the Modern State* (Bristol；Thoemmes Press, 1997)] 或许是企图将梅特兰和吉尔克所作出的洞见发展成为一套具有一致性的独特政治哲学一次最为著名的尝试，它也经常被贴以政治多元主义的标签。

拉斯基(Harold Laski)的《主权问题研究》[*Studies in the Problem of Sovereignty* (New Haven：Yale University Press, 1917)] 和《现代国家中的权威》[*Authority in Modern State* (New Haven：Yale University Press, 1919)] 是两部更为著名的政治多元主义著作。这两部书都是依据梅特兰的思想，但这种运用却是在一种既具有社会主义色彩又具有美式风格的智识环境中进行的。

依据吉尔克(Gierke)的《德国合作组织法》(*Das Deutsche Genossenschaftsrecht*)编译出版的第二部英文版选粹是《自然法和社会理论，1500—1800》[O. von Gierke, *Natural Law and the Theory of Society 1500—1800*, ed. E. Barker (Cambridge：Cambridge University Press, 1934)]。巴克尔编译和引介吉尔克的目的是要配合梅特兰此前对吉尔克的编译和引介，尽管巴克尔在自己的引介中批判了"真实团体人格"观(the idea of "real group personality")。巴克尔起初是从梅特兰的早期作品中推演出这一观念的。梅特兰对巴克尔产生了重大影响，这体现在巴尔克的"作为社会学家的梅特兰"〔E. Barker, "Maitland as a sociologist", *The Sociological Review*, 29（1937）, 121—135〕一文中。这是巴克尔在就任伦敦社会学研究院（the Institute of Sociology in London）院长时的就职演讲,在其中他认为本文集所收集的这些论文包含了作为社会学家的梅特兰的"思想精髓",因为〔它们〕"照亮了英国社会的成长之路"。

坎托罗维奇（E. H. Kantorowicz）撰写《国王的两种身体:一项中世纪政治神学研究》〔*The King's Two Bodies*: *A Study in Medieval Political Theology*（Princeton:Princeton University Press, 1957）〕的部分灵感便来自于那些以"独体法人"和"作为法人的王室"为主题的论文。坎托罗维奇在导论和标题为"国王万岁"的第 7 章中对上述两个主题作了专门讨论。

斯科鲁顿（R. Scruton）在"法人"〔"corporate persons", *Aristotelian Society*, 增补卷〔LXIII（1989）, pp. 239—266〕〕一文中评价了梅特兰在为团体人格辩护时的哲学预设。斯科鲁顿还在《英国:一曲挽歌》〔*England*: *An Elegy*（London: Chatto and Windus, 2000）〕一书中对这些论文做了简要论述。

加尼特（G. Garnett）的收录于《英国法的历史:波洛克和梅特兰一百周年纪念论文集》〔*The History of English Law*: *Centenary Essays on Pollock and Maitland*, ed. J. Hudson（Oxford: Oxford University Press, 1996）〕一书第 171—214 页的论文"王室的起源"（The Origins of the Crown）的主题便是梅特兰关于王室的法律和政治起源的论述所具有的持续历史相关性（continuing historical relevance）。

朗西曼（D. Runciman）在《多元主义和国家的人格》〔*Pluralism and the Personality of the State*（Cambridge: Cambridge University Press, 1997）〕一书中讨论了这些论文的主题同多元主义在 20 世纪英国的发展之间的更广泛勾连。

传记性注释

下面这些注释包括了所有被梅特兰作为真正权威而引证的人名。它们并不包括梅特兰在参考一些特定判决时所提及的那些王室法官(例如,Danby,Fineux,Keble 等)。在文中这些法官的姓名前面都有"J."或者"C. J."。这些符号分别意指"Justice(法官)"和"Chief Justice(大法官)"。

Alexander III(亚历山大三世)(卒于 1181 年),自 1159 年起任教皇;进行了教皇司法管辖权的扩张并最终促成了教会法的制定;在北部意大利的司法管辖权问题上是腓特烈一世(Frederick I)的死对头。意大利北部城镇亚历山大(Alessandria)是以他的名字命名的。

Sir William Anson(威廉·安森爵士)(1843—1914),法学家。从 1881 年至 1904 年,担任牛津大学众灵学院(All Souls)的学监;著有《英国合同法原理》(*The Principles of the English Laws of Contract*,1879)和《宪法和宪法性习俗》(*The Law and Custom of the Constitution*,1886—1892);和戴雪(Dicey)(参照后面的注释)一样,

是一名因地方自治问题而离开自由党的忠实工会主义者(Union-ist)。

John Austin(约翰·奥斯丁)(1790—1859),法律哲学家。从1826 年至 1835 年,担任伦敦大学法理学和国际公法教授;尽管前来听他授课的学生有穆勒(John Stuart Mill)——奥斯丁以前曾经做过他的罗马法导师——然而奥斯丁依旧由于上课学生的人数太少而辞去这一教职。他所教授的法理学课程前十次授课内容于1832 年被以《法理学范围之确定》(*The Province of Jurisprudence Determined*)为名出版。在他死后其妻,著名作家和翻译家莎拉·奥斯丁(Sarah Austin),编辑并出版了他的其余著述。

xli　　　Arthur Balfour(亚瑟·鲍尔弗)(1848—1930),鲍尔弗家族首位伯爵,哲学家和议员,亨利·西奇威克(Henry Sidgwick)(参照后面的注释)的内弟;在 1902 年接替其叔索尔兹伯里(Salisbury)成为保守党首相并于 1905 退位;退位后继续留在政坛并在劳埃德·乔治(Lloyd George)时期出任外交部长;他起草了所谓的鲍尔弗宣言(Balfour Declaration),在其中他表达了政府对"在巴勒斯坦为犹太人建立一个民族之家"这一问题上的赞同;他还著有《一份关于哲学疑问的辩词》(*A Defense of Philosophic Doubt*,1879),《信仰的根基》(*The Foundations of Belief*,1895),《有神论与人道主义》(*Theism and Humanisn*,1915)和《有神论与思想》(*Theism and Thought*,1923)。

Sir William Blackstone(威廉·布莱克斯通爵士)(1723—1780),法律理论家和法官。牛津大学第一位英国法教授,任期为1760—1766 年,在牛津他曾教授过边沁(Jeremy Bentham)。著有

《英国法释义》(*Commentaries on the Laws of England*,1765—1769),迄今为止,该书依旧是关于英国法的所有综合性概论中最著名、流传最广者;后来的常常被人们同边沁和奥斯丁联系在一起的分析法学派在很大程度上是出于对布莱克斯通著述的反对。

Henry Bracton(亨利·布雷克顿)(卒于 1268 年),神职人员和法官。长期被当作《关于英国的法和习惯》(*De legius et consuetudinibus angliae*)的作者,该书是第一部以系统和实用的方式论述英国法的论著。实际上,该书的作者肯定不止一人。梅特兰分别在 1887 年和 1895 年为赛尔登协会编辑了《布雷克顿笔记》(*Bracton's Note Book*)和《布雷克顿和阿佐选集》(*Select Passages from the Work of Bracton and Azo*)。

Sir Robert Broke(罗伯特·布罗克爵士)(卒于 1558 年),律师和法官。在 1554—1558 年间出任下院发言人和皇家民事法庭大法官。在其去世之后于 1568 年出版的《判例汇编》(*La Grande Abridgment*)摘录了截至他那个时代的年鉴。该书构成了梅特兰在"独体法人"一文中的大部分讨论的根据。该书在很大程度上依据菲茨赫伯特(Fitzherbert)(参照后面的注释)的著作。

Willimam Buckland(威廉·巴克兰)(1859—1946),法学家,罗马法学者。1914—1945 年担任剑桥大学民法杰久斯(Gegius)教授。他所著的《罗马法教科书:从奥古斯都时期到优士丁尼时期》(*A Text-book of Roman Law from Augustus to Justinian*,1922)被视为"史上用英语发表的最重要的罗马法著作"(P. W. Duff)。他是梅特兰的朋友,同梅特兰一样饱受病痛折磨(他所患的是肺结核)。1900 年他前往加那利群岛(Canary Islands)养病(梅特兰自 1898 年起每年在那里过冬）。

　　Sir Edward Coke（爱德华·科克爵士）（1552—1634），法官，法律论者和政客。从 1589 年到 1628 年先后做过代表奥尔德堡（Aldeburgh）、诺福克（Norfolk）、李斯刻德（Liskeard）、考文垂（Coventry）、白金汉郡（Buckinghamshire）的下院议员。从 1600 年到 1615 年他出版了他的《判例汇编》（*Law Reports*），在这一时期不曾出现其他的判例汇编。他的《英格兰法律制度》（*Institutes of the Laws of England*）的第一卷出版于 1628 年，其中包括他对利特尔顿（Littleton）（参照后面的注释）的评论。尽管在其职业生涯早期，他曾为王室特权辩护，然而后来他却成为普通法学界的领军人物。

　　Albert Venn Dicey（艾伯特·维恩·戴雪）（1835—1922），法学家。1882—1909 年担任牛津大学英国法 Vinerian 教授。著有《法律和舆论在 19 世纪英国的关系演讲集》（*Lectures on the Relation between Law and Public Opinion in England during the Nineteenth Century*,1905），在其中他坚决地为英国的宪制解决办法（constitutional settlement）和工会辩护。

　　Sir Anthony Fitzherbert（安东尼·菲茨赫伯特爵士）（1470—1538），法官。自 1522 年起任皇家民事法庭法官；作为一名法官参与了对托马斯·莫尔（Thomas More）爵士的审判；著有《判例汇编》（*La Graunde Abridgement*,1514），其中包括择选在《年鉴》的精粹和《年鉴》中不曾收录的判例，值得一提的是，该书最终被科克视为权威。它充当了罗伯特·布罗克爵士（参照后面的注释）后来所著的《判例汇编》（*Abridgement*）的依据。

Otto von Gierke(奥托·冯·吉尔克)(1841—1921),法学家和思想史家(intellectual historian)。从 1868 年到 1913 年,他出版了四卷本的《德国合作组织法》(*Das deutsche Genossenchaftrecht*),书中包含了当梅特兰在非常宽泛的意义上说一套法律或哲学学说是"德国式"时所指的所有要素。他参加了 1870—1871 年的普法战争(Franco-Prussian War),这次经历使他形成了民族主义这一毕生信念。他还是 1896 年《德国民法典》(*Bürgerliches Gesetzbuch*)的主要起草者之一。他批评 1888 年的原始草案在处理私法问题上过于"罗马化"而且不够切合德国的社会生活。

Thomas Hill Green(托马斯·希尔·格林)(1832—1886),唯心主义哲学家。1878—1882 年担任牛津大学道德哲学教授。在其死后出版的著作中有《政治义务原理讲座》(*Lectures on the Principles of Political Obligation*)。他反对实证主义国家观。他要求国家方面主动去矫正阻碍共同体道德生活的因素,这影响了一代牛津学子(其中的一些人成为"新自由主义者")。

Sir James Hales(詹姆士·黑尔斯爵士)(卒于 1554 年),律师 xliii 和法官;坎特伯雷这一法人的法律顾问(1541—1542)。1549 年成为皇家民事法庭法官。1553 年他拒绝在把简·格雷女士(Lady Jane Grey)推上女王宝座的文件的盖印处签署自己的名字。然后在同年,在新女王玛丽治下,他依据肯特法令(Kent assizes)拒绝放宽那些有利于罗马天主教会的有关不从国教的法律规定。他被投入监狱,在被释放后的下一年精神失常,而后溺死在坎特伯雷(Canterbury)旁边的一条小溪里(参见"The Crown as corporation"一文单独的尾注)。

Thomas Hobbes(托马斯·霍布斯)(1588—1679),哲学家。人们大多都知道他是政治哲学家,他的研究领域也遍及数学、自然哲学和史学。他的第一部出版物是对修昔底德(Thucydides)作品的翻译,他最后的出版物包括对荷马(Homer)作品的翻译。1647 年他差点因被流放而死于法国,但是他活了下来并撰写了《利维坦》(*Leviathan*),他多次以不同的方式去描述主权性政治权力(sovereign political power)的性质,该书是其中最为著名也最受非议的一次尝试。

Innocent IV(因诺森特)(大约 1200—1254),自 1243 年起任教皇。训练有素的律师和博洛尼亚大学的教师,用梅特兰的话来讲他是"曾经登上过教皇宝座的最伟大的律师"。因其在拟制人(*persona ficta*)这一概念的发展中所起的作用而闻名,尽管他所提出的学说本身的性质依然颇具争议。吉尔克(参照前面的注释)的《德国合作组织法》(*Das deutsche Genossenschaftsrecht*),尤其是被梅特兰翻译的那一节,在很大程度上属于现代人对此一争议的贡献。

Justinian I(优士丁尼一世)(执政期为 527—565 年),罗马皇帝和有关罗马法的现存最完整文集——《国法大全》(*Corpus Juris Civilis*)——的颁布者。依据公元 11 世纪末在西方世界的再发现,《国法大全》激发了 12 世纪的法律方面的文艺复兴(legal renaissance),一直是有关罗马法的最重要思想渊源。作为皇帝,他监督了从汪达尔人(Vandals)人手中夺回非洲和从哥特人(Goths)人手中夺回意大利的全过程。

Sir Thomas Littleton(托马斯·利特尔顿爵士)(1402—1481),法官和法律论者。自 1466 年起任皇家民事法庭法官。《论保有》

（Tenures）一文的作者，他撰写此文是为了教授其子理查德（Rich-
ard）。据说他在 1474 年至 1475 年间进行该文的撰写但并未彻底
完成。1628 年该文同科克（参照前面的注释）对它的评论一起被发　xliv
表，并成为不动产法的主要权威。

　　James Martineau（詹姆士·马蒂诺）（1805—1890），上帝一位论
派牧师和哲学家。1840—1857 年任新曼彻斯特学院（Manchester
New College）精神道德哲学和政治经济学教授。1857—1869 年任
精神道德哲学和宗教哲学教授。其晚期著作包括《理想的上帝替
代者》（*Ideal Substitutes for God*, 1879）和《伦理理论的类型》（*Types
of Ethical Theory*, 1885），在其中他试图在人的自我意识之活动方式
中建立一种不同于圣经权威的替代物。

　　James Otis（詹姆士·奥蒂斯）（1725—1783），律师和政客。
1761—1769 年是马塞诸塞州立法机关的领导成员，代表该州同英
国统治者辩论。著有《为英国殖民地所主张并证明的诸权利》（*The
Rights of the British Colonies Asserted and Proved*, 1764）。他因患有精
神疾病而逐渐不能胜任其职。他在 1769 年的一次雷击中头部受
伤，从此便处于无伤害性的精神失常状态。

　　Edmund Plowden（埃德蒙·普洛登）（1518—1585），律师和法
学家。被科克（参见该条注释）视为他那个时代最伟大的律师之
一。最著名的著作是涉及 1548—1579 年间所发生案件的一些《案
例评论》或《判例汇编》。由于是一名罗马天主教徒，在伊丽莎白
（Elizabeth）女王即位之后，他便不曾被委以高位。伊丽莎白要授予
他御前大臣的职位，并以他放弃其天主教信仰为交换条件，遭其
拒绝。

Sir Frederick Pollock（弗雷德里克·波洛克爵士）（1845—1937），法学家和编辑。1883—1903 年任牛津大学 Corpus 法理学教授。1885—1919 年担任《法律评论季刊》（*Law Quarterly Review*）编辑。该刊是梅特兰的"The corporation sole"和"Crown as corporation"首发处。梅特兰的密友，"周日远足"散步俱乐部的创始人。梅特兰和莱斯利·斯蒂芬（参见该条注释）都是该俱乐部的成员。梅特兰最著名著作——《爱德华一世之前的英国法律史》（*The History of English Law before the Time of Edward I*，1895）——的合著者，尽管该书主要是由梅特兰撰写的。

John Selden（约翰·塞尔登）（1584—1654），法学家、古董收藏者和政客。在整个长期议会（the Long Parliament）期间担任代表牛津大学的下院议员。在其早期曾是 1628 年《权利请愿书》的主要支持者之一。1649 年从公共生活中隐退。生前著有《什一税史》（*History of Tythes*，1617），《闭海论》（*Mare clausum*，1635）和《自然法》（*De iure* naturali，1640），身后出版了《漫谈集》（*Table Talk*，1689）。作为一名从业律师，同梅特兰一样，他的专攻方向为有关财产或其他权益让与的法律事务。

Henry Sidgwick（亨利·西奇威克爵士）（1838—1899），哲学家。最后一位伟大的功利主义者，但是，他把功利主义变成了一套复杂深奥的学说。他曾经是梅特兰在剑桥大学的老师。著有《伦理学方法》（*Methods of Ethics*，1874），《政治经济学原理》（*Principles of Political Economy*，1883）以及《政治学原理》（*The Elements of Politics*，1891）。1876 年在剑桥大学建立纽纳姆学院（Newnham College）[后来的纽纳姆大厅（Newnham Hall）]的过程中起到了帮助作用。1903 年梅特兰在那里做了题为"道德人格和法律人格"的西奇威克讲座（the Sidgwick lecture）。

Herbert Spencer（赫伯特·斯宾塞）（1820—1903），哲学家。著述颇丰，其中包括《社会学原理》（*Principles of Sociology*, 3 vols.，1876—1896），在其中，他欲图在自然有机体和社会组织之间进行类比。维多利亚女王时代顶级的社会个人主义（social individualism）和科学唯物论（scientific materialism）的倡导者。1864 年他提出了"适者生存"这一用语。他同时是乔治·艾略特（George Eliot）和比阿特丽斯·韦伯（Beatrice Webb）的密友。

Sir Leslie Stephen（莱斯利·斯蒂芬爵士）（1832—1904），学者。著有《19 世纪英国法律思想史》（*A History of English Thought in the Eighteenth Century*，1876），还是《国家传记词典》（*The Dictionary of National Biography*，1882—1891）的主编。他还是顶级的登山运动者。同其友梅特兰和波洛克（参见该条注释）一起创建了"周日远足"俱乐部。梅特兰在其生命的最后几年花大量时间编写了一部斯蒂芬的传记，并于 1906 出版，书名为《莱斯利·斯蒂芬的生平和信函》（*The Life and Letters of Leslie Stephen*）。

专业术语表

若无特殊说明(亦即,在使用到源于罗马法或日耳曼法的一些术语时),以下这些术语都源于英国普通法。

Accrescence(继承份额的增加) 例如,财产共有人中有人先于被继承人死亡时,该继承人的份额会被添加给其他仍然健在的继承人。

Actio in Personam(对人之诉)(拉丁文,以下简称"拉") 亦称 personal action,用来迫使某人或某些人履行其合同义务或其他种类的("由不法行为引发的")义务。

Actio in Rem(对物之诉)(拉) 在源于罗马法的法律救济方法分类中,是一种"真正的"诉讼[源于拉丁语"res"(物)],原告通过它来主张对某一特定物的权利,与"对人之诉"相对(参见 _Actio in Personam_)。在梅特兰在"信托与法人"一文中所讨论的那些相互勾连的问题中,对物之诉被用来主张一项物权(参见 _Ius in Rem_)。

Advowson(圣职推荐权)　　向主教或者其他具有类似资质的教会官员推荐某位教士出任某一教堂空缺,甚或——更确切而言——某一圣职(参见 Benefice)的权利。教会法(参见 Canon Law)称这一权利为 ius patronatus,即圣职推荐权。具有圣职推荐权的人也因此被称为圣职推荐权人(参见 Patron)。

Aid(援助)　　当一位土地承租人——或者一位教堂圣职的在职者——的占有权受到他人异议,他可以请与这一争论中的问题有利害关系的特定人在法庭上帮助他,后者也就以此种方式成为诉讼当事人。在梅特兰引证的案件中,一位堂区主持牧师请求他所属教堂的圣职推荐权人(参见 Patron)的援助。

Annates(初年圣俸)　　一种由新的圣职(参见 Benefice)在职者　xlvii
向罗马教皇缴纳的税负,等于第一年的圣职薪俸。初年圣俸起初只限于那些其前任被天主教最高法院(the papal court)判处死刑的人。在 14 世纪,这一义务遍及大多数圣职。

Bailee(受托人)　　见 Bailment。

Bailiff(执行管家)　　"管理土地、财物和动产(参见 Chattel)的仆人,以使主人获得最大利润"(*Coke on littleton*)。

Bailment(寄托)　　出于某种特定目的,一人将财物移转给另一人,并且他在移转时知道当目的达到时,这些财物将或者被归还或者被交付于他人。受托人就是接受被移转财物的人。

Benefice(圣职)　　衍生于"永久薪俸财产"一词(参见 Beneficium）；牧师的职位、薪俸和职责的总体，通常被称为一种生计。

Beneficial Owner（受益所有人）　被给予财产权且不因自己的享有权利而对任何其他人负有责任的人，与受托人相对。受托人拥有财产权，但其管理权利的目的却是为了让他人受益（也请参见 Feoffment to Uses）。

Beneficium（永久薪俸财产）（拉）　最初是一种对士兵或其他皇室仆佣有条件的暂时性土地赠与，比如作为其职位的附属物，以使他们能够维持生计，最先出现于 8 世纪中叶的法国。

Bundesstaat（联邦国家）（德语）　亦即有自己的联邦宪法的国家［比较"邦联（*Staatenbund*）"］。

Canon Law（教会法）　教会的法律，规制诸如教会财产、教会人员、教会机构、圣礼和婚姻的管理以及所有其他可能会被认为涉及灵魂健康故而世俗法没能力规制的事情。

Capitis Diminutio（人格减等）　准确地说是 *deminutio.* 在罗马法中法律地位的丧失，最严重（"一级"）时意味着自由和罗马公民身份的丧失。中级或二级法律地位的丧失意指仅丧失公民身份。而三级法律地位的丧失则并非一种惩罚而是当一位独立的人进入他人的权利范围之内后依据法律而出现的结果。

Casual Ejector（名义上的不动产侵权人）　逐出租地之诉（参见 Ejectment）中虚拟的被告，之所以这样讲是因为这一假定——名义上的不动产侵权人进入了原告的土地并将其赶走——是在偶然情形下作出的。

Cessavit(停止两年)(拉)　一种令状,它允许土地出租人从承租人那里收回土地,如果该承租人在两年或更长时间内不缴纳租金或不提供劳务。("他/她已经停止……"的拉丁文)

Cestui Que Trust(信托受益人)　(盎格鲁—诺曼语)信托的受益者[最初为保有地受益人(cestui que use)或者"受益人"]。

Charge(抵押)　大体而言,是财产上的一种负担,通常被视为债的一种担保。

Chattel(动产)　可移动的财产。

Chattel Real(属地动产)　在严格意义上不属于不动产却又跟不动产密切相关的财产,例如土地上的一些种类的利益。

Chose in Action(权利动产)　通过诉讼获取钱款或得到赔付的权利。

Clage up Gut(德语)　现代拼写为,Klage auf Gut,意指"主张一项财产权"。旨在获得某一特定物的诉讼,因此在文中被译为物权诉讼(real action)。(参见 *Actio in Rem*)

Collusive Action(串通的诉讼)　此种诉讼中的原被告相互串通以陷第三方于不利地位。

Common Vouchee［（阻却限嗣继承之拟制诉讼中的）一般担保人］　在旨在将土地承租人的限嗣继承地产权（参见 Fee Tail）转变为非限嗣继承地产权（参见 Fee Simple）的这种名为阻却限嗣继承之拟制诉讼的程序中，需要作出如下拟制，即争议中的土地已经被出售给承租人。于是承租人要求特定买家出庭并当庭宣布他的确已将土地出售于承租人。由于整个程序都是拟制的，所以这个买家也当然是拟制的。这种买家就被称为（阻却限嗣继承之拟制诉讼中的）一般担保人。

Constructive Notice（推定知晓/推定告知）　如果买家疏于对卖家的产权和财产上所可能的负担进行必要调查，则（"通过推定"）认为他已经知道这些情况。

xlix　　　　**Contigent Remainder**（不确定的剩余地产权）　只在特定条件实现以后才能生效的剩余地产权（参见 Remainder）。它可能永远不会生效。

Conveyances（不动产转让）　自愿转让财产的诸种方式。

Copyhold，Copyholder（公薄保有地产权）　依据公薄记录占有土地的佃户，一种起源于中世纪后期的维兰保有土地的方式，亦即非自由保有地产权，之所以有此称谓是因为形成了这样一种惯例，即给佃户一份保有详情的副本，这些详情跟他们的非自由保有物有关并被存留在领地法庭的档案中。

Corpus Juris（Civilis）（国法大全）（拉）　"民法的载体"（The Body of Civil Law）：该名称出现于中世纪晚期并且自优士丁尼大帝

(528—565年在位)颁布罗马法以来一直得以沿用。它包括《学说汇纂》《优士丁尼法典》《优士丁尼法学阶梯》(此三者都是在535年以前生效的)以及对后来被称为《新律》的帝国宪法的整理。自11世纪末,罗马法既成为学者的重点研究对象,也越来越受到法律实务界的关注,这一现象起源于博洛尼亚(Bologna)并迅速波及全欧洲,至12世纪末,已经扩展到英国。

Deliktsfähigkeit(德语) 为一个侵权行为(delict)(在英国法中是 tort)的能力。

Demise(出租) 通常指租赁土地或其他不动产。

Devise(遗赠) 以遗嘱的方式赠与。

Discontinuance(地产继承权的暂时中断) 如果一个人在离世之前非法转让了土地,其继承人不能立即占有该地产,而必须通过诉讼来得到它。这种对继承人权利实现的暂时性障碍或妨碍被称为地产继承权的暂时中断。

Distrain(扣押) 为了迫使法律义务承担者履行其义务而扣押其财物的行为。

Easement(地役权) 财产所有人对与其财产相毗连的财产为一定行为或者阻止该财产所有人为特定行为的权利。这种权利是财产所固有的,因此需役地购买者从地役权中受益,而供役地购买者则势必要遵照这一权利的要求。

Ejectment(逐出租地之诉)　一种旨在恢复土地的占有并同时主张因非法占有土地而引起的损害赔偿和费用补偿的诉讼。

Eleemosynary(关于慈善救济或依靠慈善救济的)　拉丁文为:*eleemosyna*；最初来源于希腊语 *eleos*,意指:"怜悯"。

Enfeoffment(封地的授予)　作为骑士役保有的报酬的封建土地保有权授予,对象是权利接受者及其继承人。

Enter, Entry[进入(动词),进入(名词)]　已进入土地的方式,或者以其他一些被视为等同于进入土地的方法,来主张自己对该土地的产权。

Escheat(土地复归)　佃户在死亡时无继承人或者因为佃户犯重罪而将其可继承地产(权)(参见 Fief 和 Fee)返还给地主。

Esplees(土地收益)　土地的产出,包括租金以及其他一些冲抵租金的役务。

Estate[地产权]　一个被广泛使用的普通法术语,经常被当作资产或财产的同义词。在严格意义上,estate 不是 property(财产),毋宁是某人同任何与他有利害关系的不动产之间的那种关系。

Estoppel(不容否认)　一项禁止一方当事人否认自己在先前已经作出的明确确认或间接承认的规则。

Extra Commercium(非商业或不可买卖)(拉)　亦即不可在

私人间合法流通。

Fee 作为骑士役保有的报酬而授予的可继承土地;一种表述诸如土地之类的保有物的价值的计算单位;对土地的继承地产权(参见 Estate)。

Fee Simple[非限嗣继承地产(权)] 英国法最重要且受限制最少的地产权(参见 Estate),并且,在英国这样一个只有君主才具有绝对土地所有权的国家中,它最接近于绝对所有权。

Fee Tail[限嗣继承地产(权)] 其最一般的意义是对地产权(参见 Estate)之继承的约束,要求原权利接受者必须将其传给他的直系晚辈血亲。这种约束还可能更加精确,例如,传给特定子女,或者因特定婚姻而产生的子女。

Feoffee(接受封地者) 授予封地的接受者(参见 Enfeoff- li ment)。

Feoffment to Uses(用益分封) 以封地授予(参见 Enfeoffment)的方式将土地转让给一位佃户以使其占有(参见 Seisin)土地,但是该佃户以外的其他人以保有地受益人的身份享有土地的受益所有权(参见 Beneficial Ownership)。(参见 *Cestui Que Trust*)

Fideicommissum(信托遗赠)(拉) 一种罗马法制度,立遗嘱者通过它要求其继承人,以及在后来是继承人以外的其他人,为使第三方受益而行为,例如移交钱物。在该制度中,对继承人诚实信用的要求在相对晚些时期(奥古斯都治下)才受到法律的强制性

规定。

Fiducia(信托)(拉） （罗马法）通常意指在财产让与之后旨在迫使新所有人在原所有人偿还其所欠新所有人的债务后将财产再转让给他而签订的一项协定。信托协定还具有其他用途，包括以保管为目的的朋友间的财产转让和奴隶的转让（在知道受让人然后会解放他们的情况下）。梅特兰之所以对信托感兴趣是因为，与有关受托人职责的术语相同，它意味着对所有权行使的一种限制。

Fief(封地） 通常意指领主作为对封臣所服兵役的报酬而提供给封臣保有的土地，据推测衍生于永久薪俸财产（参见 Beneficium）。

Frankalmoin(永久自由教役保有） （源于诺曼语）自由教役保有中的永久保有，佃户（某一教会基金会）无须为此向领主履行任何世俗役务。

Glebe(教会地产） 与教堂的圣职（参见 Benefice）有关的土地。

Gross(绝对的;完整的） 绝对的或完整的事物不依凭他者而存在，不是某一他者的附属物。

Haereditates Iacentes(空位遗产/待继承遗产）(拉） 空位遗产/待继承遗产(haereditas iacens)的复数形式，在财产所有人死后而继承人又尚未取得其遗产时，那些属于遗产的东西。

Hereditaments(可继承财产) 任何可以被继承的财产。

Impropriated(接管圣职/接收什一税) 起源于宗教改革(the Reformation),俗人接管堂区长圣俸或寓所或者接收教会什一税的惯例。

In Mallo(依据郡司法会议)(拉) 英语为"In the *mallu*". lii Mallus 是存在于整个卡洛林王朝(Carolingian empire)时期的郡司法会议。意大利伦巴底人(Lombard Italy)(本书中对此有论述)自 774 年起归属于该王朝。

Intestate(无遗嘱的) 没有立下遗嘱。

Investiture (1)大主教、主教或其他高层教会职位的授职仪式,是一项在 11 世纪晚期和 12 世纪的西欧备受教皇和各种世俗权力激烈争夺的权利。(2)在正式就任某一职位或高位时所举行的授职仪式。(3)土地或权利的移转仪式,它约束授予者兑现其授予或者在未能兑现的情形下提供补偿。在中世纪的资料中最为著名的范例就是领主移转给其封臣封地的移转仪式。

Iurata Utrum(拉) 参见下文 *Utrum*。

Ius Commune(一般法)(拉) 自 12 世纪起由中世纪学校编写的教科书,它是罗马法、教会法和封建法构成的混合物,具有标准的评注格式。它之所以被称为 *ius commune* 或者"common law"是因为,出于种种目的,人们,尤其是意大利人,认为它代表了那种与对地方法律和习俗的解释相对照的标准状态。不要将其同英国

普通法相混淆。

Ius in Personam(对人权)(拉) 衍生于罗马法但并不属于罗马法。责成某个或某些特定人做或不做某事的权利。德国法中与对人权相对应的术语通常是"obligatorisches Recht"。梅特兰在"信托与法人"一文中广泛使用了该德国术语。

Ius in Rem(对世权／物权)(拉) 拥有某个特定物的权利,该权利有效对抗整个世界而非仅仅对抗特定人。梅特兰在"信托与法人"一文中所使用的与其相对应的德国术语是"dingliches Recht",其字面意思是"一种具有物的属性的权利(a *thingly* right)",稍加引申便是"一种客观权利"。

Ius Patronatus(圣职推荐权)(拉) (参见 Advowson)。

Lien(留置权) 在普通法上,它是一种保持占有状态以等待某种义务,通常是到期债务,得到履行的权利。在衡平法上,它是御前大臣作为偿付的担保而被强行设定的。

Manse(牧师住宅) 牧师的住处。

liii **Mere Droit**(名义权利) (盎格鲁—诺曼语)无担保的财产权。

Mise(权利令状中的争论点) 由权利令状引发的诉讼程序中的争论点。

Mortmain（土地死手保有/永久管业）　"死手",是针对非人格性所有而言的,用来描述由法人,在中世纪以教会法人为典型,所持有财产的不可转让状态。教会法（参见 Canon Law）禁止教会法人转让它们的土地。

Obits（死者逝世周年教会为其进行的纪念仪式）　为使死者的亡灵得到安息而举行的年度弥撒,为此仪式提供经费的方式常常是将举行仪式的那块土地授予教会。

Oblations（捐献物）　教徒缴纳给教会牧师的物品或习惯性费用。

Obligationenrecht（债法）（德语）　与 *Sachenrecht*（物法）相对。

Obventions（捐献物）　同于 Oblations（参见该条注释）。

Ordinary（常任法官）　无需特别委任或特殊授权而仅凭职权掌有司法审判权者。

Parol（口头的/未盖印的）　口头协议,包括通过口头订立的协议或者采取书面形式但未盖印的协议。

Patron（圣职推荐权人）　具有圣职推荐权（参见 Advowson）的人。

Petition of Right（权利请愿书）　一种从王室获得财产的归还

或赔偿的方法。王室不能通过正常的诉讼渠道被起诉。

Praecipe Quod Reddat(指令交付令状)(拉) 这一令状(参见 Writ)开头的意思是"令其归还⋯⋯",它指令郡长责成某人将财物或土地归还给该令状所支持的人。

Prescribe, Prescription[时效取得(动词),时效取得(名词)](罗马法) 通过一段时间(时间的长短依据不同情势而不同)的不间断占有而取得所有权的所有权取得方式。正当缘由和诚实信用是有效的时效取得的必需条件。

Presentation, Presentment, Presentee(圣职推荐,圣职推荐,被推荐圣职者) 参见 Advowson。

liv　　**Quasi-Delict**(准违法行为/准侵权行为)(罗马法) 被视为与真正违法行为/侵权行为十分相似的行为。它受到严格界定,因为作恶者会被加之以赔偿责任。

Relief(土地继承金) 与其对应的拉丁文为 *relevium*。已界法定年龄的继承人在继承遗产时向其所继承封地(参见 Fief)的领主缴纳的钱款。

Remainder(剩余地产权) 在目前由某人所保有的地产中预留给另外一个人的剩余利益,尤其是通过后者或第三人的行为,这种利益在前者的地产权终止之后生效。

Reversion(归复权) 依照法律自动产生而非通过任何人的行

为创设的一种剩余地产权(参见 Reminder)。某一封地的领主在其佃户死亡且无继承人的情形下拥有该封地(参见 Fief)的归复权。他拥有这一权利并非是因为他与佃户有着如此这般的协定,而是因为法律具有如此这般的规定。

Salica(《萨利克法典》)　其完整表述为 *Lex Salica*(拉):萨利克法律,或者萨利安法兰克人的法律,其最早的部分可追溯至克洛维斯(Clovis)统治时期(484—511)。

Schuldverhältnisse(债)(德语)　与 *Obligationenrecht*(债法)所意指的债相同。

Scire Facias(说明理由令状)(拉)　("你如何知道……")一种令状,它指令郡长告知被告他必须解释为何某官方文件或某先前支持其权利的判决既不应该被废除也不应该被用来支持提起这一令状的原告。

Seised，Seisin(享有占有权的/占有)　"在英国法历史上再也没有比占有这一理念更重要的理念了"(Pollock and Maitland, *A History of English Law*)。Seisin 这个名词衍生于盎格鲁—诺曼法语中的动词"saisire",意指"交到某人手中"。梅特兰在其他地方这样解释它:seisin 是英国法中唯一能用来描述占有(possession)的语词;"占有某物"极其类似于这样一种可以依据表面上有效的所有权去享受该物的身份。亨利二世(1154—1189)给予占有以广泛的法律保护从而使其成为处于萌芽期的普通法的根基。

Singulare Beneficium(特别利益)(拉)　一种只可以适用于一

类人的法律救济或法律防御。

Staatenbund(邦联)(德语) 没有自己的正式宪法的邦联或国家联盟(比较 Bundesstaat)。

lv **Tenant in Tail**(限嗣继承地产保有人) (发生在可能的绝后情形出现后)这样的一类土地保有人,某一地产已经被限定由他和他特定婚姻的后嗣继承,而当所指定婚姻中的配偶亡故因而现在不能生育出这类子女时,他将继续享有该土地的收益。

Tithe(什一税) 由所有基督教徒向其堂区教堂缴纳的各种种类的年度收入或利润的十分之一。

Toll an Entry(禁止进入) 阻碍或免除一项进入权(参见 Entry)。

Trustis(忠诚)(拉) 萨利克法律(参见 *Salica*)用语,指由法兰克人的国王最亲密的顾问和官员们向国王宣誓的忠诚。它也被用来指全体做过此类宣誓的人。

Utrum(拉) 一种确定某一保有物是属于自由教役保有(参见 Frankalmoin)还是因世俗役务而被保有的程序,亨利二世将其正式化。

Verein(协会)(德语) 俱乐部,协会或社团。

Wardship(监护权) 充当父亲已亡故的未成年人的监护人并

由此获利的权利。对人监护权可以同对地监护权相分离，因此两位监护人可能与同一未成年人有利害关系。在 12 世纪的英国，已故封臣的封建领主同死者依旧健在的成年亲属就监护权发生了激烈争夺。监护权还延伸至一些非封建保有。

Warrant（保证）　在词源上与"guarantee"相关；在某人向另一人移转了一项财产权（例如，以授予封地、出售或租赁等方式）后，当该他人的这项权利受到质疑时，前者具有出庭作证为后者的权利进行担保的责任。

Writ（令状）　一封盖有国王印章的信，其内容是一项命令或通知，通常但并非总是发给诸如郡长之类的王室官员。在 12 世纪英国普通法的发展过程中，王室令状曾经是必需机制之一。

Writ of Right（权利令状）　原告在主张对某一自由保有物的所有权时所赖以为凭的那种王室令状。

索　引

（所给页码为英文原书的页码）

译　后　记

　　我酷爱翻译，觉得把英语变成中文就是一种有趣的游戏。当翻译得顺畅时，当指尖在键盘上飞舞时，快乐之感便油然而生。但是，翻译工作绝对不可能总是一帆风顺的，痛苦也常常扑面而来。本书翻译过程中的痛苦缘于诸多因素，而其中最主要的是对书中所涉及的一些具体制度和历史事件缺乏深入的把握。尽管此前的研究过程中读过一些有关英国法的书籍，尽管互联网和《元照英美法词典》给予我很大的帮助，然而在经过多种努力之后仍然有一些存疑之处。对于这种问题，我的原则是我要让读者有可能发现我的错误。无论原文的真实意思到底是什么，我要尽可能确保我所给出的中文译文的意思是清晰明了的。恳请高人发现并指出我的错误，这无论对我个人还是对所有本书中译本的读者都有帮助。

　　能够成为本书的译者，并能够完成本书的翻译，我都要感谢我的恩师邓正来先生。是他帮我联系到这次翻译机会，而也正是他在原典精读这门重要课程中，对包括我在内的其他许多同学在英文原典阅读和翻译方面的专业化训练使我有资格获得这个机会，有一定的能力胜任这项工作。同时，我感谢邓正来师门这个以"知识上的团结"为基点建立起来的大家庭为我提供的绝佳的研究氛围和团队支持。我要特别感谢王勇、邹益民、周国兴、刘岩诸君对我的帮助。

　　我还要感谢北京大学出版社能够出版我的译著；感谢白丽丽编辑的辛苦工作和对我翻译进度方面的理解；感谢李姣和周秋红帮我做的一些文字校对工作。

　　在翻译本书的这一年里，我还经历了生子和考博，而最能体会其中辛苦的要数我的家人们了。正是他们在生活上和精神上给予我的无微不至的关怀和支持让我得以坚持我的学术之路。我最应该感谢的是既是好妻子又是挚友的樊文苑女士为我所做的一切，是她给了我幸福，教我如何感受幸福。

樊　安

2008 年 8 月 1 日

政治与法律哲学经典译丛

主权论

〔法〕让·博丹 著 〔英〕朱利安·H.富兰克林 英译

李卫海 钱俊文 中译 邱晓磊 校

国家、信托与法人

〔英〕F.W.梅特兰 著

〔英〕大卫·朗西曼 马格纳斯·瑞安 编

樊安 译

论英格兰的法律与政制

〔英〕约翰·福蒂斯丘爵士 著 〔英〕谢利·洛克伍德 编

袁瑜琤 译

僭主政体短论

〔英〕奥卡姆的威廉 著 王伟 译

论人与公民的义务

〔德〕萨缪尔·普芬道夫 著 支振锋 译

政治学著作

〔德〕韦伯 著 李强等 译

马基雅维利政治学著作选集

〔意〕马基雅维利 著 郭俊义 译